2016 年度浙江省哲学社会科学规划课题"国民政府时期高校学生就业问题的认识与应对（1934—1949）"（16NDJC196YB）最终成果

浙江工商大学马克思主义学院出版资助项目

国民政府时期高校学生就业问题的认识与应对（1934—1949）

The Research of the Graduates' Employment in the Period of National Government（1934－1949）

金　兵　著

浙江工商大学出版社

ZHEJIANG GONGSHANG UNIVERSITY PRESS

·杭州·

图书在版编目(CIP)数据

国民政府时期高校学生就业问题的认识与应对：
1934—1949/ 金兵著. —杭州：浙江工商大学出版社，
2019.12

ISBN 978-7-5178-3601-8

Ⅰ. ①国… Ⅱ. ①金… Ⅲ. ①高等学校－毕业生－就
业－研究－中国－1934－1949 Ⅳ. ①G647.38

中国版本图书馆 CIP 数据核字(2019)第 259218 号

国民政府时期高校学生就业问题的认识与应对(1934—1949)
GUOMIN ZHENGFU SHIQI GAOXIAO XUESHENG JIUYE WENTI DE RENSHI
YU YINGDUI(1934—1949)

金　兵著

责任编辑	沈明珠　张晶晶
封面设计	林朦朦
责任印制	包建辉
出版发行	浙江工商大学出版社
	（杭州市教工路 198 号　邮政编码 310012）
	（E-mail:zjgsupress@163.com）
	（网址:http://www.zjgsupress.com）
	电话:0571-88904980,88831806(传真)
排　　版	杭州朝曦图文设计有限公司
印　　刷	虎彩印艺股份有限公司
开　　本	710mm×1000mm　1/16
印　　张	15.25
字　　数	262 千
版 印 次	2019 年 12 月第 1 版　2019 年 12 月第 1 次印刷
书　　号	ISBN 978-7-5178-3601-8
定　　价	58.00 元

序

　　金兵博士的书稿《国民政府时期高校学生就业问题的认识与应对（1934－1949）》即将付梓，让我写序。我对此课题没有什么研究，就谈点读后感。

　　历史是丰富多彩的，历史研究与写作也应该多样化，既有气势磅礴的宏大叙事，表达每个时代的主旋律，也有细致入微的个案研究，反映民间生活的衣食住行与普通民众的喜怒哀乐。无疑，金兵博士的这本书，属于后者。

　　20 世纪 30、40 年代，是中国历史风云激荡的年代，发生了土地革命、抗日战争、解放战争等重大事件。战争与革命交织，是这个时代的宏大主题，历史的进程跌宕起伏，令人眩目。研究这段历史的学者们的目光，很容易就会被吸引到诸如政治、军事、外交、经济这些宏大的方面，党派矛盾、阶级斗争、民主运动、民族战争、中外关系、经济发展等是学术研究的主流，也取得了丰硕的成果。

　　然而，革命与战争的时代主题虽然宏大，却并不能涵盖普通中国民众日常生活的全部。战争与革命对普通人的生活有影响、有改变，但普通人的社会生活也有延续、寻常、照旧的一面。在战争与革命的时代背景下，普通人的生活有不一样的地方，也有着与常规状态下一样的地方。即使在革命与战争中，大多数中国人仍然要面对衣食住行、柴米油盐这样的生活琐事，仍然需要考虑家庭的花销、个人的收入、今天的工作、明天的出路……甚至，因为时局的动荡，他们的生活变得更不稳定，更加没有安全感，需要为日常生计付出更多的操劳，疲于奔命。"宁为太平犬，不做乱世人。"如何能确保有个温暖的家庭，有份稳定的收入，能够正常地求学、工作，在任何时代，都是多数普通民众要考虑的首要问题。只不过，有些人考虑的是如何活下去，而有些人考虑的则是如何活得更好。历史研究，不仅需要关怀国家命运、民族兴衰，也应该关怀普通民众的日常生活、他们的命运。毕竟，普通民众在任何时代都占人口的大多数，他们的命运是国家命运的缩影,历史学者应该对他们投入更多的关怀。

　　前面的这一段,无非是为了铺垫金兵博士目前所从事课题的学术价值。他研究的民国时期大学生就业问题,是一个与普通民众生活密切相关的社会问题。站在革命、战争等大的时代主题角度来看,与政治、军事等方面相比,就业问题或许是琐碎的小问题。政治、军事影响着国家命运、民族前途,而就业则决定着普通人的生存状态。对于许多个人来说,就业决定着他们的谋生之道、生活水平。对有一定理想抱负的时代骄子大学生来说,能否就业、在何处就业,还攸关个人自我价值的实现。能否就业、怎样就业、就什么业,对于个人来说,从来就不是一件小事情。

　　大学生是近代中国社会的知识精英。在近代中国许多重要的历史转折关头,如五四运动、"一二·九"运动等,大学生常常走在前列,成为唤醒民众的先锋。然而,除了一部分职业革命者外,政治并不是大学生日常生活的全部。那些参与过政治运动的大学生,转过身来,大多数仍然需要面对生活中的日常所需,需要面对安身立命的就业问题。

　　金兵博士的《国民政府时期高校学生就业问题的认识与应对(1934—1949)》,从各方面呈现民国时期大学生的就业状况。这个课题比较新颖,弥补了相关研究的不足。该书让我们看到了民国时期大学生人生的复杂面向,了解当时大学生在参与政治运动之外,多数人在走上社会时面对的是怎样的就业问题,可以更全面地认识当时大学生自身的生存状况。该书没有就就业论就业,而是展示了当时大学生就业与政治、经济、社会之间的复杂关系。如书中揭示20世纪30年代中期大学生求职请愿运动背后,就业问题牵扯到复杂的党派政治因素。书中也提到了国民政府对大学生就业,由漠视转为利用,其背后也有着政治考量。该书论及当时各界人士对大学生就业难情况的认识及不同的归因,政府、高校、社团等不同势力在解决大学生就业问题上各种不同的努力。尤其是书中还研究了中共在局部执政地区对高校学生就业问题的处理,这样的经历对其走向全面执政后有着先验式的影响。

　　金兵在苏州大学读博士期间,就开始了对民国时期大学生就业问题的研究,此后,长年在此课题上耕耘,一直没有停歇,终于有所收获。他在2016—2017年间曾到浙江大学历史学系访学,选我做指导教师。他在浙大访学的研修课题即为"国共两党对知识青年就业的认知与处置比较研究(1927—1949)"。访学结束后,我们仍然保持着联系。2018年他得到任职学校资助,又赴香港城市大学中文及历史学系访学。在香港访学期间,他在前期研究的基础上,系统写出了《国民政府时期高校学生就业问题的认识与应对(1934—1949)》书稿。我想,该书的出版,应该是他在该课题长期探索的一个重要的阶段性总结吧。

以上的话,一则对金兵的新著出版表示祝贺,二则希望他在学术的道路上,进一步开阔研究视野,不要停步。他尚年轻,勤勉善思,未来可期!

陈红民

2019 年 9 月 26 日于杭州仿秋斋

目　录

绪　论

一、选题的缘起及研究意义

以往人们在提及近代中国高校学生群体时，多把他们与当时爱国救亡的政治运动联系在一起。就业乃民生之本，作为当时社会的知识精英，近代中国高校学生在关注国家前途、参与政治运动的同时，也面临着个人安身立命的就业问题。20 世纪 30 年代中期爆发的两次高校学生求职请愿运动（即 1934 年的大学生职业运动、1936 年的大学生服务运动），成功地引起了社会对高校毕业生就业问题的关注，也推动了后来官方许多就业促进措施的出台。

研究 1934—1949 年间中国高校学生就业问题，其意义主要表现在以下几个方面：

首先，可以清楚揭示民国时期高校学生就业问题与相关就业促进政策出台及后期演变的情况。近代中国高校学生就业问题虽然由来已久，但真正引起全社会的关注，应始于 20 世纪 30 年代中期的两次高校学生求职请愿运动。两次高校学生求职请愿运动虽然起因复杂，其中还掺杂党派政治因素，但不可否认，刺激了中国社会对于高校学生就业问题的关注，也推动了国民政府多种就业促进措施的出台。全面抗战前国民政府的相关就业促进政策只是起步和开始。对抗日战争和解放战争时期中国高校学生的就业政策进行继续考察，不仅可以认识国民政府相关就业政策的发展变迁情况，而且可以揭示国民政府在这些就业政策背后的政治考量；不仅可以认识国民政府方面的相关就业促进政策，还可以揭示抗战以后中国共产党在根据地对高校学生的工作安排情况。

其次，有助于人们在政治民主运动之外认识近代中国高校学生群体的另一面。以往我们大多只看到国民政府时期大学生胸怀国家民族、参与政治运动这一面，而他们面对包括就业在内的个人问题时状况如何，这些知识精英在走上社会时面临着哪些挑战,如何实现自己安身立命,这些情况我们还了解得很少。研究国民政府时期高校学生就业,对于我们搞清当时中国大学生群体的生存状况,了解当时大学生们在宏大社会政治命题下个人问题的面对和处理,认识近代中国大学生群体的另一面,无疑是有所帮助的。

再次,可以为近现代中国高等教育、社会救济、政治运动等问题的研究提供参考。高校学生就业不是一个单纯、孤立的问题,影响学生就业的因素是多方面的。学校课程设置、社会用人制度、经济发展水平等,都会影响学生的就业。而学生就业引发的社会影响也是多方面的。学生就业状况在社会稳定的实现、教育效能的发挥、人力资源的开发等方面都有着重要影响。并且,扶助学生就业的措施还是多方面的。这样,研究国民政府时期高校学生就业问题,必然牵涉到许多相关领域,其成果也可以为这些领域的研究提供参考。

最后,在一定程度上还可以为当代中国大学生就业问题的解决提供借鉴。全国普通高校毕业生人数已由 2001 年的 114 万上升到了 2019 年的 834 万,数字不断攀升,高校毕业生就业形势变得越来越严峻复杂。中国近代高校毕业生虽然在人数规模上不及当代,但其就业状况的许多表征以及影响就业的许多因素,却和当代社会有着一定的相似之处。当代促进大学生就业的一些措施,诸如在高校成立就业辅导组织、鼓励毕业生创业等,在国民政府时期也可以找到类似的尝试。这样,研究国民政府时期大学生就业及其扶助措施,探讨其中的得失成败,在一定程度上可以为当代相关问题的处理解决提供借鉴。

二、国内外研究现状述评

部分学者在研究近代中国相关社会问题的过程中,曾经提及当时大学生的就业情况。法国学者毕仰高(Lucien Bianco)在分析中国革命的社会成因时,曾注意到 20 世纪 30 年代前期中国大学毕业生的失业情况,并认为政治和教育是归国留学生就业的主要领域。[①] 美国学者柯任达(Thomas D. Curran)在其著作 *Underemployment of Intellectuals and Campus Unrest in Twentieth Century China* 中,认为 20 世纪中国知识分子存在着

---

① Lucien Bianco: *Origins of the Chinese Revolution*, 1915—1949. Stanford University Press, 1971, pp. 86.

就业不充分的问题。柯任达在另一本著作 *Educational Reform in Republican China*，*the Failure of Educators to Create a Modern Nation* 中则认为，民国时期新式学校教育质量不高和学生选择文法类专业的倾向，使许多毕业生与中国社会相脱离，谋生无门；失业便是他们与社会相疏隔的证明。① 中国国内学者方增泉的著作《近代中国大学（1898—1937）与社会现代化》、陈德军的论文《南京政府初期文科与实科比例失衡的社会政治效应》在探讨国民政府时期高校专业设置及招生安排中文科和实科的比例问题时，曾论及它对学生就业所产生的影响。② 张太原的论文《20 世纪 30 年代的文实之争》，也提及了论辩双方对学生就业问题的援引。③ 当然，也有部分学者对近代中国大学生就业问题有过直接论述。武增锋的论文《二十世纪三十年代大学生就业难问题的透视》，曾就 20 世纪 30 年代前期中国大学生就业状况进行过研究，分析了当时大学生就业难的原因，并探讨了各界对于解决大学生就业问题的建议和措施。④ 谭玉秀和范立君的论文《抗战前大学生失业问题探析》⑤、储丽琴的论文《20 世纪 30 年代我国大学生失业问题的历史反思》⑥，以及章其帮的硕士论文《毕业即失业：民国大学生失业问题研究——以抗战爆发前的南京国民政府时期为重点》⑦，也对抗战前的大学生失业情况进行了考察，并归纳了当时在解决失业方面采取的措施。另外，包爱芹的论文《20 世纪 30 年代高校毕业生就业的特点》，还归纳了当时高校毕业生就业方面的渠道单一、地点集中、学非所用、供过于求等特点。⑧

　　前述学者及其著作在考察民国时期高校学生就业问题方面进行了有益的探索，对后续研究有着启发意义。但需要指出的是，前述这些间接或直接涉及民国时期高校学生就业问题的研究，在研究时段上主要集中于 20 世纪 30 年代，并且下限一般止于全面抗战爆发前，对国民政府就业政策后

---

① Thomas D. Curran：*Educational Reform in Republican China*，*the Failure of Educators to Create a Modern Nation*．The Edwin Mellen Press，2005，pp．459－460．

② 方增泉：《近代中国大学（1898—1937）与社会现代化》，北京：北京师范大学出版社 2006 年版；陈德军：《南京政府初期文科与实科比例失衡的社会政治效应》，《史学月刊》2004 年第 6 期。

③ 张太原：《20 世纪 30 年代的文实之争》，《近代史研究》2005 年第 6 期。

④ 武增锋：《二十世纪三十年代大学生就业难问题的透视》，《社会科学》2003 年第 9 期。

⑤ 谭玉秀、范立君：《抗战前大学生失业问题探析》，《教育评论》2008 年第 6 期。

⑥ 储丽琴：《20 世纪 30 年代我国大学生失业问题的历史反思》，《学术交流》2009 年第 7 期。

⑦ 章其帮：《毕业即失业：民国大学生失业问题研究——以抗战爆发前的南京国民政府时期为重点》，南京大学 2009 年度硕士学位论文。

⑧ 包爱芹：《20 世纪 30 年代高校毕业生就业的特点》，《山东师范大学学报（人文社会科学版）》2007 年第 2 期。

期的延续发展情况未做进一步考察,对后期国民政府借就业安置来控制专业技术人才的情况也不遑论及;在研究范围上,已有相关研究关注的主要是抗战前国民政府的就业促进措施,对中共领导下根据地高校学生就业处理或工作安排并未纳入视野;此外,已有相关研究对于20世纪30年代高校毕业生求职请愿运动也未进行细致考察,以致对这两次学生运动背后错综复杂的原因及其与官方后期就业促进措施出台的关系缺乏充分认识。前述这些学界忽视之处,也为本书做进一步的、更充分的研究提供了较大空间。

三、研究对象及概念界定

本书研究对象为"国民政府时期高校学生就业问题的认识与应对(1934—1949)"。这里的"高校"是指专科及以上学校,既包括本科院校,也包括专科学校。需要指出的是,当时中国共产党控制的根据地,也发展了高等教育。虽然根据地的高等教育带有一定的干部教育色彩,因师资缺乏其发展水平也相对有限,但不能否认其客观存在和历史价值。所以,本书把根据地高校也纳入研究范围。这里的"高校学生就业",主要是论述高校毕业生的就业,但又不仅限于高校毕业生的就业。在中国共产党领导的根据地,因革命需要的迫切性,许多高校学生未及毕业即已参加革命工作。中华人民共和国成立前夕,许多被中国共产党接管的国统区高校的学生,未及毕业也响应号召参加革命工作,随解放军南下。所以,本书把这样的高校学生也纳入研究范围。本书研究的时间段为"1934—1949"。为什么从1934年开始?因为1934年是高校学生第一次求职请愿运动——大学生职业运动发生的那一年,这一年的求职请愿运动大幅度提高了中国社会对高校学生就业问题的关注度,国民政府许多就业促进措施也是从这一年开始的。而1949年是中国共产党掌握全国政权的一年。此后,在计划经济形成的过程中,高校学生就业也逐渐转向了统包统配。不过也需要指出,中国共产党此前在根据地已经积累了一些处理高校学生就业问题的经验。

四、研究思路、内容、方法及创新之处

(一)研究基本思路

本书从就业的角度关注国民政府时期高校学生群体。本书先从考察

20 世纪 30 年代两次高校毕业生求职请愿运动及其引发的社会关注入手，继而以高校学生就业为中心向前分析影响学生就业的各种因素、向后分析由学生就业状况衍生的社会影响，考察国民政府在扶助高校学生就业方面进行的探索，并揭示中国共产党领导下根据地对高校学生的工作安排。本书还进行历史的横向和纵向比较，寻找历史联系，探求历史规律，进而为当代社会提供借鉴参考，既体现历史研究的再现意义，又体现历史研究的借鉴意义。

（二）主要研究内容

20 世纪 30 年代中期求职请愿与高校学生就业问题的凸显。对 1934 年大学生职业运动、1936 年大学生服务运动的兴起和发展情况进行考察，分析两次高校学生求职请愿运动背后的原因。从政府的统计数据、新闻媒体的报道及学生个人的感受等方面，对当时高校学生就业及出路情况进行考察，探讨社会、学生个人及其家庭的就业压力，分析就业问题在学潮中所起的作用；考察两次高校学生求职请愿运动在酝酿、组织及扩展过程中幕后的推动力量，揭示求职请愿背后的政治因素及其复杂动机。考察高校学生求职请愿运动在当时中国引起的社会关注及反响，社会人士对高校学生就业问题的认识及讨论，对高校学生就业问题成因的归结及提出的就业促进办法。

国民政府在不同阶段对高校学生就业问题的应对和处理。分全面抗战前、全面抗战时期及内战时期三个阶段，对国民政府在应对、处理高校学生就业方面的措施政策进行研究。首先，对全面抗战爆发前国民政府成立全国学术工作咨询处、通令高校设立职介部门、开办就业训导班、提供小工业贷款等活动进行考察，考察官方在职业介绍、就业培训、就业安置以及创业扶助等方面，促进高校学生就业所做的尝试和探索。其次，对全面抗战时期国民政府教育部、考试院及专门技术工作咨询处等机构在促进高校学生就业方面的活动进行考察，一方面注意呈现战时国民政府在职业介绍、就业培训、就业安置等方面措施的延续发展情况，另一方面注意分析国民政府建教合作、统制人才等政策对战时高校学生就业的影响。最后，考察抗战胜利后国民政府对收复区高校学生的就业政策，全面内战时期国民政府行政院及其所属的教育部、社会部等机构在高校学生就业方面的政策与活动，探讨国民党政权在统治中国大陆最后几年里大学生就业政策的效果，并分析当时社会环境在背后的影响。

社会团体及高等学校本身在高校学生就业促进方面的活动。考察国民政府时期一些高校内学生就业促进组织的成立、运作及活动情况,以及作为高校推广学生出路的助推器——校友会组织,在推动母校毕业生就业方面所做的努力。考察国民政府时期中华职业教育社、基督教青年会等社团所属的公共就业服务机构,在高校学生就业促进方面的活动,探讨其在政府层面之外促进高校学生就业所发挥的作用。

中国共产党在根据地及新解放区对高校学生的工作安排。在考察全面抗战时期知识青年投奔革命情况以及根据地高等教育发展情况的基础上,进一步考察根据地高等学校学生的工作分配及安排情况,结合中国共产党的知识分子政策,分析根据地高校学生就业的特征。考察解放战争时期根据地高等教育的发展以及高校学生的工作安排情况,对解放战争后期原国统区高校被接管后,党群组织动员这些高校的学生参加革命工作随军南下的情况进行考察,分析在此期间中国共产党的人事政策。

分析1934—1949年间中国高校学生就业的时代特征与历史启示。分析国民政府及中国共产党领导下根据地政权处理高校学生就业的时代特征,既比较两者的异同,又注意探讨某些类似做法为什么会有不同的效果,进而从高校学生就业问题解决的角度为中国共产党的最终成功提供又一个注脚。另外,分析国民政府时期高校学生就业影响因素的多重性,指出解决高校学生就业问题要有大格局;分析国民政府时期高校学生就业问题演变的动态化,提出应对处理高校学生就业问题需要与时俱进,并注意抓住不同时期高校学生就业领域的主要问题加以重点解决。

(三)研究方法

本书综合运用文献研究法、计量研究法、逻辑论证法、比较研究法等多种研究方法,对研究对象做全面而系统的考察和探讨。在研究的过程中,努力做到整体论述与个案分析的结合、事实考证与规律探讨的结合、历史研究与现实借鉴的结合。除历史学外,本书还借鉴社会学、经济学、教育学等专业的相关理论,对研究对象进行多角度的透视与剖析。

(四)创新之处

本书对1934年大学生职业运动之后高校学生就业问题认识和应对情况进行研究,不仅注意考察抗战前国民政府的就业促进措施,而且注意考察抗战及全面内战时期这些就业促进措施的延续变迁;不仅注意考察国民政府促进学生就业的政策措施,而且注意考察这些政策措施背后的建教合作及人才统制思想;不仅注意考察国民政府的就业促进政策,而且注意考察中国共产党对根据地及新解放区高校学生的工作安排。在研究的过程中，本书注意借鉴职业社会学、劳动经济学、教育社会学等专业的相关理论，对国民政府时期高校学生就业问题进行深层次的剖析。与以往研究相比，本书在研究视角、研究时段、研究内容、研究方法等方面具有一定的创新性。

第一章　求职请愿运动与高校学生就业问题的凸显

第一节　20 世纪 30 年代中期高校学生求职请愿运动

　　20 世纪 30 年代中期,中国专科以上学校(以下简称"高校")毕业生曾经两次掀起规模较大的求职请愿活动,涉及北平、南京、上海、太原等多个城市。这两次求职请愿运动是当时高校学生在爱国政治运动之外,为自身谋权益、谋出路的另一种类型的学生运动,在当时中国社会也引起了较大的震动及反响。

一、1934 年大学生职业运动

　　1934 年 5 月,部分应届学生着手筹备成立北平各大学毕业生职业运动大同盟(以下简称"职业同盟")。当月 23 日,职业同盟召开了第一次筹备大会,开始入盟毕业生登记工作。6 月 13 日,又召开了第二次筹备会议。到职业同盟正式成立时,加入的会员已经达到 419 人。为扩大影响、争取社会支持,是年 7 月 1 日,职业同盟在北平中山公园来今雨轩召开记者招待会。会上,职业同盟的谭庶潜向记者阐述开招待会的意图,称"因鉴于社会现象不良,以致于失业呼声遍布全国,大学毕业即失业呼声亦震撼社会,同人有此组织,盖所以促进政治教育之革新,与职业问题之解决耳"[①]。接着,职业同盟的杨道耕、崔蔚云等人又分别向媒体报告了职业同盟的成立经过,并代表盟员向政府提出了解决毕业生就业问题的要求。职业同盟的盟

---

　　① 《全国各大学毕业生职业问题严重　平市职业同盟招待记者 说明组织宣述运动大纲》,《大公报》(天津版)1934 年 7 月 2 日第 4 版。

员 400 多人，联名发表宣言，内称"三十年来，政府及社会人士，但知广设学校，造就人材，而如何安插统计，则无人过问，任其自为问题，而不加以解决，则情势日益严重"，"同人等为时势之需要，为自身职业之企求，不能不有大同盟之组织，以公开之方式，求职业问题之解决"。① 当天到会的各报记者达六七十人，声势颇为浩大。

1934 年 7 月 13 日晚，职业同盟召开第二次干事会，决议推派谭庶潜、杨道耕、崔万达、胡松叔、齐联科五人，赴南京向国民党党政当局请愿；推派张琢如、方本裕、崔蔚云、侯文蔚、郝体仁、周韬山、邱杰，赴江西向"剿匪"前线的蒋介石请愿。② 谭庶潜、杨道耕等人于 14 日下午离平赴津，转车赴南京向政府各机关请愿。抵达南京后，7 月 20 日晨 8 时职业同盟请愿代表受到教育部部长王世杰召见。在王世杰接见的过程中，职业同盟代表首先陈述了该同盟组织之动机与意义，并向政府提出下列要求："（一）设立青年职业介绍机关；（二）扩大中央研究院，俾青年有深造之机会；（三）对于未来之作育人才，须有合理之统制，使供给与需要相适合；（四）设法录用现在毕业之青年。"③对于代表所述，王世杰首先承认"关于青年职业问题，在英美各国之政府，皆有具体之统制计划。中国兴办大学教育，虽有三十余年历史，然对此异常严重之问题，似尚未注意"④。之后，王世杰又对代表所请各点一一进行了答复，"至所提各点，兹答如下：（一）当上年开全国经济委员会时，余即提议组织一全国学生工作咨询处，其职务为调查、介绍，并指导青年之职业，此项机关，本年秋季决可成立；（二）中央研究院过去虽未招生，然自本年秋季起决定招考，刻已印就招生广告，此外并拟于全国各大学中，设立研究所，计南方三所，北平二所，北平有北大、清华研究所，惟南方三所因经费问题尚未成立，总之，在不久将来准可成立；（三）关于未来之教育统制问题，是为教部之责任，俟相当时日，即可拟定具体计划；（四）关于录用大学毕业生问题，余以为至属易事，盖铁道、航空、有无线电、邮政、财政各机关，皆系国营，国家尽可直接录用，此外对于各行政机关，有不称职者，概排斥；倘各机关严格实行，只就南京而言，每年各机关录用大学毕业生有百分之五，即达两千人；以全国而论，每年毕业之数千大学生，当不敷分配；

---

① 《全国各大学毕业生职业问题严重　平市职业同盟招待记者　说明组织宣述运动大纲》，《大公报》（天津版）1934 年 7 月 2 日第 4 版。

② 《平各大学生职业运动昨派代表赴京请愿》，《大公报》（天津版）1934 年 7 月 15 日第 4 版。

③④ 《大学生职业问题　平方推代表到京请愿　王世杰主张统制人才》，《大公报》（天津版）1934 年 7 月 23 日第 4 版。

此事俟于行政院开会时,余拟提出讨论。"①职业同盟代表得到教育部部长王世杰的答复和保证后,旋即辞出。当日上午10点半,职业同盟代表又至行政院,打算向时任行政院院长的汪精卫请愿。因汪精卫正在开会,乃派秘书长褚民谊代见。职业同盟代表即向行政院提出八项请求:"(一)治标方面:甲、请通令全国公私各机关,以公开方式,直接录用本同盟会会员暨全国各大学毕业生;乙、请通令全国并制定法规,杜绝用人行政之私授情事;丙、请筹设大学毕业生服务管理机关,指导并统制之;丁、请通令全国,推广地方考试制度;戊、请通令全国各大学及社会机关,促其成立职业介绍机关,助导大学毕业生解决职业;己、请扩大中央研究院之组织,容纳多量之大学毕业生,俾资深造。(二)治本方面:甲、请决定教育政策,对全国人才制造与需求务求适应;乙、请决定国家政策,对于全国人才分配,实施合理之统制。"②对于学生代表的请求,褚民谊答称:"所请各节,本人极表同情,汪院长尤深赞许,明日十时,行政院会议,准可提出讨论。"③职业同盟代表在获得这样的答复后从行政院辞出。

　　7月30日,职业同盟留京代表谭庶潜得到行政院院长汪精卫的接见。汪精卫对谭庶潜的所请进行了答复,他表示:"大学生因谋职不得,而组织职业运动大同盟,本人甚表同情,兹负责答复三点:(一)全国经委会与教部,前月成立全国学生工作咨询处,嗣因经费关系而中止,现不问有无经费,决于下月筹备成立,若该会不能成立,即由行政院下设一全国学生工作咨询处,一面调查各地需用人材,俾材尽其用。(二)调查各大学毕业生失业人数,作整个计划。(三)与考试院磋商举行考试,使学有专长者,不致无机会为国家社会服务。"④

　　为寻求政府解决毕业生问题的法律依据,留在北平未南下请愿的职业同盟成员,在同盟内组织成立了法规研究委员会,通过组织条例,并聘请潘毓秀、陈悦杰等9人为委员。另外,为了造成声势、争取支持,留平的职业同盟成员还发出大量聘书,打算聘请蒋梦麟、梅贻琦、李蒸、徐诵明、胡适、张伯苓、丁文江、任鸿隽、陶希圣、翁文灏、陈垣、江庸、周贻春等一些知名人士做导师。⑤

　　在职业同盟代表在南京请愿期间,全国其他一些城市的高校毕业生也

---

　　①②③ 《大学生职业问题 平方推代表到京请愿 王世杰主张统制人才》,《大公报》(天津版)1934年7月23日第4版。
　　④ 《汪行政院长答复北平职运代表》,《申报》1934年7月31日第13版。
　　⑤ 《职运大同盟聘大批导师》,《大公报》(天津版)1934年7月23日第4版。

从自己对就业问题的切身感受出发，纷纷行动起来，声援北平学生的行动。南京的高校毕业生率先组织类似的职运组织，声援北平学生的行动。1934年7月，"自北平各大学毕业生职业大同盟宣言到京（指南京，引者注）后，此间中央大学及金陵大学本届毕业生均同有此感"，"两校同学为响应北平各大学毕业生职业运动大同盟之宣言，亦拟仿效此项组织，作同样之运动，以促进政府社会之注意，而舒青年之烦恼"。① 8月8日晨，中央大学的孙光裕等十余人，"发起在蓝家庄开会，决定即日起在各宿舍揭贴布告，一三日征求失业毕业同学签名加入，二通过中大毕业生职业运动同盟会简章草案，三起草宣言，至会员大会及向政府请愿等为第二步"②。上海方面，暨南大学是较早行动起来的高校。8月2日，暨南大学学生组织了"毕业同学职业运动同盟会"，次日发表宣言，表示响应北平、南京两地高校学生的职业运动同盟，决定向党政及学校当局请愿。国立暨南大学毕业同学职业运动同盟会在发布的宣言中表示，"窃我国政府机关，任用人员甚少"，"其谋职业者，悉赖个人活动，以致亲私杂进，贤路壅塞"，"此应请政府当局注意者一也"；"今之大学教育，无确定之标准，只知招生授课，其所授课程是否适合社会需要，及学生毕业后应如何安插，此均未尝过问，以致学无所用，毕业即失业，此应请教育当局注意者二也"；"同人等鉴于毕业即失业，与所学无所用，亦有同样之痛苦，爰特组织职业运动同盟会，俾谋职业之解决，而求生活之有着，并响应平、京之组织唤起全国上下予以严切注意"，"特敬告政府及教育当局，切实注意，迅即谋救济之策"。③ 暨大职业同盟会还呼吁新闻界对此应予以同情和关注。8月9日，国立暨大职运会赴京请愿代表苏鸿宾、林启文等携带呈文，由沪启程，迳向行政院及教育部请愿，请愿书内容包括"呈请教部转饬沈校长（指时任暨南大学校长沈鹏飞，引者注），切实整顿校务，慎重教授人选，提高学校地位，并不得裁旧用新，排斥同学"，"对成立学生工作咨询处，应请注重实际办法"；表示"必要时，或就近联络平、京职运会，一致进行"请愿。④ 9日，该会派代表谒暨大学校当局，由于校方"对所请求三点，答复空洞，该会认为不满，决于日内再派代表，严重交涉，如不达目的，决扩大组织"；并且，该会还发表"致全沪各大学毕业生书"，号召"一致奋起，共图自救"。⑤ 山西太原也掀起了高校学生的求职请

---

① 《南京大学毕业生响应北平职业运动》，《大公报》（天津版）1934年7月11日第9版。
② 《京中大毕业生组织职业运动同盟会》，《申报》1934年8月8日第17版。
③ 《暨大职业同盟会宣言》，《申报》1934年8月4日第15版。
④⑤ 《暨大职运会代表晋京》，《申报》1934年8月10日第16版。

愿。先是由山西大学和省立法学院两高校的毕业生组织了"联合职业运动同志会",向省府呼吁"(一)扩大举行普通文官考试,拔取人才;(二)严厉考核现任一切公务员,成绩最劣者完全淘汰,缺额尽先以本届专门、大学毕业学生补充;(三)添设十年建设指导员,用考试方法择优录用;(四)筹设学术工作咨询处,尽量介绍职业"。① 山西省政府随后只是公布了建设技术及行政人员考试规程,对于"联合职业运动同志会"所提的其他要求并无具体措施落实。"联合职业运动同志会"后"以范围狭小,不能包括本省城各专门、大学,行动与力量颇嫌不足",于9月上旬召集各专门学校及大学应届毕业同学代表,正式成立"本届大专八校毕业同学职业运动同志会",议决"除继续请求政府迅予设法安置外,并拟要求建设、技术及行政人员考试,多收人数,必要时拟派代表亲赴河边村,晋谒阎伯川氏(指阎锡山,引者注)请求设法"。②

北平职业同盟代表张琢如等五人赴赣谒蒋请愿后,事毕到南京,与留京代表谭庶潜等于8月6日复向行政院作第二次请愿。行政院由褚民谊接见了他们。学生代表陈述意见两项:"(一)请行政院去文江西剿匪总部行营录用本年度大学毕业生,同时通令各机关尽量录用大学生,减少毕业生失业恐慌;(二)汪院长前次答复全国学生工作咨询会,八月内即可组织成立,并由学生方面提出意见,现教部筹组学术人员工作咨询处,范围既不限学生,而组织并纯系政府发起,学生方面,无心献意见机会,与所闻意见不甚相符,请行政院转令教部遵照汪原意进行,采择学生意见。"③ 对此,褚民谊答复大学生请愿代表,表示会将他们的要求转达给汪精卫,其中第一项可完全采纳,而第二项由汪自己来决定。④

在南下请愿结束返回北平后,职业同盟继续活动,督促市府和学校实施行政院所做出的承诺。职业同盟总干事谭庶潜"连日分谒本市(即指北平,下同,引者注)各大学校长,陈述同盟意见,请各大学从速设立职业介绍机关";8月29日,"谭更谒本市社会局局长蔡元,陈述各大学设立职业介绍机关之必要,并希望市府设立一大规模之职业介绍机关"。⑤ 蔡元表示同意,认为此应为之前政府应办事项,要求学生草拟具体计划书,由他在市府会议上提出讨论,在其职权范围内促进学生愿望实现。职业同盟则于30日晚召开第六次干事会,商讨起草计划书事宜,以呈请市府采纳。

总体而言,1934 年高校毕业生职业运动的发生,国民政府并没有漠然置之,而是进行了倾听并做出了承诺,表示愿意采取措施去解决高校毕业生就业问题。此后,国民政府也确实兑现了一些承诺,如在当年 10 月就成立了全国学术工作咨询处,作为高等人才调剂机关;同时教育部通令各高校要设立职业介绍机关,与咨询处配合,促进学生就业;行政院还与考试院协商,增加文官考试的次数,招录更多的毕业生。不过,这些措施并没有显著缓解高校毕业生的就业压力。在此背景下,1936 年第二次高校毕业生求职请愿运动又发生了。

二、1936 年大学生服务运动

1936 年 5 月,北平一部分高校毕业生鉴于"对毕业后之职业问题,多觉无着,为求政府当局设法各给予相当服务机会起见",酝酿组织"一九三六北平各大学毕业生服务运动大同盟"(以下简称"服务同盟");并且,何挺生、杨洪普、李超群、陈为纲、吴宣汉等 50 余名应届毕业生于当月 16 日在朝阳学院进行了首次集会。[①] 5 月 21 日,服务同盟在朝阳学院又召开第二次发起人大会,到会的有北京大学、中国学院、朝阳学院、北平大学法商学院、北平大学工学院等校百余人,"首由主席陈剑萍,报告该会宗旨;继由吴宣汉,报告进行经过,并决定宣言原则;末推举杨洪普等十三人,负责筹备"[②]。5 月 24 日,服务同盟发表"告毕业同学书"。在"告毕业同学书"中,学生对政府之前的就业措施提出了公开的批评,"虽然,在一九三四年,也曾有过类似服务运动的所谓职业同盟,而他们所努力的结果,是口惠而实不至的工作咨询处、介绍所的设立,这种问题的本身,有何裨益";学生进一步提出,"我们要求解决的,不是口头允诺咨询处和介绍所的成立,而是分发任用"。[③]

1936 年 5 月 29 日,北平各大学毕业生服务运动大同盟"在朝阳学院开会成立,到朝阳学院、北大、清华、辅仁、平大法商学院、农学院、中国学院、民国学院等校,代表八十余人,通过简章,选定干事二十五人"[④]。北平各大学毕业生服务运动大同盟正式成立。

---

① 《平大学毕业生职业运动 将组服务运动同盟》,《大公报》(天津版)1936 年 5 月 17 日第 4 版。

② 《大学毕业生服务运动同盟昨开第二次发起人大会》,《大公报》(天津版)1936 年 5 月 22 日第 6 版。

③ 《学生服务运动大同盟发表告同学书》,《大公报》(天津版)1936 年 5 月 25 日第 4 版。

④ 《服务运动同盟前日在平开成立会》,《大公报》(天津版)1936 年 5 月 31 日第 4 版。

成立后不久，服务同盟即决定，于各校毕业考试完竣后，派代表赴南京向中央各有关机关请愿。6月7日，服务同盟在中山公园长美轩茶社召开平津新闻界的记者招待会，到会的各报社记者有20多人。服务同盟的学生代表向媒体说明该组织的性质、目标及此后工作方针，并向当局提出六点意见："（一）改革教育制度，（二）改良考试制度，（三）改良地方行政人员任用标准，（四）教师国有制度，（五）平均薪俸，（六）厉行铨叙与考绩制度。"①6月12日，服务同盟开会推选了准备到南京向政府请愿的代表。②不久，服务同盟又进一步确定了南下请愿的时间。③为了唤起其他地方高校毕业生一起行动，北平各大学毕业生服务运动大同盟还议决"设立各省支部，每省选派代表三人负责组织之"④。

1936年6月底，服务同盟请愿团代表陈剑萍、杨洪普、富宝昌、李贵章、张无民、孙时宝、何挺生等十人启程南下，"除晋京向政府当局作请愿运动外，并进行联络各地大学毕业生采取一致步骤，向各方呼吁"⑤。

抵达国民政府首都南京后，服务同盟请愿团于7月14日赴行政院陈述意见，得到了行政院"与考试院商定，于本年加行高等文官考试一次""商办专科以上毕业生受业训练班""各机关对于专门技术学生，均酌量录用"等承诺。⑥7月15日，服务同盟代表又赴教育部请愿，陈述意见。在听取了请愿代表的意见后，教育部部长王世杰表示，政府已决定采取的措施有："（一）关于高考，已由政院咨商考试院，定九月中旬举行，录取人数，当较往年为多，且由行政院担保，分发任用；（二）关于公务员考绩方面，现经政府决定，每年淘汰百分之二成绩不良之公务员，以考试方法录用大学毕业生，以收新陈代谢之效；（三）关于就业训导班方面，该班已定十月一日开班，人数暂定一千人，凡毕业考试及格体格健全者，均可由各校当局保送"；为了让请愿的高校毕业生代表放心，王世杰还保证："政府最高当局对解决专科以上毕业生服务问题，已具有最大决心，此后凡经考取或受训及成绩优异者，政府最高机关绝对强制所属各机关录用。"⑦服务同盟在南京请愿期间，

① 《学生服务运动同盟昨发宣言表示六点意见》，《大公报》(天津版)1936年6月8日第3版。
② 《服运同盟将推代表赴京请愿》，《大公报》(天津版)1936年6月13日第4版。
③ 《服运请愿团定期赴京》，《大公报》(天津版)1936年6月20日第4版。
④ 《平服运同盟设立各省支部》，《大公报》(天津版)1936年6月26日第4版。
⑤ 《服运同盟请愿代表昨离平赴京》，《大公报》(天津版)1936年7月1日第4版。
⑥ 《北平各大学毕业生向政院陈述意见 政院负责人答复四点 对于各生出路正在力筹办法》，《中央日报》1936年7月15日第4版。
⑦ 《王教长谈大学毕业生之就业 政府已决定各项办法》，《申报》1936年7月17日第15版。

除向行政院、教育部请愿外,还向考试院及当时正在南京召开的国民党五届二中全会请愿,"并提出意见书请求采择施行";在向北平同学汇报工作时,请愿代表表示"请愿活动结果,各方(指国民政府相关方面,引者注)均有恳切答复指导"。①

在得到国民政府相关部门的承诺后,服务同盟的请愿代表即返回了北平。1936 年 7 月 26 日,服务同盟"在中山公园长美轩招待记者,报告请愿经过及所得结果,并宣布该同盟自即日起完全结束"②。这样,高校毕业生第二次求职请愿运动也就此落下了帷幕。

第二节　求职请愿运动发生的明面与暗面

一、就业问题:求职请愿发生前学生的现实困境

(一)就业形势的恶化及其引起的压力和恐慌

20 世纪 30 年代中期,两次高校毕业生求职请愿运动的发生,与当时毕业生就业难问题有很大的关系。

在近代中国新式学校教育兴起和发展的过程中,高校毕业生的失业现象就一直在一定范围内存在。上海职业指导所是民国时期著名的就业服务机构,到该所登记求职的来自全国各地,基本上以知识分子为主。据该所统计,自 1927 年 9 月至 1929 年 2 月的近一年半时间内,到该所登记求职的共有 889 人,其中大学毕业者 166 人,专科毕业者 83 人。③ 这里的"大学毕业者"和"专科毕业者",虽不一定仅限于应届毕业的高校学生,但可以肯定的是,初次走上社会、缺乏工作经验的应届毕业生当占这其中的相当部分。1926 年 9 月上旬中华职业教育社、江苏省教育会等团体曾合组"毕业生就业指导委员会",调研中等以上学校毕业生就业问题的解决。该组织虽不负直接介绍职业之责,但收到了许多请求解决就业问题的来信,其中

---

① 《服运请愿团在京工作圆满日内即行返平》,《大公报》(天津版)1936 年 7 月 18 日第 4 版。
② 《服运同盟结束 昨报告在京请愿之成绩》,《大公报》(天津版)1936 年 7 月 27 日第 4 版。
③ 《上海职业指导所经办事业报告》,《教育与职业》总第 101 期,1929 年 2 月,第 895 页。

有相当一部分是高校毕业生。毕业生就业指导委员会成立后1个月内,收到求助函件209封,其中受过高等教育者,"有大学预科九人,大学农工商文理法共二十五人(内文科占十一人、商科占七人),工专九人,农专五人,高专十二人,体专二人,交通一人、水产二人"①。不过,总体看来,20世纪30年代以前,高校毕业生总量较小,毕业生就业问题尚不突出,没有引起社会的足够重视,相关的新闻报道也不多。

20世纪30年代,高校毕业生就业情况呈恶化趋势。高校毕业生求职请愿运动爆发后,教育部在1936年5月曾经要求全国各高校上报1933年和1934年两年度毕业生的就业情况,当时全国108所高校中有84所上交了报告。据后来教育部对外公布的汇总数据,在有报告到部的80余校中,未就业的毕业生约占总数的13%,约有2400人。②需要指出的是,这只是官方隔年的事后统计,并不代表高校毕业生毕业当年的实际就业情况。一般来说,高校毕业生毕业后除非自愿失业,不大可能一直找不到工作。所以,统计的时间越晚,得出的毕业生就业率就会越高。在考察毕业生就业状况时,采用毕业离校时的初次就业率更具有说服力。实际上,高校学生毕业离校时的初次就业率,要比官方公布的迟滞了一段时间后的调查数据低许多。据1934年7月《大公报》报道,被视为国立最高学府的中央大学"惟以本届毕业生有四百余人之多,其中文法学院毕业生约占二百余人,故除少数富豪子弟可于暑后赴欧美深造,及少数素日善于活动者已觅得工作外,大多数均在失业彷徨之列"③。1934年8月《申报》则进一步报道,"中央大学本届毕业生四百余人,有三百余人未得工作"④。在个别较为落后的省份,高校毕业生的失业率更是高得惊人。《大公报》1934年9月根据山西地方当局的统计报道,当地高校毕业生人数"以最近四五年内为最高,今年(即1934年,引者注)更打破过去一切记录,人数达到四百八十人,目下正式找得职业者,仅十分之一"⑤。这些新闻报道,反映了学生毕业当年的就业情况。

高校毕业生求职请愿运动的首发地——北平,因高校云集,毕业生数量大,但经济却不甚发达,九一八事变后还面临着日伪势力的压迫,当年高校毕业生就业问题也十分突出。北平高校众多,一座城市内拥挤着北京大

① 《毕业生就业指导委员会之统计》,《申报》1926年10月13日第12版。
② 《专科以上校毕业生失业占百分之十三》,《申报》1936年6月19日第15版;《王教长谈毕业生失业原因》,《申报》1936年7月3日第10版。
③ 《南京大学毕业生响应北平职业运动》,《大公报》(天津版)1934年7月11日第9版。
④ 《京中大毕业生组织职业运动同盟会》,《申报》1934年8月8日第17版。
⑤ 《晋省专科以上学校毕业生多失业》,《大公报》(天津版)1934年9月24日第9版。

学、清华大学、北平师范大学、北平大学、东北大学、中法大学、燕京大学、辅仁大学、中国学院、朝阳学院、协和医学院等一众近30所高校。[①] 早在1934年1月《大公报》的一篇文章就指出,北平"为中国文化的中心,所以论学校数目之多,与学生人数之众,在国内可以算是首屈一指了","因此,大学毕业生的'饭碗',便成了现在一个很严重、很迫切的问题了。我曾瞧见几位大学毕业生,因失业太久,无路可走,后来不得不忍着痛苦而奔向伪国(指当时东北的伪满政权,引者注)去了"。"这样消耗国家若干金钱与时间而造就出来的青年,因为没有所谓人情面子和'门子',只能一味地干闲着、干闲着,社会虽大但无彼等容身与插足之地"。[②] 著名的清华大学,据1934年1月《大公报》的另一篇文章介绍,"截至去年(指1933年,引者注)暑期止,该校已有二千五百三十七人毕业,而调查确有职业者为一千四百四十四人","亦有失业者,嗣后毕业之人数正(增)多,失业者当比以前可观"。[③]

其实,高校毕业生就业难问题不仅仅是在求职请愿运动爆发当年才出现的。冰冻三尺非一日之寒。在1934年之前的两三年,随着毕业人数的较快增加,高校毕业生就业形势已经逐渐严峻了。据1931年7月下旬《申报》报道,"中大(指南京的中央大学,引者注)本届毕业生二百余人,半数未获相当职业"[④]。1932年6月《大公报》发函各高校,调查当年各大学、专门学校毕业生就业状况,但只有部分高校回复了本校毕业生就业情况,而其他"各校于就职一栏,多从阙如"[⑤]。部分有所回复的高校的应届毕业生就业情况如表1-1所示。

表1-1　1932年6月《大公报》调查所得的部分高校应届毕业生就业状况

	燕京大学	北洋工学院	南开大学	河北省立工业学院	河北省立农学院	齐鲁大学
毕业人数	214	66	39	43	3	38
就业人数	122	8	14	4	1	32

注:燕京大学各专修科未统计在内。

【资料来源】《本届各大学毕业学生概况调查》(一),《大公报》(天津版)1932年6月29日第4版;《本届各大学毕业学生概况调查》(二),《大公报》(天津版)1932年6月30日第4版。

---

① 其中,中国学院前身为民国初年创办的国民大学,1917年改名为中国大学,1930年改称中国学院,1948年复称中国大学。

② 扫难:《北平的几个大学(一)》,《大公报》(天津版)1934年1月21日第13版。

③ 至文:《关于清华大学》,《大公报》(天津版)1934年1月29日第13版。

④ 《中大毕业生获业难》,《申报》1931年7月22日第8版。

⑤ 《社评:毕业学生出路问题》,《大公报》(天津版)1932年6月29日第2版。

就业问题直接关系到广大毕业生的切身利益。20世纪30年代前期，毕业离校时初次就业率的低下，造成了在校学生特别是临毕业学生的恐慌。这种恐慌的极端表现，就是个别毕业生甚至因为就业困难，想不开而轻生。1934年7月中央大学毕业生赵万青，"因失业致神经衰弱，二十二日在该校宿舍内，意图用绳自尽未遂"①。同月，《申报》上还有另一则受高等教育的青年因失业而自杀事件的报道：如皋人柳絮客"曾受高等教育，世居原籍乡间"，"柳絮客脱离学校后，转辗多年，因无机会，一无所就，且因平时不往田间，不辨菽麦，故不能辅助乃父下田耕耘，只得赋闲在家"，有感于家中经济困境，柳絮客后与职业中学出身的新婚妻子"立志离家，自谋生活"，小夫妻"前往新生港地方，觅友谋事，诓辗转数旬，一无所成"，后又搭船来上海，拟"觅其亲戚某氏，另图发展"，结果"又因人地生疏，投亲不遇，且身畔所余仅一元二角，若就此返里，亦属不敷"，在走投无路的情况下，两人投黄浦江自杀，幸而遇救。②当时还有媒体报道个别高校毕业生走投无路而误入歧途的事情。1933年《玲珑》杂志就报道了一个大学毕业生走投无路而行骗的事件。据该杂志报道："最近上海有一位从前在大学毕业的学生王飞江在大中华饭店开房间，假冒起替联华公司招请演员。收了报名人三块钱报名费之后，便叫他到联华公司听考，有许多人上了他的当。后来给联华查悉，便立刻把他扣留，送去尝铁窗风味呢。"③该杂志感叹道："在这个失业的恐慌中，有些人实在有点走头（投）无路了。所以意志薄弱的人，便引起作奸犯科的念头。"④报刊媒体上关于高校毕业生因失业而行骗，以及前述因找不到工作而自杀等负面新闻的报道，既是失业恐慌的表现，反过来又进一步加剧了高校学生及社会对于失业的恐慌心理。

一些社会机构也感觉到了当时高校毕业生的就业恐慌情绪。1933年，"暑假到了，便见成千累万的大学毕业生到上海职业指导所来登记求职"，连该所的工作人员也惊呼："不得了，不得了，大学毕业生，谋事的大学毕业生这样多！"⑤

20世纪30年代前期，高校毕业生初次就业率低下、就业形势严峻的另一面，是许多家庭条件一般的高校学生，在经济状况恶化背景下坚持学业的不易。据1933年《大公报》报道："自今春开学以来，国立的北平大学、师

① 《中大本届毕业生赵万青自尽未遂》，《申报》1934年7月24日第15版。
② 《农村破产谋生不得 柳絮客夫妇投浦 农家子受高等教育 不辨菽麦遑论耕耘 觅事又无成 竟愤极自杀》，《申报》1934年7月1日第16版。
③④ 《失业恐慌中大学生冒充联华图骗》，《玲珑》第3卷第7期，1933年3月，第331页。
⑤ 问渔：《毕业与失业》，《教育与职业》总第148期，1933年9月，第602页。

范大学、北京大学三校，休学学生总数达三百余人，约占全数三分之一"，其中大多数休学的大学生则是因为经济问题，例如北京大学，"去年（指1932年，引者注）暑假后大部分学生因为家庭供给不足，个人生活尚且难于维持，何处来钱交学费，于是起而要求免费，曾经发生了一次学潮，结果当局开除了九个学生"，"今年（指1933年，引者注）春季开学，一部分学生又酝酿免费运动，便鉴于过去的失败，截至缴费限期最后一日，多数学生才开始交费注册，就中竟有质衣卖书，勉强交费者，还有实在无力缴费的学生五十二名，日前该校已布告勒令休学（该校这学期共休学六十九人，引者注）"；再如北平大学，由于1933年"教育部勒令学生必须缴费，否则不为注册，于是该校各院学生，咸感无力缴费的困难"，"虽经学校当局一再的催促，结果还有二百余名未缴费而被学校勒令休学了"。① 当时北平其他高校虽未出现大批学生休学的现象，"但一般的生活水准也都降低"，"其他各校大部学生生活，也都感到不稳"，"北平大学生都在闹着经济的恐慌呢"。②《大公报》的报道分析指出："北平的大学生十之七八多来自农村"，"自从外国的商品侵入农村，破坏了我们农民的副业，加以军阀敲骨吸髓的榨取，内外战争的蹂躏，苛捐杂税的横征暴敛，水旱天灾的降临，以及外国谷物的大批输入，便使中国农村经济普遍的破产"，"小康之家现在生活也不能维持了，甚至拥田百亩以上的地主，宣告破产的也不在少数，如此直接受影响的，就是半数以上来自农村的大学生"。③ 一般来说，经济越困难，在校学生越恐慌；生活越拮据，毕业生对就业这个未来的"救命稻草"寄予的期望就越大。当时那些在经济困难中侥幸能坚持学业的高校学生，其就业压力还是很大的。中华职业教育社的江问渔曾见证两位大学毕业生发出这样的悲叹："我在中学师范科毕业，做一个小学教员，每月还有三四十块钱拿。现在花了一千六七百块钱，费了四年光阴，取得一个大学毕业生资格，东奔西撞，历了许多时间，倒返连一个小事（指工作，引者注），也找不出来，真是倒霉！"④这两个大学毕业生的言下之意，是早知上了大学毕业后找不到工作，还不如当初中学毕业后做一个小学教员呢。

除了能否就业、有多少人就业这些问题外，当时高校毕业生的就业质量也存在问题。据报道，山西一部分得以就业的高校毕业生，"月薪最高

---

① ② ③　《农村经济破产下的 大学生生活的一斑 学生多半来自乡间经济艰窘 不缴费便休学真成吃人教育》，《大公报》（天津版）1933年4月24日第13版。
④　问渔：《毕业与失业》，《教育与职业》总第148期，1933年9月，第603页。

者,不过五十余元,尚有仅得十数元以维持现状者,困苦之情,殊难尽述"①。何清儒对 139 名大学毕业生的就业去处进行了抽样调查,结果发现"一百三十九人中,有六十九人,约占半数,在教育界中服务。若再将学术研究机关加入,数目更大。这种情形并不能认为各科的出路都应在教育界,但是可以告诉我们各科正当的机会不容易得到,所以不得已迫到教育界里去","在现今各种事业不发达情形之下,多数走入教育事业的道路上去"。② 何清儒指出:"由上面的情形看来,大学毕业生的出路极狭,途径极少。"③ 对此,他无可奈何地建议大学生,"没有创造能力的,自然不得不就实际情形去牵强应付","多数大学生对于教育事业稍有准备,或能在实际工作上可以增加效率";而"有创造能力的,还是应努力就其所学,谋求不存在或不显明的机会"。④

(二)就业形势恶化的主要原因与暴露的问题

20 世纪 30 年代前期中国高校学生就业形势恶化,其主要原因在于这一时期经济不景气导致的社会失业潮与高等教育盲目扩张导致的学生毕业潮叠加到了一起。

1931 年以后,在世界性的经济大危机和九一八事变的双重影响下,中国的经济经历一段低迷时期。当时经济低迷发展的表现之一就是新设工厂的逐年减少。据统计,1930 年全国注册设立的工厂有 119 家,1931 年降为 113 家,1932 年降为 87 家,1934 年进一步下降为 82 家;更为严重的是许多城市新设厂数远低于歇业厂数,以 1934 年中国最大的工商业城市——上海为例,这一年新设工厂 28 家,改组 291 家,闭歇 70 家。⑤ 九一八事变后,日本在华北地区进行武装走私更使当地经济雪上加霜,造成华北企业大量停业。虽然当时高校毕业生不见得都去企业就业,但是经济的不景气会导致在大环境下社会机关单位的用人紧缩,失业问题加剧。高校学生在这一背景下又岂能独善其身不受影响。九一八事变后东北地区的沦丧,不仅限制了中国高校学生的一部分就业市场,而且从东北流亡到华北地区的高校学生还要抢当地学生的"饭碗"。当时一方面是社会的失业潮,另一方面又是学生的毕业潮。国民政府统一全国后,高等教育发展较快。据统

---

① 《晋省专科以上学校毕业生多失业》,《大公报》(天津版)1934 年 9 月 24 日第 9 版。

②③④ 何清儒:《大学毕业生寻求机会的途径》,《教育与职业》总第 157 期,1934 年 8 月,第 451 页。

⑤ 汪敬虞:《第二次国内革命战争时期的中国民族工业》,出自黄逸平编《中国近代经济史论文选集》(全五册),上海师范大学历史系刊 1979 年版,第 1387—1388 页。

计，1928 年至 1933 年，全国高等学校数量由 74 所，在短短的 5 年内，一下子上升为 108 所。[①] 高等教育盲目扩展导致的直接结果，就是毕业生人数大增，如表 1-2 所示。全国高校毕业生人数从 1928 学年度的 3253 人狂涨到 1933 学年度的 8665 人，1934 学年度又破纪录地上升到 9622 人。[②] 高校毕业生人数翻倍地增长，自然大大超过经济社会发展所能消纳的速度，更何况还遇到了经济不景气的社会失业潮。正是在这种情况下，高校毕业生就业形势才明显恶化。

表 1-2　1912－1936 学年度专科以上学校毕业生数

学年度	1912	1913	1914	1915	1916	1917	1918
毕业生数	490	976	1048	1364	1470	1155	900
学年度	1919	1920	1921	1922	1923	1924	1925
毕业生数	1137	1446	1428	1742	2005	2397	2272
学年度	1926	1927	1928	1929	1930	1931	1932
毕业生数	2841	2714	3253	4164	4583	7034	7311
学年度	1933	1934	1935	1936			
毕业生数	8665	9622	8673	9154			

注：此处"学年度"系指高校学生毕业年级的开始年度，当时学生的实际毕业时间为该学年度的次年，下同。

【资料来源】教育部教育年鉴编纂委员会编：《第二次中国教育年鉴》，上海：商务印书馆 1948 年版，总第 1400 页，表"一、历年度全国专科以上学校概况（民国元学年度至三十五学年度）"。

前述这个主要原因，是就当时中国社会表征来看的。其实当时影响高校学生就业的，还有一些深层次的因素，诸如社会用人制度不良、高等教育与社会需求脱节、学生自己眼高手低等。这些影响因素原已存在，但在就业形势恶化的背景下，再一次地暴露出来。

首先，政府及社会机关用人不规范。在政府方面，以南京国民政府为例，虽然南京国民政府成立以后，实行文官考试制度，每年举行普通文官考试和高等文官考试，为政府机关录用人才。不过，"考试并不是国民党政府

① 教育部统计室编：《二十二年度全国高等教育统计》，上海：商务印书馆 1936 年版，第 4—5 页，"表 2　民国以来国内高等教育之进展"。

② 教育部教育年鉴编纂委员会编：《第二次中国教育年鉴》，上海：商务印书馆 1948 年版，总第 1400 页，表"一、历年度全国专科以上学校概况（民国元学年度至三十五学年度）"。

选拔公务员的主要方法"①。除每年录取的绝对数相对有限外,即便是通过考试也并不一定就能得到分发任用。政府机关中裙带关系的现象十分严重,大量的政府机关公务人员是通过考试之外的非正常途径进入的。在政府所属国营单位中,这种任人唯亲、滥竽充数的情况更是十分普遍。针对政府用人制度的不合理,20世纪30年代《大公报》"社评"栏目曾刊文尖锐地指出:"吾人痛叹自十七年(指1928年,引者注)统一以还,至今已七八年,而官吏任用迄未入轨,试一查中央地方各机关之用人,要之多由请托推荐而来,其登庸者,大抵各有后援,非亲即友。"②而在社会企事业单位方面,在当时的中国,用人单位进行公开考试选拔的尚属少数,社会上大多数工商企业用人都是靠相互援引、熟人介绍。并且,由于社会信用度低,近代中国企事业单位用人普遍要求担保。在这样一种情况下,许多青年即便依靠自己的真才实学通过了用人单位的考核,也会面临着寻找担保人或交纳担保金的难题,其中不乏因此而与自己心仪的职业失之交臂的情况。1932年10月《申报》上曾刊登文章述及一名失业半年的知识分子好不容易找到一所学校的教职,但却因为交不起60元职业保证金而得不到相应的职位,他悲愤地想到:"难道我是生成应该做游民的吗!"③一些国有企事业单位大量附设教育与培训机构,对附属机构中的学生优先录用,也堵塞了普通学校毕业生进入这些机构的道路。以江苏为例,由于该省为国民政府所在地,"中央及地方各重要实业机关,往往自办短期训练班,以训练其所需要之技术员,如导淮委员会,及运河工程局均有此种训练班之创设,而土木工程及河海工程毕业生之出路,即蒙受重大之影响"④。为此江苏省教育厅曾多次呼吁各国有企事业单位应停办这些附属培训机构,为正规学校的学生开辟出路。社会上用人制度的不良,造成了包括高校在内的各级学校毕业生就业途径不畅。

其次,高等教育发展与社会需求结合不够。高校招生结构不合理,造成毕业生的结构性过剩。在20世纪30年代中期以前,高校专业设置中文实科比例失调的现象十分严重。大量的学生拥挤在文、法、商、教育等文科类专业中,而工、理、农、医等实科类人才相对较少。单就毕业的学生而言,1932年、1933年和1934年三个年度全国高校毕业生中文科类(包括文、

①　徐矛:《中华民国政治制度史》,上海:上海人民出版社1992年版,第274页。
②　《社评:毕业生出路问题》,《大公报》(天津版)1934年8月11日第2版。
③　惠:《悲哀》,《申报·本埠增刊》1932年10月5日第2版。
④　《最近职业教育消息:苏省施行升学暨职业指导》,《教育与职业》总第154期,1934年4月,第245页。

法、商、教育)毕业生分别占到 72％、70％和 71％。[①] 文科学生的大量招入和输出,并非当时中国极度缺乏文科类的人才,而是由高校和学生两个方面因素造成的。就学校方面而言,许多高校认为,文科类专业对师资和设备要求较低,因而滥设文科专业;就学生方面而言,不少学生认为,文科较实科易学,文法类专业毕业后将来较易走上仕途,造成大量学生盲目报考文科专业。当时学界文实设科争论中,虽有学者为文科类专业开脱,但文实比例的失调造成文科学生的相对过剩,文科类毕业生的失业率远远地高于实科类毕业生,仍是不争的事实。这可以从媒体报道和教育部统计中得到印证。据《大公报》1934 年 7 月报道,中央大学"本届毕业生有四百余人之多,其中文法学院毕业生约占二百余人,除少数富豪子弟可于暑后赴欧美深造,及少数素日善于活动者,已觅得工作外,大多数均在失业彷徨之列",而"工学院土木工程系出路最佳,大多数均已有职位"。[②] 另外,教育部在 1936 年 5 月对国内 84 所高校 1933 年和 1934 年两年度毕业生就业情况的统计如表 1-3 所示。

表 1-3　教育部对 1933 年和 1934 年两年度专科以上学校毕业生就业情况的统计

科　别		未就业人数	在未就业总人数中占比	毕业生总数	未就业者占毕业生的比率
文科	文	670	33.5％	3106	26.8％
	法	754	37.7％	4480	16.8％
	商	138	6.9％	1120	12.3％
	教育	154	7.7％	1637	9.4％
	合计	1716	85.8％	10343	16.6％
实科	理	112	5.6％	1527	7.3％
	农	54	2.7％	777	6.9％
	工	62	3.1％	1941	3.2％
	医	56*	2.8％	628	8.9％
	合计	284	14.2％	4873	5.8％

① 教育部教育年鉴编纂委员会编:《第二次中国教育年鉴》,上海:商务印书馆 1948 年版,总第 527—528 页,表"十七年度至三十六年度专科以上学校毕业生数与科别表"。另注:教育部从 1933 年开始对专科以上学校的招生科别进行了限制,但 1932 年、1933 年和 1934 年三个年度的毕业生因属之前招入,故文科类毕业生仍保持较高比例。

② 《南京大学毕业生响应北平职业运动 将作同样组织宣传促政府社会之注意》,《大公报》(天津版)1934 年 7 月 11 日第 9 版。

续　表

科　别	未就业人数	在未就业总人数中占比	毕业生总数	未就业者占毕业生的比率
总计	2000	100.0%	15216	13.1%

＊未就业人数中山西川至医专49名属特例。

【资料来源】龚征桃：《专科以上学校毕业生失业问题》,《教育杂志》1937年第27卷第1号,第88页。

由上表可见,1933年和1934年两年度文科类毕业生的失业率远高于实科类(或理工科)的失业率。教育部的统计,由于进行时间晚,所得就业率虽不同于高校毕业生的初次就业率,但还是能够反映不同专业高校毕业生就业率的差距。事实上,不同专业高校毕业生就业率的差距,进一步反映了当时高等教育招生的盲目以及缺乏社会导向。20世纪30年代,由于高等教育自身存在着这样的问题,使得当时社会存在着一种有些工作岗位人满为患、有些工作岗位却无人可招的矛盾现象,有人谓之"人人求事,事事求人"。早在1931年,清华大学的徐雄飞就曾在校刊上发表《一种矛盾现象的解释——人人求事,事事求人》一文,文中指出许多用人单位"门外拥挤着求事的人,而门内确感到人才的饥荒"[①]。徐雄飞本来还不相信这一矛盾的存在,后来在经历了一次南京之行后,"这种情形,立刻从那里周身的环境去证实,再不容我发生理论的怀疑"[②]。

最后,部分高校学生能力与水平存在一定问题。1926年中华职业教育社、江苏省教育会等团体合组的"毕业生就业指导委员会",调研中等以上学校毕业生就业问题的解决。该组织收到许多高校毕业生请求解决就业问题的来信。毕业生就业指导委员会发现,求助者"来信之词意、文字、写作俱佳者占百分之三,情词恳切者占百分之五,词意通达者占百分之五人,平平者百分之八十人","来信叙失业原因责人者多、内省者少,而考其文理则通达者少、平平者多",对此,毕业生就业指导委员会感叹道:"足见失业之原因甚多,不能独责社会之不信用学生也。"[②]进入20世纪30年代,类似的问题在一些高校毕业生身上依然存在。部分高校学生在校时热衷于听新奇、高深的学问,但因水平有限只能一知半解,而社会所需的基础知识、基本技能却被他们所忽视了。还有的高校学生平时不用功学习,通过不了考试却怪罪校方的为难。1931年朱家骅在一次演讲中曾指出:"一般大学

---

① ②　徐雄飞:《一种矛盾现象的解释——人人求事,事事求人》,《清华周刊》第35卷第2期,1931年3月7日,第1页。

②　《毕业生就业指导委员会之统计》,《申报》1926年10月13日第12版。

生都喜欢听很新异的科目,办学的人也每每迁就学生的意见,因把习见的基本功课都看轻了","这样学出来的学生,一到毕业之后,说他不懂呢,他所听过的高深却不少,也零零碎碎地懂得一些,说他懂呢,但是基本的而很普通的问题还弄不明白。"他进而质疑道:"现在中国的大学毕业生已经很不少了,有几分之几能单独工作的呢?"[1]

二、党派政治:高校学生求职请愿运动发动的幕后推手

高校毕业生求职请愿运动的发生,除了当时学生就业难这个重要原因外,其幕后还有党派政治的背景。不过,让人意外的是,此时不是中国共产党地下党组织利用就业问题,领导高校学生来反对国民党政府,而是国民党内 CC 系所控制的一些地方党部有人参与其中,借助就业问题,煽动高校毕业生起来向某些政府部门请愿。

20 世纪 30 年代两次高校毕业生求职请愿运动都首先爆发于北平,这不仅是因为当地高校毕业生多、就业问题突出,还与北平右翼学生组织——诚社的推动有很大关系。诚社是国民党内 CC 系张厉生、胡梦华等人控制下的一个右翼学生组织,活动于平津一带。该组织由时任国民党中央委员兼河北省政府委员的张厉生担任总书记,时任国民党河北省监察委员的胡梦华担任副书记,这两个人在当时都是国民党 CC 系人物。[2] 两次高校毕业生求职请愿活动都有诚社成员侧身其间。1934 年职业运动同盟中的骨干——齐联科(北京大学经济系学生),即为诚社成员。[3] 有些职业运动大同盟的骨干虽未直接参加诚社,但和诚社关系密切。如胡松叔虽然不是诚社成员,但他却主编过该组织的刊物《大学新闻》;再如谭庶潜因领导大学生职业运动有功,后来还被张厉生资送到日本留学。1936 年第二次高校毕业生求职请愿运动——大学生服务运动发生时,虽然诚社领导人张厉生、胡梦华两人已经离开北平[4],但北平各高校中有些诚社成员仍然参与了

---

① 《朱家骅在中央党部总理纪念周上讲演"中国大学教育的现状及应行注意各点"》(1931 年8 月 31 日),出自中国第二历史档案馆编:《中华民国史档案资料汇编》(第五辑第一编 教育一、二),南京:江苏古籍出版社 1994 年版,第 281—282 页。

② 后来张厉生因故又脱离了 CC 系。

③ 1933 年春,张厉生指派胡梦华等人开始在北平各高校中拉人秘密筹备右翼学生组织。1934年秋,诚社正式成立。1934 年春夏之季,北平大学生掀起求职请愿运动时,诚社尚在筹备阶段。

④ 1935 年 7 月《何梅协定》达成后,在日军的逼迫下国民党在河北省的党部被取消,张厉生、胡梦华等人先后离开北平。

这次求职请愿运动。北平大学生服务运动大同盟中的富宝昌(东北大学学生)就是诚社成员。服务运动大同盟中另外一些骨干和诚社走得很近,如陈剑萍等人曾多次在胡梦华主编过的《人民评论》杂志上发表文章。所以,两次高校毕业生求职请愿运动虽不能说由诚社组织完全包办,但诚社分子参与其中,并起到了组织动员、推波助澜的作用则是没有疑问的。

高校毕业生求职请愿运动发生后,一些 CC 系成员及其控制下的地方党部,以不同形式表示对高校毕业生求职请愿运动的支持。在 1934 年 7 月 1 日北平大学生职业运动大同盟成立时,国民党河北省党部、北平市党部都曾派代表莅会,"省党部陈访先、胡梦华,市党部刘海鸥等亦到会"[①]。省党部的陈访先、市党部的刘海鸥还在会上发表了"语意诚恳"的致词。除胡梦华外,陈访先、刘海鸥两人也为国民党内 CC 系人物,其中前者还是 CC 系组织"中国国民党忠实同志会"河北分会的干事长。他们的到场无疑起到了支持鼓动的作用。在高校毕业生第一次求职请愿运动——大学生职业运动中,职运同盟代表团赴南京求职请愿的过程中,谭庶潜等人到南京的来往旅费和食宿费用都是由张厉生包下来的。胡梦华曾经将北平大学生职业运动大同盟的组织情况汇报给张厉生,"希望他告知陈果夫、陈立夫运用他们的职权,通告各省市党部策动各该省市大专学校应届毕业生组织职业运动同盟,派代表到南京请愿,结成全国性的大学毕业生职业运动同盟"[②]。从后来响应各地的反应来看,部分 CC 系分子也确实起到了推波助澜的作用。在中央大学组织学生搞求职请愿的孙光裕是国民党南京市第八区党部常务委员,而该区党部就设在中央大学。[③] 上海暨南大学学生掀起的求职请愿运动也带有党派政治的背景。据竺可桢回忆,暨南大学的杜佐周曾告诉他,"谓沈鹏飞长校后,党部人乘机而入云"[④]。当时,CC 系正在积极谋求夺取学校的控制权。[⑤] 另外,在 1934 年大学生职业运动期间,上海市党部还曾向国民政府呈文要求解决毕业生就业问题,以示对求职请愿

① 《全国各大学毕业生职业问题严重 平市职业同盟招待记者说明组织宣述运动大纲》,《大公报》(天津版)1934 年 7 月 2 日第 4 版。
② 胡梦华:《CC 的反动学生组织诚社始末》,出自柴夫编:《CC 内幕》,北京:中国文史出版社 1988 年版,第 142 页。
③ 许青、董体全主编:《南京政党志》,南京:河海大学出版社 1997 年版,第 319 页,"表 2-11 国民党南京市区党部(1935.3)"。
④ 竺可桢:《竺可桢全集》(第 6 卷),上海:上海科技教育出版社 2005 年版,第 28 页。
⑤ 黄敬斋:《国民党 CC 系的干社》,出自柴夫编:《CC 内幕》,北京:中国文史出版社 1988 年版,第 119—120 页。

运动的支持。[1]

那么，国民党内部这部分 CC 系人物及其控制下的地方党部、学生组织，为什么要参与其间，挑动和支持高校毕业生起来向政府求职请愿呢？

两次高校毕业生求职请愿运动都起源于北平。其中 1934 年第一次高校毕业生求职请愿运动——大学生职业运动，作为诚社副书记的胡梦华还参与了筹划和鼓动。据胡梦华回忆，诚社之所以介入大学生职业运动，其目的主要有两个：其一是转移高校学生的注意力；其二是打击当时国民党内其他派系的势力。[2] 20 世纪 30 年代前期是中国阶级矛盾、民族矛盾相对尖锐的一个时期，学生政治运动频发。在日本侵略者步步紧逼的背景下，学生多将矛头指向当时的国民党政府，批评其妥协退让的对外政策，常常搞得国民党政府焦头烂额、穷于应付。当时国民党政府的执政者坚持强调巩固国内、增强实力对于抗战的重要性，既急于从学生的批评中摆脱出来，又想让学生与其合作、为其服务。文化教育界是国民党 CC 系自认的地盘。利用当时高等教育与用人制度中存在的实际问题以转移学生的注意力，后来则成为部分 CC 分子所想到的办法。在 1933 年胡梦华就曾向张厉生指出："爱国救国是大事，易于号召，而毕业后就业则是学生切身问题。当前形势，人事行政与教育背道而驰，所教非所用，所用非所教，学而无用，学而不用，人浮于事，以致毕业即失业。自救与救国，虽有轻重，但具有同样的严重性和迫切性。如果全国各省市县都动起来，来一个浩大的教育改革运动，将有利于转移当前学生运动大方向。"[3] 另外，诚社还试图利用高校学生求职请愿运动打击 CC 系的政敌。在 1934 年大学生职业运动爆发时，汪精卫担任国民政府行政院院长，王世杰担任教育部部长。汪精卫是国民党内的改组派，王世杰则被视为新政学系的人物，都被 CC 系当作自己的政敌。作为 CC 系的外围组织，诚社既反对汪精卫以拥护蒋介石，又要在蒋介石面前为 CC 系与新政学系争宠。推动高校毕业生求职请愿，则可以给自己的政敌制造麻烦，从而打击对方。在诚社初步组织阶段，为了拉拢学生、攻击政敌，张厉生就曾在各高校学生参加的座谈会上批评当时教育部部长王世

---

①　《市党部呈请中央为大学毕业生谋出路》，《申报》1934 年 9 月 12 日第 15 版。
②　胡梦华：《CC 外围组织诚社始末》，出自中国人民政治协商会议全国委员会文史资料研究委员会编：《文史资料选辑》（第十四辑），北京：中华书局 1961 年版，第 154 页。
③　胡梦华：《CC 的反动学生组织诚社始末》，出自柴夫编：《CC 内幕》，北京：中国文史出版社 1988 年版，第 132—133 页。

杰等人工作不力,"以致贻误青年,学生毕业即失业或者学无所用"。[①] 1936年发生的高校毕业生第二次求职请愿运动——大学生服务运动,发生在1935年年底"一二·九"爱国学生运动之后不久。当时诚社领导人张厉生、胡梦华两人虽已离开北平,但留在北平的残余的诚社分子挑动高校毕业生求职请愿,仍然带有转移高校学生注意力,把学生运动纳入国民党可控范围的目的。

20世纪30年代中国发生的两次高校毕业生求职请愿运动,其背后的原因是复杂的,既有学生就业难这个社会矛盾的明确存在,又有党派政治暗中操控的影子。对于党派政治来说,高校学生就业问题是可资利用的话题;对于学生就业来说,党派政治又是可以借助的支持力量。高校毕业生求职请愿运动固然因部分 CC 系人物控制下右翼学生组织的介入而带有党派政治色彩,显得不那么单纯,但不可否认的是,请愿运动的发生成功地引起了社会人士对于高校毕业生就业问题的广泛关注,为高校毕业生就业问题的解决创造了有利的舆论环境。

第三节　高校学生求职请愿运动引起的社会关注及反响

尽管20世纪30年代中期高校毕业生求职请愿运动不仅仅是毕业生就业难这么简单,其幕后还有一定的政治推手,但是在当时环境中,一般社会人士却并不能短时间将其参透。高校毕业生求职请愿运动爆发后,引起了社会的广泛关注,也引起了许多知名人士对于高校毕业生就业问题的热烈讨论。

一、媒体、舆论对高校学生求职请愿运动的关注

社会对高校毕业生求职请愿运动的关注,可以从报刊媒体对两次求职请愿运动的报道看出来。各类报刊媒体对高校毕业生求职请愿运动的报道,既表现出新闻出版界对高校学生就业问题的关注,又进一步推动其他领域社会人士对高校毕业生就业问题的注意。

---

① 胡梦华:《CC外围组织诚社始末》,出自中国人民政治协商会议全国委员会文史资料研究委员会编:《文史资料选辑》(第十四辑),北京:中华书局1961年版,第149—150页。

天津《大公报》对于两次高校毕业生求职请愿运动——1934年的大学生职业运动和1936年的大学生服务运动，几乎进行了全过程、全方位的报道。1934年北平大学生职业运动爆发后，天津《大公报》一方面对职运同盟记者招待会、宣言书、南下请愿、政府部门官员接见、请愿结束后情况汇报及职运同盟对政府相关部门承诺的督促等活动均进行了报道（见表1-4）；另一方面还对北平、南京、山西等地高校毕业生当年的就业状况进行实地探访和披露。不仅如此，天津《大公报》还邀请一些专家学者，就大学生职业运动及其反映的高校毕业生就业问题撰写一批评论性文章，在该报"星期论文"的栏目中予以刊发。作为当时中国北方首屈一指的大报，天津《大公报》对于大学生职业运动及其反映的高校毕业生就业问题是非常关注的。

表1-4　1934年《大公报》（天津版）对大学生职业运动的报道

时　间	版　次	文章标题
1934年7月1日	4	《平市大学毕业生职业运动 组织同盟促各方注意》
1934年7月2日	2	《大学毕业生职业运动》
1934年7月2日	4	《全国各大学毕业生职业问题严重 平市职业同盟招待记者 说明组织宣述运动大纲》
1934年7月3日	4	《北平大学毕业生职业同盟盟员人数之统计》
1934年7月10日	4	《职业同盟昨日干事会之议案》
1934年7月11日	9	《南京大学毕业生响应北平职业运动 将作同样组织宣传 促政府社会之注意》
1934年7月15日	4	《平各大学生职业运动 昨派代表赴京请愿》
1934年7月16日	4	《职业大同盟代表南下请愿》
1934年7月19日	4	《职业同盟请愿》
1934年7月20日	3	《简讯》（南京电：平学生职业运动同盟来京代表、十九日至行政院教育部请愿、教部正开会、未接见、行政院由参事陈锐接见）
1934年7月21日	3	《简报》（南京电：北平职业运动同盟代表二十日至教部请愿、王世杰亲见、允设法提政会研究、又赴行政院、褚民谊允将呈文转汪核阅）

续 表

时 间	版 次	文章标题
1934 年 7 月 23 日	4	《大学生职业问题 平方推代表到京请愿 王世杰主张统制人材》
1934 年 7 月 23 日	4	《职运大同盟聘大批导师》
1934 年 7 月 24 日	3	《中大毕业生求职运动 本届毕业者四百余人 获有工作者仅数十人》
1934 年 7 月 30 日	3	《大学生工作咨询处 王世杰谈正草拟办法 惟经费预算尚待筹划 赴京请愿学生已回平》
1934 年 7 月 31 日	13	《大学毕业生的对话："你现在找到甚么职业了?""职业运动同盟义务干事!"》
1934 年 8 月 2 日	4	《学生工作咨询处 教部已起草组织规程 戴传贤函汪讨论》
1934 年 8 月 5 日	4	《职业运动同盟南下代表报告请愿经过》
1934 年 8 月 7 日	3	《北平各大学毕业生职业运动昨向行政院再度请愿》
1934 年 8 月 8 日	3	《中大毕业生亦有职业运动》
1934 年 8 月 9 日	4	《学生职业同盟对工作咨询处贡献意见》
1934 年 8 月 10 日	3	《北平各大学考察团即由京返平》
1934 年 8 月 12 日	4	《北平大学生联合考察团昨日由京返平 南行印象良好》
1934 年 8 月 13 日	4	《学术工作咨询处本月底成立 高等考试将提前举办》
1934 年 8 月 17 日	4	《大学毕业生职业同盟 请各校设职业介绍所》
1934 年 8 月 18 日	4	《职业同盟电请教部速设咨询处》
1934 年 8 月 24 日	4	《北平大学将成立职业介绍处 职运代表昨谒徐诵明》
1934 年 8 月 31 日	4	《职业同盟请平市府设介绍机关》
1934 年 9 月 1 日	3	《职业同盟电京询咨询处筹备真相 准备再推代表南下请愿》
1934 年 9 月 2 日	4	《中法大学职业介绍处即成立》
1934 年 9 月 5 日	4	《平职业介绍所 职业同盟拟定计划 定今日送呈社会局》
1934 年 9 月 10 日	3	《教育与人材统制 铨叙部将草拟两案 于考铨会议时提出》

续 表

时 间	版 次	文章标题
1934 年 9 月 19 日	4	《大学教育制度改良问题 上海各大学当局之意见》
1934 年 9 月 20 日	4	《大学教育制度改良问题 上海各大学当局之意见》（续）
1934 年 9 月 24 日	9	《晋省专科以上学校毕业生多失业 全省失业者达四千余人 学生谋出路请举行普考 学术工作咨询处将成立》
1934 年 9 月 26 日	4	《北平短简》（平讯，职业运动同盟总干事谭庶潜，昨谒北大校长蒋梦麟，请设职业介绍机关，蒋答称本校已在秘书处设一调查介绍组）
1934 年 9 月 30 日	2	《青年失业问题》
1934 年 10 月 25 日	4	《教育部的职业介绍》
1934 年 11 月 1 日	2	《全国考铨会议今日开会》
1934 年 11 月 13 日	10	《职业运动与中国前途》
1934 年 11 月 15 日	10	《职业运动与中国前途》

注：部分文章标题，括号内为简讯、简报的内容。

　　1936 年北平一部分高校毕业生组织大学生服务运动后，天津《大公报》继续进行了跟踪报道。当年大学生服务同盟的酝酿、成立、告同学书的发表、赴京请愿、中央部门接见、请愿结束后工作汇报等活动，天津《大公报》均进行了报道，如表 1-5 所示。并且，由于《大公报》（上海版）1936 年 4 月 10 日在沪发刊，上海《大公报》也加入了对大学生服务运动的报道。

表 1-5　1936 年《大公报》（天津版）对大学生服务运动的报道

时 间	版 次	文章标题
1936 年 5 月 17 日	4	《平大学毕业生职业运动将组服务运动同盟》
1936 年 5 月 22 日	6	《大学毕业服务运动同盟昨开第二次发起人大会》
1936 年 5 月 25 日	4	《学生服务运动大同盟发表告同学书 不仅以介绍为满足 要求政府分发任用》
1936 年 5 月 31 日	4	《服务运动同盟前日在平开成立会》
1936 年 6 月 8 日	3	《学生服务运动同盟昨发宣言表示六点意见》
1936 年 6 月 13 日	4	《服运同盟将推代表赴京请愿》

续　表

时　间	版　次	文章标题
1936 年 6 月 20 日	4	《服运请愿团定期赴京》
1936 年 6 月 26 日	4	《平服运同盟设立各省支部》
1936 年 7 月 1 日	4	《服运同盟请愿代表 昨离平赴京》
1936 年 7 月 6 日	11	《毕业生到何处去呢?》
1936 年 7 月 7 日	4	《平服运同盟代表一名昨续赴京》
1936 年 7 月 16 日	4	《成绩不良之公务员每年淘汰百分之二 强制录用优良毕业生 王世杰对服运同盟代表之表示》
1936 年 7 月 18 日	4	《服运请愿团在京工作圆满 日内即行返平》
1936 年 7 月 22 日	4	《服务请愿代表全部返平》
1936 年 7 月 27 日	4	《服运同盟结束 昨报告在京请愿之成绩 中央对毕业生服务问题已具最大决心谋其解决》

　　作为南方首屈一指的大报,上海《申报》对高校毕业生求职请愿运动及其反映的就业问题也非常关注。1934 年大学生职业运动爆发后,上海《申报》除了报道了北平大学生职业运动同盟南下请愿的情况外,还重点报道了当时南京中央大学、上海暨南大学等南方高校学生求职请愿的情况。两次高校毕业生求职请愿运动期间,上海《申报》对求职请愿运动及其反映的就业问题的报道,虽然不及天津《大公报》那么密集,但是也表现了相当的关注,如表 1-6 所示。

表 1-6　上海《申报》对两次求职请愿运动及大学生就业状况的报道及评论

时　间	版　次	文章标题
1934 年 7 月 19 日	9	《职业运动代表请愿》
1934 年 7 月 21 日	14	《北平各大学毕业生再向政府呼吁》
1934 年 7 月 23 日	7	《职业运动代表北返》
1934 年 7 月 25 日	本埠增刊第 1 版	《职业同盟与职业请愿》
1934 年 7 月 31 日	13	《汪行政院长答复北平职运代表》
1934 年 8 月 1 日	11	敬:《时评:毕业后之职业问题》
1934 年 8 月 4 日	15	《暨大职业同盟会宣言》
1934 年 8 月 8 日	17	《京中大毕业生组织职业运动同盟会》

续　表

时　　间	版　　次	文章标题
1934 年 8 月 8 日	17	《平大学生职运大同盟代表二次至京请愿》
1934 年 8 月 10 日	16	《暨大职运代表晋京》
1934 年 9 月 12 日	15	《市党部呈请中央为大学毕业生谋出路》
1934 年 11 月 6 日	14	《胡适谈大学生就业问题》
1936 年 5 月 23 日	15	《失业大学毕业生总数九千六百余》
1936 年 5 月 28 日	本埠增刊第 1 版	家为:《北平大学生的服务运动》
1936 年 5 月 29 日	19	敬:《要求文凭兑现》
1936 年 6 月 19 日	15	《专科以上校毕业生失业占百分之十三》
1936 年 7 月 3 日	10	《王教长谈毕业生失业原因》
1936 年 7 月 17 日	15	《王教长谈大学毕业生之就业　政府已决定各项办法》
1936 年 7 月 31 日	13	《毕业生就业失业统计》

注:表中部分标题前的文字为作者的署名。

当时中国国内,不仅有天津《大公报》、上海《申报》这样的大报关注高校毕业生求职请愿运动,其他一些刊物,诸如《教育杂志》《中华教育界》《教育与职业》《中国社会》《国际劳工通讯》《清华周刊》等,对 1934 年的大学生职业运动、1936 年的大学生服务运动及其反映的高校毕业生就业问题,亦表现出了积极的关注,分别如表 1-7 和表 1-8 所示。这些刊物既有教育类的,也有劳动类、社会类、青年类的;既有全国性的,也有地域性的;既有综合性的,也有专业性的。其所刊发的相关文章,既有第一手的报道,也有转载的文献;既有新闻类的,也有评论类的;既有关注高校毕业生求职请愿运动的,也有关注由此反映出来的就业问题的。

表 1-7　1934 年其他部分报刊对大学生职业运动的关注

报　　刊	刊　　期	文章标题
《教育杂志》	1934 年第 24 卷第 1 期	《本国教育文化史的新页:北平各大学毕业生职业运动》
《中华教育界》	1934 年第 22 卷第 3 期	《国内教育界(二十三年七月):北平各大学生之职业运动》

续　表

报　刊	刊　期	文章标题
《教育与职业》	1934 年总第 157 期	清儒:《评论:职业运动同盟》
《国讯》	1934 年第 75 期	《杂讯一束:平职业运动大同盟告全国大学毕业生书》
《大学生言论》	1934 年第 2 期	悬河:《社论:北平职业运动大同盟之代表南下》
《大学新闻》(北平)	1934 年第 1 卷第 20 期	《平市大学毕业生职业运动迫近高潮:登记同学已增至千余人,下周决开第二次预备会》
《大学新闻》(北平)	1934 年暑期特刊之二	《一般简讯:(本报特讯)民二三年北平各大学毕业生职业运动大同盟》
《大学新闻》(北平)	1934 年第 2 卷第 4 期	《各校简讯:中法毕业生之职业运动》
《清华暑期周刊》	1934 年第 5 期	沈鉴:《大学毕业生职业运动的一个条件》
《国立南高东大中大毕业同学总会会刊》	1934 年第 9 期	《本会消息:十二、中央大学毕业生职业运动同盟大会即将成立》
《青年》(杭州)	1934 年第 1 卷第 4 期	伟:《大学毕业生的职业运动》
《中国社会》	1934 年第 1 卷第 2 期	《大学生职业运动特辑》
《中国社会》	1934 年第 1 卷第 2 期	彭家礼:《职业运动的回顾与前瞻》
《社会周报》(上海)	1934 年第 1 卷第 18 期	少彭:《职业"运动同盟"与大学生的出路》
《社会新闻》	1934 年第 8 卷第 3 期	《十日评坛:大学生的职业运动》
《新社会》	1934 年第 7 卷第 6 期	卤厂:《对于大学毕业生职业运动的感言》
《民生》	1934 年第 2 卷第 23 期	《民二三北平各大学毕业生职业运动大同盟宣言》

续　表

报　刊	刊　期	文章标题
《劳动季报》	1934 年第 3 期	《中国经济问题资料集珍：北平大学生之职业运动》（附图）
《政治月刊》（南京）	1935 年第 2 卷第 4 期	孙兆干：《一年来中国大学生之职业运动》
《现实》（南京）	1934 年第 1 卷第 17 期	韩力夫：《职业运动大同盟的意义与价值》
《民族魂》（上海）	1934 年第 1 卷第 4 期	萧洒：《从大学毕业生职业运动谈到中国青年底出路问题》
《新中华》	1934 年第 2 卷第 15 期	钱亦石：《中国大学毕业生的职业运动：兼质胡适之先生》
《新闻通讯》	1934 年第 14 期	未圆：《"大学毕业生职业运动大同盟"》
《时事月报》	1934 年第 11 卷第 3 期	刘乃敬：《国内时事·一月来之教育：大学毕业生的职业运动》
《时代公论》（南京）	1934 年第 121 期	宏：《时事述评：大学毕业生之职业运动》
《人民评论》（北平）	1934 年第 46 期	苏实：《青年失业问题专号：民二三北平各大学毕业生职业运动》
《人民评论》（北平）	1934 年第 46 期	白虹：《青年失业问题专号：大学生职业运动与青年失业问题》
《新天津画报》	1934 年第 45 期	喆夫：《谈职业运动大同盟》
《中国文化建设协会山西分会旬刊》	1934 年第 1 卷第 3 期	众先：《时评：大学生的职业运动》
《西北评论》	1934 年第 1 卷第 4 期	《职业运动大同盟之宣言大意》
《西北春秋》	1934 年第 15 期	任重：《山西大专毕业生职业运动与解决途径》
《云南旅平学会季刊》	1934 年第 1 卷第 2 期	《北平市大学毕业生职业运动大同盟盟员》

续　表

报　刊	刊　期	文章标题
《云南旅平学会季刊》	1934 年第 1 卷第 2 期	一厂:《从大学生职业运动谈到滇生回滇服务》
《广东旅沪同乡会月刊》	1934 年第 11 期	克庶:《关于中国大学生职业运动的问题》
《幽燕》	1934 年第 3 卷第 4—5 期	长征:《大学毕业生职业运动》
《华侨半月刊》	1934 第 51—52 期	《时事述评:大学毕业生之职业运动》
《新人周刊》	1936 年第 2 卷第 39 期	正之:《一周论坛:大学生的职业运动》
《众志月刊》	1934 年第 1 卷第 4 期	屏翚:《评坛:大学毕业生的职业运动》
《民鸣周刊》	1934 年第 1 卷第 19 期	寿:《一周大事述评:学术工作咨询处之成立:学术工作咨询处,已于本月一日在首都成立,此可视为暑假期中北平各大学毕业生职业同盟运动所得唯一之结果》
《华年》	1934 年第 3 卷第 31 期	《长短评:大学生职业运动的一幕》
《勇进》	1934 年第 3 卷第 5 期	天朗:《救济劳动失业与扩大职业运动之必要》
《海泽》	1934 年第 16 期	优孟:《对于大学生职业运动大同盟的十八扯》
《今文选》	1934 年第 1 期	《民二三北平各大学毕业生职业运动大同盟宣言》
《摄影画报》	1934 年第 10 卷第 18 期	《时代学生:大学生职业运动》

注:①有同名的报刊,为避免混淆,于报刊名称后的括号内备注出版地。

　②表中部分标题前的文字为作者的署名。

表 1-8　1936 年其他部分报刊对大学生服务运动的关注

报刊	刊期	文章标题
《国际劳工通讯》	1936 年第 3 卷第 7 期	《国内劳工消息（六月份）：十六、失业：（丁）其他失业消息：（五）大学毕业生服务运动大同盟（六月九日上公）》
《中国学生》（上海）	1936 年第 2 卷第 21 期	《北平各大学毕业生：服务运动大同盟告毕业同学书》
《中国学生》（上海）	1936 年第 2 卷第 21 期	晦鸣：《读北平大学生服务运动同盟宣言有感》
《中国学生》（上海）	1936 年第 2 卷第 23 期	方本裕：《大学毕业生失业问题的检讨：从"职业运动"到"服务运动"一个清算》
《学生呼声》	1936 年第 1 卷第 3—4 期	杨林：《长短评：贡献给北平大学毕业生服务运动大同盟》
《清华周刊》	1936 年第 44 卷第 9 期	强：《清华论坛：学生服务运动同盟》
《人生周报》（南京）	1936 年第 10 期	《各地通信：安大毕业同学服务运动同盟》
《自力旬刊》	1936 年第 2 期	《时事解说：平大学生发动服务同盟运动》
《真实半月刊》	1936 年第 1 卷第 2 期	沚：《毕业生服务运动同盟》
《实报半月刊》	1936 年第 16 期	《半月来：大事述要：大学毕业生组织服务运动大同盟》
《北晨画刊》	1936 年第 8 卷第 12 期	尧生：《北平各大学毕业生服务运动大同盟，日前在稷园招待记者》（新闻摄影）
《华风》（南京）	1936 年第 1 卷第 23 期	木三：《大学毕业生服务运动》

注：①有同名的报刊，为避免混淆，于报刊名称后的括号内备注出版地。
　　②表中部分标题前的文字为作者的署名。

　　当时高校毕业生求职请愿引发的社会对学生就业问题的关注，除了各种报刊连篇累牍的相关文章外，还有一例可资证明。1934 年上海电通公司摄制了电影《桃李劫》。影片采用倒叙的方式，讲述了一对知识青年情侣从学校走上社会后不融于职场而相继失业，后来女的产后摔倒重伤去世，男的偷钱给妻子治病结果却因拒捕被判处死刑的悲惨故事。当时有影评就认为,该影片反映了当时社会的大学生就业问题。影评指出:"现在的大学毕业生们,曾有职业运动的组织;期望着可以借此谋到职业?可以减少他们失业的恐慌和痛苦!""电通公司首次出品的《桃李劫》,就是抓住了这个问题,由编剧兼导演的应云卫,用他那灵活生动的手笔和技巧,来描写大学生失业和牺牲的故事。"①电影《桃李劫》系由上海左翼电影人士摄制,编剧实为袁牧之。这里虽无主创人员说明《桃李劫》取材的直接资料,但电影上映后受到的社会关注,很难说与当时高校毕业生求职请愿运动所反映的就业问题没有关系。

二、各界人士对高校学生就业问题的讨论与认识

高校毕业生求职请愿运动的爆发,既引起了媒体对高校毕业生就业问题的关注,也引起了许多知名人士对高校毕业生就业问题的讨论。

时任北京大学文学院院长的胡适认为,在就业问题上,高校毕业生主要应该自我反省。他在 1934 年 6 月 24 日天津《大公报》发表的《赠与今年的大学毕业生》一文中指出:"你得先自己反省;不可专责备别人,更不必责备社会";"你应该想想:为什么同样一张文凭,别人拿了有效,你拿了就无效呢?还是仅仅因为别人有门路有援助而你没有呢?还是因为别人学到了本事而你没学到呢?为什么同叫做'大学',他校的文凭有价值,而你的母校的文凭不值钱呢?还是仅仅因为社会只问虚名而不问实际呢?还是因为你的学校本来不够格呢?还是因为你的母校的名誉被你和你的同学闹的毁坏了,所以社会厌恶轻视你的学堂呢?""拿了文凭而找不着工作的人们,应该要自己反省:社会需要的是人才,是本事,是学问,而我自己究竟是不是人才,有没有本领?"②胡适觉得,只要高校毕业生有真才实学,在社会上就不难找到工作,甚至那些高材生还会很抢手。他说:"在蔡元培先生主持的中央研究院里,去年我看见傅斯年先生在暑假前几个月就聘定一个北大国文系将毕业的高材生,今年我又看见他在暑假前几个月就要和清华大学抢一个清华史学系将毕业的高材生。"③胡适认为,"凡功课太松,管理太宽,教员不高明,学风不良的学校,每年尽管送出整百的毕业生,他们在

---

① 秋潭:《"桃李劫"评》,《大公报》(天津版)1935 年 3 月 20 日第 16 版。

② 胡适:《赠与今年的大学毕业生》,《大公报》(天津版)1934 年 6 月 24 日第 2—3 版。

③ 同上,第 3 版。

社会上休想得着很好的位置。偶然有了位置,他们也不会长久保持的。反过来看那些认真办理而确能给学生一种良好训练的大学,——尤其是新兴的清华大学与南开大学——他们的毕业生很少寻不着好位置的"①。他举例证明道:"前天我在清华大学,听说清华今年工科毕业的四十多人早已全被各种工业预聘去了。"②胡适还认为,高校毕业生如果能力足够强,不仅可以自己找到工作,还可以为母校赢得社会信用。胡适举了陶孟和社会调查所的例子,他说陶孟和本来是重清华毕业生而轻北大毕业生的,胡适后来在火车上偶然读了一篇北大经济系学生的研究成果,觉得很好,把这个北大学生推荐给了陶孟和,结果面试了之后陶孟和大为满意,让这个北大学生毕业后到社会调查所工作。胡适调侃称,这个北大学生"总算替他的母校在陶孟和先生的心目中恢复了一点已失的信用"③。胡适认为,在就业问题上,高校毕业生应该自我反省,而不是抱怨社会。他说:"我们平心观察,不能不说今日中国的社会事业已有逐渐上轨道的趋势,公私机关的用人已渐渐变严格了";"现在国内有许多机关的主办人真肯留心选用各大学的人才。"④最后,在这篇文章中,胡适给高校毕业生开出的药方是:"没有别的法子,只有格外努力,自己多学一点可靠的本事";"没有工作机会的人,只有格外努力训练自己可以希望得着工作;有工作机会而嫌待遇太薄、地位太低的人,也只有格外努力工作可以靠成绩来抬高他的地位。"⑤

当时在其他场合,胡适对高校毕业生就业问题也持相同的观点。1934年7月他在河北省基督徒学生联合会以及平津等地在校学生举行的夏令会上演讲时也指出,"谈到出路,我以为是个人的问题","我以为现在的大学毕业生不能找不到饭吃,不但自己不应找不到,而且需要再开一条路为别人找饭吃,这才是我们的责任","现在社会上是要用人,事情在等着我们,你如果打算找饭吃,请你把你的成绩拿出来","我要告诉大家,现在的社会是在找人,你有成绩请拿出来,自己问一问自己,我是不是有好成绩呢? 是不是够社会用我的标准呢?"⑥1934年11月他去南京开会期间接受记者关于高校毕业生就业问题采访时指出:"毕业后不能就业者,当求其不能就业之原因,不必怨天尤人,而惟责之于己,自己有能力,又何愁无饭吃。"⑦

---

① ② ④ 胡适:《赠与今年的大学毕业生》,《大公报》(天津版)1934 年 6 月 24 日第 2 版。

③ ⑤ 同上,第 3 版。

⑥ 《青年的出路"——胡适在西山夏令会演词》,《大公报》(天津版)1934 年 7 月 7 日第 4 版。

⑦ 《胡适谈大学生就业问题》,《申报》1934 年 11 月 6 日第 14 版。

胡适年轻成名、事业顺利、久负才名,所以在大学生就业问题上会持"责己"的观点。不过他的观点也引起了一些质疑和批评的声音。一个署名"徐梅"的人投书《大公报》,对胡适的观点进行了质疑和批评。[①] 徐梅指出:"在学生本身的失业,固然应该自己反省,不必专责别人,也不必责备社会;但在社会方面却不能把整个的失业问题,全部卸责于学生肩上。"[②] 她对胡适给大学生就业开出的"药方"提出了两个疑问:"现在的机关或学校,是否如胡先生所说择优而聘?""假定都是够格的大学与都是高材生的话,是不是社会上便没有失业的人?"[③] 对于第一个疑问,徐梅认为胡适在《赠与今年的大学毕业生》一文中所举例子只是少数个案:"千里马常有,而伯乐不常有","一般的事实告诉我们,校长不把教员的位置尽先留给自己的同乡同学的,主官不把职员的位置留给自己的亲戚故旧的,那才是罕闻!"[④] 她特地举了自己认识的大学生就业的例子:"在复旦大学曾与我同房住过三年,平日用功异乎常人的湖南黄竹生女士,去年毕业,她国文成绩与历年总分均冠全校(她是中国文学系),但至今尚未觅得相当位置;中央大学高材生江西许寿华先生毕业之后,在南昌求一教员而不可得,许久之后,才由同学介绍到上海圣玛利亚女学去教书。"[⑤] 对于第二个疑问,徐梅认为:"大批的失业,完全是'供不切求'的原因,我们说做学生的只要单纯地求得学问就可以解决出路问题,正等于说工人只要肯做工,就不愁没有出卖劳力的地方;农人只要肯种田,便一定有田可种是一样地浅薄得可笑! 我们决不能说,工人若肯做工就解决了工业问题,农人若愿种田,就恢复了农村的繁荣,同时更不能说,学生肯读书,就算是解决了大学生整批的失业问题。"[⑥]

对此,胡适撰文回应道:"我说社会要的是人才,而学校毕业的未必都是社会所需要的人才,这正是'供不切求'。""我并不完全否认徐女士的看法有一部分的真实;但这个问题不在我对大学毕业生要说的话的范围之中。我对大学毕业生说话,劝他们责己,劝他们努力多学一点本事,这是他们本身所能做的。至于社会上有多少'空位子',那是用不着我对他们说的,说了于他们也没有用处。""我认清了我说话的对象是个人,不是社会。"[⑦]

前面胡适在文章中提到的傅斯年,也对包括高校毕业生在内的青年就

---

① 从其文中所举的例子推断,这个徐梅有可能是复旦大学的一个女大学生。

②③④⑤⑥ 徐梅:《读胡适先生〈赠与今年的大学毕业生〉文后》,《大公报》(天津版)1934 年 7 月 7 日第 3 版。

⑦ 胡适:《写在徐梅女士的文章的后面》,《大公报》(天津版)1934 年 7 月 8 日第 3 版。

业问题进行了讨论和分析。傅斯年(字孟真)1934 年在《青年失业问题》一文中指出,包括高校毕业生在内的青年就业问题之前就已经开始表现出来,"不自今年(指 1934 年,引者注)起,前年的大学毕业生,在出路上已大显不景气,去年尤盛,今年自然更盛"[①]。与胡适不同,傅斯年把当时高校毕业生就业难问题的原因更多地归结为外部方面,而不是毕业生本身。傅斯年把当时高校毕业生就业难原因归结为以下几个方面:"世界的不景气,已经深入中国内地了"(即社会经济的不景气)、"三年来'日蹙国百里'的事实大大减少青年出路的销场"(即九一八事变后东北的沦陷)、"几年来比较的政治安定"(即因政局变动导致的人员更替减少了)、"中央及地方政府之登庸之人士"、"去妥善甚远"(即用人制度不良)、"多年来教育之不济"(即教育无序发展)。[②]傅斯年认为青年失业问题"非一个独立的问题,故根本上非可独立解决者";"青年失业问题之根本解决,要待政治与社会问题之普泛解决"。[③]傅斯年提出在当时情势下解决的办法有:"要严格的澄清公务人员"(即公务员队伍要优胜劣汰)、"要改变了考试政策"(引导青年在公务员之外参与专业技术人员考试)、"要训练并诱掖学生向乡间去"(即创造条件引导青年往农村和内地去)、"教育当局应该把大学及专科教育之量的方面相当缩小,而于其质的方面力求提高"。[④]

　　清华大学的陈岱孙也参与了高校学生就业问题的讨论,他于 1936 年7 月在《独立评论》上发表了《关于大学毕业生职业问题一个建议》一文。在探讨高校毕业生就业问题时,陈岱孙分析指出:"我们社会现在是百废待举,无论那一种的人才都应该是只怕其少,不怕其多,然而事实上每年专科以上的毕业生总是供过于求。这个事实可以反映出我们社会上种种落后的情形。"[⑤]陈岱孙认为,高校及其毕业生确实应该反省自己,"我们当然承认专科以上学校的毕业生不是个个都是专科人才。教育制度的不良,粗制滥造的结果,办学者不能辞其责;天资的限制,嬉荒的积习,也是一部分受教者深入膏肓的毛病"。"一部分专科学校学生,在四年求学期间,除开学会大都市种种'精致淘气'之外,专科学识毫无所知。"[⑥]然而他又无可奈何地指出:"失业者未必是这一般的人(指平时不用功的学生,引者注),因为这种人提携汲引的机会也许反比一般苦学生为多,荒嬉的习惯未始不就是

　　①②③　傅孟真:《青年失业问题》,《大公报》(天津版)1934 年 9 月 30 日第 2 版。
　　④　傅孟真:《青年失业问题》,《大公报》(天津版)1934 年 9 月 30 日第 2—3 版。
　　⑤⑥　陈岱孙:《关于大学毕业生职业问题一个建议》,《独立评论》第 211 号,1936 年 7 月 26 日,第 9 页。

有恃无恐心理的表现。"①在解决高校毕业生就业问题方面，陈岱孙认为："专科人才失业问题根本解决的方法当然是在于促进我们国内各方面事业的进步，使得社会上除政治机关之外的其他机关能够发达增荣，如此则专科人才的需要自然与日俱增。"②不过，他又指出："治本的，间接的救济方法固然重要，然而从现已失业的专科人才看来是'河清难俟'。我们以为除治本办法外政府不是不可以有治标的直接救济的办法。直接救济固然不能解决全部失业问题，而至少可以解决局部的问题，并且如果应用得当，专科人才的甄用未尝不可以增进政府本身的能力与效率，好处不仅在于为专科人才谋出路也。"③所以他重点针对政府直接救济高校毕业生提出了自己的建议。陈岱孙认为："政府直接救济失业专科人才的办法不外由所属各机关任用。以明令令各机关尽先任用是原则，是具文，不发生效力。"④他提出的解决办法是："我们要建议一个具体的办法是把政府所属机关分为种类，明确指定某某种类机关，此后任用人员，必须为公开考试录取之人，从前的荐引办法绝对不适用。""初办的时候，范围尽管小些，所指定机关尽可少些，行之一时，有了基础，然后再推及于政府其他各机关，一直到政府各机关中各事务官的任免都经过这个'正途出身'与甄别考绩的手续为止。""我们不主张马上就把一切政府所属机关都包含在内，因为范围太广，阻力便大，任何良好的办法经过官场里几番磨折，都要变为具文，反不如初步推行的时候有一个明确的范围，在这范围能够严格执行，成功的希望也许多些。"⑤陈岱孙把政府机关分为执行政治任务的政治机关和执行非政治任务的非政治机关两大类，前者包括外交、司法等，后者包括交通、金融等。"这些执行非政治任务的机关，就是我们所认为应该先着手的机关。"⑥他认为，后者专业技术性更强一些，应该先厉行考选制度。陈岱孙总体上还是赞同政府通过考选制度来解决高校毕业生就业问题的，只不过他觉得全面展开阻力会很大，导致最后流于形式，他主张先小范围严格执行，形成风气后再全面推广。

　　曾在美国获得博士学位、回国后在上海大夏大学担任社会教育系主任的陈友松，也参与了当时高校毕业生就业问题的讨论。陈友松在《非常时期大学生出路的战略》一文中指出，社会及高校学生不必对大学生失业问

　　①② 　陈岱孙：《关于大学毕业生职业问题一个建议》，《独立评论》第211号，1936年7月26日，第9页。
　　③④⑤ 　同上，第10页。
　　⑥ 　同上，第11页。

题恐慌,当时世界各国民众失业问题都很严重,中国失业无业的一般民众及灾民也很多。① 他提出解决大学生出路问题的办法有两个:其一是"转变学生运动的方向";其二是大学生应去创业。在"转变学生运动的方向"方面,陈友松认为大学生"与其组织不着边际的救国运动不如共同设法研究并解决无数的中国实际问题","如民众教育如何推广,全国的道路如何完成,全国的水旱如何避免,全国如何电气化,农民生产如何增加,社会经济组织如何改造,封建思想如何打倒,国防如何巩固,人口如何控制等等","能开拓一事即能为许多人材谋出路"。② 在呼吁大学生创业方面,陈友松指出"传统的大学给学生一个谬误的态度与风气,就是等待谋现成的事","'学向优则仕','书中自有黄金屋',这种守株待兔,依人作嫁,或取而代之想吃现成饭的心理","身受国家十余年教育之大学生在此非常时期,应当改变这种心理,向创业的大道上进攻","总而言之过去的路已走不通,创业就是大学生的前线,创业就是凭藉自己的能力和同志者的组织力开拓一番新事业来"。③

时任大夏大学副校长的欧元怀,则把高校学生生源质量差看作是就业难的一个重要原因。欧元怀在接受记者采访时指出:"诚就毕业学生职业运动言之,因近年来中学毕业学生的成绩极坏,中学根基既未树立,所以专科以上学校学生的素养,自较数年前为劣。虽增加经费扩充设备,以谋补救,但学生可以深造的,终是不多。更以农村经济破产、社会事业停滞、政治不上轨道、考试制度有名无实,年来大学毕业学生,大多数感受失业恐慌,遂而应为社会领袖的大学生,反转为社会不安的因素。"④他主张:"今后的大学对于选拔学生、安排学生出路、慎聘教授等等,应谋通盘的计划,不应枝枝节节、小处求全。总之受高等教育者,应为复兴民族的中坚,不应为国家的奢侈品、装饰品。政府更不应空唱高调、敷衍局面(如对大学职业运动仅设画饼充饥之咨询机关)。而大学本身,亦应致力培养真知实学的人才,使其能改造社会、转移社会,以先知先觉地位,领导全国民众,从事于新

---

① 陈友松:《非常时期大学生出路的战略》,《大夏周报》第12卷第8期,1935年12月1日,第157—158页。

②③ 陈友松:《非常时期大学生出路的战略》(续),《大夏周报》第12卷第10期,1936年1月10日,第210页。

④ 《如何改进高等教育 安定职教员生活提高师资 注意经济效率应平均分配 扶助私立大学增加补助费 私立大夏大学副校长欧元怀之谈片》,《大公报》(天津版)1934年11月12日第10版。

中国的建设。"①

中华职业教育社原本是由青年生计、职业问题的视角切入职业教育领域的,对于 20 世纪 30 年代中期高校毕业生求职请愿运动及其暴露出来的就业问题自然也十分关注。该社的江问渔、何清儒等人,也参与了当时对高校学生就业问题的讨论。江问渔在《失业大学生的出路问题》一文中认为:在学生就业问题上高等教育自身需要反思,"对于大学限制数量,改良质地,我想,总是应该的罢!"②江问渔主要提出了两条解决高校毕业生就业问题的建议:其一,"就教育自身去解决这个问题,除限制数量改良质地外,如少设大学,多设专科;少设预备升大学的普通中学,多设训练生产技能的职业学校,职业补习学校;专科大学,须与社会事业相联络,毋使教育处于孤立";其二,"社会上有力量的集团,如银行等,要设法帮助专科大学毕业生到内地去造产。倘使有学农的毕业生五人或七人组成一个小集团,决心要到内地去开垦,做好精密详审有效的计划,经过学校校长教授核定,认为可行,即由校长作保证人,向已经约好的银行,借一笔长期的借款作资本,去好好经营,五年而小效,十年而大成,能为社会增加了许多财富,养活了许多贫民,辗转造成了许多中级职工,这岂不是利己利人、兴国兴家的事么? 农可如此,工也可如此,商也可如此"。"盼望校学当局和有眼光有心思的银行家协作起来,帮助他们去开辟去创造。"③实际上,江问渔的第一条建议是从职业教育的立场出发,提倡高等教育实用化、生产化;第二条建议则是呼吁银行等部门参与扶持高校毕业生创业。

何清儒则比江问渔更早地对高校毕业生就业问题进行了探讨。在 1934 年大学生职业运动发生的当年,何清儒就撰写《职业运动同盟》一文,并在文中指出:"职业运动同盟赴京向党政当局请愿,提出数点解决大学毕业生职业问题的方法,其中均属重要,而其中最重要者,莫若人才统制或供与求的适应。"④他认为,请求政府录用、扩招研究生以及设立职业介绍机构在解决高校毕业生就业问题方面都是治标之策。"行政机关的位置究属有限,如何能容纳每年四五千的大学毕业生?""请求研究院多增机会,亦是局部的解决办法。""实行介绍的工作,亦是靠机会的存在。"⑤何清儒认为:"人才统制是解决大学生问题根本的彻底的办法。因为如果人才的培养是根

---

① 《如何改进高等教育 安定职教员生活提高师资 注意经济效率应平均分配 扶助私立大学增加补助费 私立大夏大学副校长欧元怀之谈片》,《大公报》(天津版)1934 年 11 月 12 日第 10 版。

②③ 问渔:《失业大学生的出路问题》,《国讯》第 131 期,1936 年 6 月 1 日,第 496 页。

④ 清儒:《评论:职业运动同盟》,《教育与职业》总第 157 期,1934 年 8 月,第 409 页。

⑤ 同上,第 409—410 页。

据实际上质度、量度的需要,所造就的人才,就没有出路问题。"①同时,何清儒在高校毕业生就业领域还做了一些实证的研究,对大学毕业生就业领域、学用关系、就业报酬进行了抽样调查和分析探讨。他的部分研究结果,前文已有所提及,这里不再赘述。

此外,一些政界人士对于求职请愿运动及其反映的高校毕业生就业问题,也有所参与和表态。

张厉生、胡梦华等人在拉拢高校学生组织诚社的过程中,曾在座谈会上批评过当时社会学生毕业即失业、学无所用等问题,以此笼络人心,并转移高校学生的注意力。1936 年 6 月,当时已任国民党中央组织部部长的张厉生在南京的一次演讲中指出:"公共事业愈发达,技术人员愈多,而普通之公务人员愈少,例如市政府技术人员应较普通公务人员为多","而在中国,一个大学毕业生,一入机关服务,即将固有之学业完全荒废;故在外国机关,可以培植人才,而在中国机关,则为戕贼人才。"②从维护国民党统治的角度,张厉生也确实想高校毕业生的专长能被当局充分利用起来,以便高校毕业生更好地为国民党政府服务。

作为高校毕业生求职请愿的主要对象,王世杰、汪精卫等人对高校毕业生就业问题的部分看法,在求职请愿运动期间接见学生代表时已见其公开表态。但也有些看法并未在学生面前吐露。1934 年 11 月全国考铨会议开幕时,时任行政院院长的汪精卫(名兆铭)在致辞时中指出:"现在担任过行政的人,却都感觉有很多的苦痛。就是常常感觉到,一方面很多的人求事情无法应付,而另一方面又有许多的事情找不着人去工作。可以说是人人求事,事事求人。这一点恐怕是在座各位有同感的。一面不晓得如何对付求事的人,一面不晓得在那里找到一种人材能担当这件事。""同是一班在学校毕业的人,文凭是一样的,而作事的能力却相差很远,所以为事找人,但凭资格,还是不能放心。并且对于学校的功课,固然有许多是在学校里考优等,出来作事也作得好的。但是也有在学校里的功课考优等,而出来做事作不出来的,也是很多。"③这里,汪精卫对人才培养与需求的脱节还是颇有微词的,对部分毕业生的工作能力也表示怀疑。至于时任教育部部长的王世杰,在他看来,解决高校学生就业问题还是得寄希望于职业介绍

---

① 清儒:《评论:职业运动同盟》,《教育与职业》总第 157 期,1934 年 8 月,第 410 页。
② 张厉生:《公共事业与公务人员——二十五年六月一日在南京市政府纪念周讲演》,《中央周报》第 419 期,1936 年 6 月 15 日,第 7 页。
③ 《行政院长汪兆铭致词》,中华民国史事纪要编辑委员会编:《中华民国史事纪要》(初稿)[中华民国二十三年(1934)十月至二月份],台北:"中央文物供应社"1986 年版,第 705 页。

机构的设立、高校招生比例的调整、公务员队伍的优胜劣汰等方面。王世杰作为高校主管部门的负责人,在高校毕业生求职请愿运动中首当其冲,承受了比较大的压力。尽管当时有不少批评高等教育缺乏规划的声音,不过王世杰并不认为这一问题是自己所致。相反,他认为这是之前积累下来的,并是自己就任教育部部长后想要去解决的问题。其实,王世杰早在1933年就任教育部部长之初就有整顿高等教育的想法。他在1933年5月24日的日记中,表示以"促公务员考试制度之普及,为青年求正当之出路,兼图鼓励在校学生之努力"一事自勉并勖教育部同仁,并有感于全国大学文、实科学生比例的失调,"因于五月廿日详订限制全国各大学(包含各独立学院)招生办法,务使各校自本年(指1933年,引者注)起招收文科新生严守一定之限制;其不遵守此项限制者,教部即不审定其新生之学籍"①。

时任考试院院长的戴季陶,一方面承认学生求职请愿"所呈各种情形,均属实际事实,如何谋救济之道,亦不可置为缓图",表示考试院"关于考试方面,现更拟于定期考试外,扩大各种临时考试,只须各机关需要何种人才,通知考试院,即可随时以简便之方法,迅速举行";另一方面又表示"惟是本院不过为考选分发之机关,前乎此者之人才如何制造问题,属于全国教育机关,后乎此者之人才如何任用问题,又多属于全国行政机关,二者皆与考试制度息息相关,必彼此能力合作,交相为用,然后一切制度方能推行尽利",他也认为"各大学专门学校毕业生失业者之众多,与各种新兴事业求得适当人才之困难,适成一极大矛盾现象,所以造成此种矛盾现象之原因虽有多种,而过去十年间教育方针之错误,实有重大之责任"。② 而国民政府考选委员会委员长王用宾认为大学生就业之所以能成为问题,原因在于"向者因任用法(指《公务员任用法》,下同,引者注)未尽实行,在任用人又有旁门可进、毕业生有歧路可走、机关用人另有来源,遂致成为问题",他认为解决的办法在于"目前唯有修正任用法",堵住漏洞,"只要中央与地方各机关遵照任用法用人,此区区数千大学毕业生出路,便不成问题"。③

至于既身处国民党体制内同时又是大学校长的罗家伦,对高校毕业生就业难障碍的认识则要更全面一些。大学生职业运动发生后,时任中央大学校长的罗家伦认为造成学生就业难的原因是多方面的,"分析现在青年

---

① 王世杰:《王世杰日记》(手稿本)(第一册:民国二十二年五月—民国二十七年十二月),台北:"中央研究院"近代史研究所1990年版,第1—2页。

② 《北平各大学毕业生职业运动·(六)考试院戴院长之关怀此事·戴院长函》,《教育杂志》第24卷第1号,1934年9月10日,第182—183页。

③ 《王用宾谈大学生职业》,《申报》1934年8月16日第16版。

失业问题之状况,第一属于国家与社会者,第二属于学校者,第三属于家庭者,第四属于学生本身者",他的观点是"青年职业和政治安定两问题,有密切之连锁,因为前者不能解决,则教育事业无从办起,且教育成为浪费,政治亦无法上轨道",故而他认为补救的途径有两条,其一是"实行计划教育,对于全国人才之需要,学术技能之训练,及其支配之用途,国家应有整个之打算",其二是"实行公务员考试制度,以公平考试为登庸秩级之标准",他建议"高考(指高等文官考试,引者注)应每年举行,如程度及格,人数不妨取录较多,但待遇不必限于荐任",他还进一步建议"而最重要者,在于将现有公务员分批抽考,及格者,令其留职,予以保障,优异者,酌予升迁,不及格者,则以新进者递补","如此则能人尽得其用,国库之俸给支出,不致增加","否则每高考一次,徒然多添一批官,不但机关无办法安插,且全国民众亦将有负担官俸不下之苦"。① 罗家伦也曾对部分大学毕业生的素质表示过不满。在大学生职业运动爆发前,罗家伦在一次演讲中,以自己主持留学考试和研究院入学考试的经历,批评了个别大学毕业生的无知,"有一次口试的时候,兄弟问到一位大学毕业生,'张居正是什么人',有人答道'司法院长',又问'于谦是什么人',有人答道'监察院长',另问一人'井田是一种什么制度',他说'是日本人',更问道'赤峰在何处',他说'赤峰是日本的一个海岛'";对于参加口试的大学毕业生如此不尽人意的表现,罗家伦曾经感慨道:"知道热河之亡,不只是亡于汤玉麟,大学毕业生不知道赤峰是中国的领土,中国还不该亡吗?"他承认"这当然是极端的例,不足以律一般",表示"但是说出来也可以供我们警惕一下"。②

　　高校毕业生求职请愿运动的爆发,还进一步刺激了社会关于"人才统制"的讨论。"人才统制"是 20 世纪 30 年代前期在中国出现的一种社会思潮。③ 1933 年,当时在国民党河北省党部任职的胡梦华曾相继发表《统制人才与政治》《领袖与统制人才》两篇文章,明确提出了"统制人才"概念,最初

---

① 罗家伦:《解决青年职业问题和政治安定问题之两条途径——二十三年七月三十日在中央纪念周讲演》,《中央周报》第 322 期,1934 年 8 月 6 日,第 2—3 页。

② 罗家伦:《中国大学教育之危机——二十三年一月十五日在中央纪念周讲演》,《中央周报》第 294 期,1934 年 1 月 22 日,第 8 页。

③ "人才统制"只是 20 世纪 30、40 年代"统制"思潮中的一种言论,和它差不多同时出现的还有所谓的"经济统制""贸易统制""教育统制"等言论。以往单纯地把这种"统制"思潮归结为国民党试图加强自己一党专政的舆论制造,但客观上这种"统制"呼声的出现,更多的却是 30 年代经济大危机背景下针对传统自由主义的一种思想反动,体现为社会经济问题解决的一种思路。

只是指能够贯彻领袖意志的集权主义人才。[①] 但是,随着社会上"人人求事,事事求人"现象的日益突出,社会上出现了一种呼吁政府负起责任以平衡人才供求的"人才统制"言论,有时"人才统制"也被称作"统制人才"。1934 年,留美博士、当时任职中华职业教育社的何清儒发表《人才统制》一文,指出"谋求人才供与求的适应,达到量度上质度上的人事适合,即是人才统制的目的";"人才统制,如同经济统制,应以一国为单位。一国与人才有关的最高行政机关,如考试院,或教育部,应会同需要人才机关的领袖,如实业家,合供给与人才机关的领袖,如教育家,负筹划的总责"。[②] 何氏指出:"我们提出人才统制这名辞来讨论,并不是固(故)意取其时髦,引人注意。实在因为这名辞足以代表有思想的人早已感觉的一个严重问题。"[③]他还肯定了"人才统制"在解决就业过程中的必要性。

1934 年大学生职业运动中,在求职请愿的学生代表提出的要求中,即包含"对于未来之作育人才,须有合理之统制,使供给与需要相适合"。[④] 王世杰表示认可。随后,敦福堂、罗敦伟、冯克昌、龚启昌等一些人士也陆续发文对"人才统制"进行讨论,总体上持赞同的态度。学者敦福堂指出:"建设成功的先决条件是人才统制。人才统制应当采用科学的方法。"[⑤]他认为,"假如要实行人才统制,我们应当注意四点","第一,人才的认识","第二,人才的教育","第三,人才的任用和保障","第四,人才的收效"。[⑥] 浙江兴业银行的冯克昌指出:"吾人深信欲谋一事业之进展,必有赖于各有特长,各不相同之人才,群策群力以赴之;然欲集中各种不同之人才,又非自

---

① 当时胡梦华作为国民党 CC 系分子,想学习德意法西斯主义,实现领袖(实际上就是蒋介石)领导下的集权主义,培养一批效忠于领袖、忠实于三民主义的国民党骨干分子,以区别于那些只想着升官发财的普通党员。胡梦华提及的"统制人才"不是一种行动,而一个名词概念,大致等同于"集权主义人才"。他指出:"用集团主义的统制人才来参加政治,对于旧有势力在包围的总攻击中,可以有征服的把握。用个人主义的普通人才来插入政治,对于旧有势力在各个被击破的原则下,只有屈服和投降。是这样一般党员沿着个人主义的路线插入政治,终于衍变为自由主义者士大夫社会层的官僚。这结果是党员个人的升官发财,而党的主义、政纲、政策遂失其实现的保障。"(胡梦华:《统制人才与政治》,《人民评论旬刊》第 1 卷第 19 号,1933 年 9 月 30 日,第 7 页)他还指出:"治国如行船,主义、政纲、政策是指南针,领袖是船主或引港,统制人才是全体船员水手,民众是乘客。"(胡梦华:《领袖与统制人才》,《人民评论旬刊》第 1 卷第 24 号,1933 年 11 月 20 日,第 3 页)

② 何清儒:《人才统制》,《教育与职业》总第 155 期,1934 年 5 月,第 258 页。

③ 同上,第 257 页。

④ 《大学生职业问题 平方推代表到京请愿 王世杰主张统制人才》,《大公报》(天津版)1934 年 7 月 23 日第 4 版。

⑤ 敦福堂:《人才统制的必要和方法》,《独立评论》第 122 号,1934 年 10 月 14 日,第 17 页。

⑥ 同上,第 15—17 页。

'人才统制'入手不可;而欲谋人才之统制,应先自人事调查始。"①学者龚启昌认为,"社会事业的不发达,是人才感觉过剩的一个最重要的原因,求供的不相称与不相应,是人才缺乏现象的由来";他指出:"社会的组织与生产应迅速的现代化,这是第一点","第二点要说到供求相应一问题","每项建设人才都能这样精确的估计,决不再会有学非所用,用非所学,个人社会两蒙其害的现象发生。政府既这样的有计划,各种事业也会有组织的推进。"②罗敦伟虽然认为,"严格说来,统制教育比较容易,而统制人才则比较的没有良好的办法","因为失业为当前我国事业不发达阶段的必然现象",但他又表示"人才统制"需注意"大学生到民间去(即分发到各县政府去工作,引者注)","工作介绍","严格任免"三点。③ 不过,社会上对"人才统制"也有不看好的声音。这种不看好,前述罗敦伟已经流露出一些,认为造成失业的主要原因是社会事业不发达。此外还有杂志刊文批评当时德国限制大学生过剩的政策,该文指出:"人才的统制虽然是一个政治的成功,同时却是一个教育的失败。为什么呢? 大学教育的第一个目的似乎是应该在教我们怎样做一个比较完全的人,并不在教我们做一个专家";"可见就在德国,近年来大学所能培植的无非是一些专家,而不是人;只造就了可以在目前政治经济制度之下派用场的东西、工具,而不是顶天立地、有相当意志、能自己选择、而自己有独立存在价值的人!"④

人才统制强调人才培养、使用、配置上的统筹规划和宏观控制。按照人才统制的观点,它的最终目标是要实现人才供应与需求的平衡。由于政府在国家社会生活中的特殊地位,持"人才统制"观点的人士都主张,中央政府要负起责任来,加强对人才培养、使用、配置的统筹规划和宏观控制。

20世纪30年代中期求职请愿运动爆发后,一些知名人士对高校毕业生就业问题的讨论,应该说都在不同程度上抓住了一些问题的实质。不过,囿于身份、立场的不同,人生经历的差异,他们归因的侧重点各有不同,在此基础上提出的解决建议也不尽一致。虽然如此,但他们的讨论推动了人们进一步思考高校毕业生就业问题背后的影响因素,对于政府采取部分就业促进措施也有一定的影响。有些相关负责部门的政界人士,如戴季陶、王世杰等人,他们的观点还进一步成为后来政府就业促进政策的思想来源。

① 冯克昌:《人事调查与人才统制》,《兴业邮乘》第27号,1934年11月9日,第438页。
② 龚启昌:《我国人才急需加以统制》,《时代公论》第3卷第42号,1935年1月11日,第26—27页。
③ 罗敦伟:《教育统制与人才统制》,《中国社会》第1卷第2期,1934年10月15日,第7—8页。
④ 《人才的统制》,《华年》第3卷第2期,1934年1月30日,第23页。

第二章　国民政府对高校学生就业问题的应对和处理

第一节　1934—1937 年间国民政府与高校学生就业

1934 年之前,国民政府在高校毕业生就业方面尚无专门的促进措施。高校毕业生求职请愿运动爆发后,行政院及其下属的教育部等相关部门负责人在接见学生请愿代表时,做出过一些承诺。这些承诺前文已述。其中有不少承诺,国民政府确实后来也不同程度地加以兑现,包括成立职业介绍机构、扩大招考以及举办就业训导班等。

一、全国学术工作咨询处与高校毕业生就业问题的解决

全国学术工作咨询处是 20 世纪 30 年代中期由南京国民政府成立的,是解决高校毕业生就业及学术人才调剂的专门机构。这个机构虽然存在时间较短,但却是中国近代史上第一个由政府设立的全国性高端人才调剂机构。

(一)全国学术工作咨询处的成立

1.国联代表来华与全国学术工作咨询处的筹议

全国学术工作咨询处"最初发动,要算国联技术合作代表拉西曼博士在二十二年十二月(1933 年 12 月,引者注)向国联秘书长的建议。建议的内容,是要请国联应教育部之请,选派教育专家来华,讨论国际文化合作委员会两年前派来本国之教育考察团,及二十一年(1932 年,引者注)本国赴欧教育考察团所提各项建议,应如何实施。拉西曼博士建议的结果,由国联秘书长转致国际文化合作委员会,该委员会乃指派国际劳工局副局长莫

列德,于二十三年三月(1934 年 3 月,引者注)到达南京,以备咨询。"①莫列德来华之后,与教育部官员及其指定的专家,同全国文化合作委员会委员等,几度会商,决定由教育部向全国经济委员会提议,合组全国学术工作咨询处,作为高端人才的调剂机构。这是全国学术工作咨询处成立的最初动议和远因。

1934 年 3 月 26 日,全国经济委员会开第二次会议时,由教育部部长王世杰提出了成立全国学术工作咨询处的提案,"提案中的办法,说明'由全国经济委员会与教育部合组全国学术工作咨询处。咨询处之任务:一方面对于中央政府,地方政府,以及其他公私团体,需要学术人才之状况,不断为细密之调查登记;一方面对于全国学术人才之求业者与就业者,亦不断为细密之调查,其未就业或就业而用非所学者,则予以适当之绍介,其训练尚未完成者(如出国研究之学生等),并予以必要之指导与援助。'……此案提出后,当经议决通过。"②该提案交由全国经济委员会的常务委员会办理。但是,6 月 20 日全国经济委员会常务委员会第九次会议上,又议决缓办,于是全国学术工作咨询处的提案被暂时搁置。

2.大学生职业运动与全国学术工作咨询处的成立

不久,大学生职业运动的爆发及其求职请愿活动,使已经被搁置的全国学术工作咨询处的提案再度被启动。1934 年,北平职业运动大同盟请愿代表谭庶潜等人抵达南京以后,于 7 月 20 日得到教育部部长王世杰的接见,王世杰在答复请愿代表提出的解决毕业生出路问题的要求时,向学生表示,"当上年(指上半年,引者注)开全国经济委员会时,余即提议组织一全国学生工作咨询处,其职务为调查、介绍,并指导青年之职业,此项机关,本年秋季决可成立"③。7 月 30 日谭庶潜又得到国民政府行政院院长汪精卫的接见,汪精卫在答复中亦向学生保证,"全国经委会与教部,前月成立全国学生工作咨询处,嗣因经费关系而中止,现不问有无经费,决于下月筹备成立,若该会不能成立,即由行政院下设一全国学生工作咨询处,一面调查各地需用人材,俾材尽其用"④。

8 月 7 日,行政院将各大学毕业生呈请救济失业并谋根本解决一案交

---

① 《本处由二十三年十月至二十五年五月工作概况报告》,《全国学术工作咨询处月刊》第 2 卷第 5 期,1936 年 5 月,第 5 页。

② 同上,第 5—6 页。

③ 《大学生职业问题 平方推代表到京请愿 王世杰主张统制人才》,《大公报》(天津版)1934 年 7 月 23 日第 4 版。

④ 《汪行政院长答复北平职运代表》,《申报》1934 年 7 月 31 日第 13 版。

议教育部,令行教育部审核具复。"教育部即一面呈复行政院,说明该同盟所请'筹设大学毕业生服务管理机关,前与全国经济委员会,曾拟合组全国学术工作咨询处,内有一部分,用意与之略同,惟筹议将就绪,因事遂又从缓,现仍拟咨询经委会从速筹设'。一面即函全国经济委员会请将'筹设全国学术工作咨询处原案,提早实行'。"①全国经济委员会接到教育部公函后,即于8月17日复函,表示同意将设立学术咨询处的原案提早实行。于是双方往来磋商,最后由教育部与全国经济委员会会同制定全国学术工作咨询处的组织规程,并于10月1日由部会双方同时公布,该处亦即于组织规程公布第二天正式成立。

按规定,全国学术工作咨询处掌管的事务包括"全国机关团体需要学术人才状况之调查与登记""全国学术人才求业就业状况之调查与登记""已登记学术人才适当就业之介绍与指导""研究专门学术人员之调查与指导"等事项。②尽管从最初的制度设计来看,全国学术工作咨询处并非单纯的高校毕业生就业促进机构,但由于它是受高校毕业生求职请愿运动的压力才最终得以成立的,所以《全国学术工作咨询处规程》中规定,前三项事务中所指的"学术人才","暂以国内外专科以上学校毕业生为限"。③这就使得全国学术工作咨询处事实上将多数时间花在了推动高校毕业生就业方面。

(二)全国学术工作咨询处的组织系统

1.处本部

全国学术工作咨询处由全国经济委员会与教育部合组,"咨询处组织设主任、副主任各一人,秘书一人,由全国经济委员会同教育部遴员派充之"④。先后担任主任的有程振基、雷震、王兆荣三人,担任副主任的是俞同奎。⑤

根据《全国学术工作咨询处办事细则》规定,该处分第一、二、三、四组,第一组负责调查及介绍事宜,第二组负责调查材料的整理登记工作,第三组负责统计工作,第四组负责文书、会计、庶务事项。但具体工作开展后,

---

① 《本处由二十三年十月至二十五年五月工作概况报告》,《全国学术工作咨询处月刊》第2卷第5期,1936年5月,第6页。

②③④ 《全国学术工作咨询处规程》(二十三年十月一日全国经济委员会、教育部同时公布),《全国学术工作咨询处月刊》第1卷第1期,1935年1月,第8页。

⑤ 教育部教育年鉴编纂委员会编:《第二次中国教育年鉴》,上海:商务印书馆1948年版,总第1566页。

各组分工略做了一些调整：调查与统计工作合并，而介绍工作则单独列出，形成了调查、登记、介绍、总务四组。每组设主任干事一人，干事及书记若干人。主任干事、干事、书记，由咨询处聘任或委任，"由（咨询处）秘书秉承主任、副主任之意旨指挥办理各组事务"①。

全国学术工作咨询处本部办公地点先是在南京傅厚岗 1 号，后因事务扩展，先迁于北平路 50 号，再迁于曾公祠 2 号。1935 年 1 月全国学术工作咨询处开始编辑出版《全国学术工作咨询处月刊》，作为机关刊物。

2. 各委员会

全国学术工作咨询处设有两个委员会：资格审查委员会和就业指导委员会。资格审查委员会委员，"分常任委员、专门委员两种，除本处（指全国学术工作咨询处，引者注）主任、副主任为当然常任委员外，并于主管机关中聘常任委员五人至九人充任之，专门委员无定额，由本处按登记学科分别延聘之"②。该委员会主要负责登记人资格的审查。就业指导委员会主要负责职业介绍的规划、职介机关的联络、人才调剂的建议、就业指导等方面的事务，原来暂定 9—15 人，后因需要，委员扩充至 19—25 人，咨询处的主任、副主任同样也是当然委员，其余由该处在社会上聘请一些专家、名流担任。③ 1935 年 3 月 9 日，就业指导委员会在上海召开成立大会暨第一次会议，出席会议的委员有交通大学校长黎照寰，沪江大学校长刘湛恩，大夏大学校长欧元怀，上海职业指导所所长潘仰尧，中华职业教育社的江问渔、何清儒，以及叶恭绰、王志莘等人。④

3. 各代办所

全国学术工作咨询处"为便利国内专科以上学校毕业生登记介绍工作起见，委托国内各大城市之相当教育学术机关团体，设立代办所"⑤。各代办所负责为咨询处在各地代理调查登记、答复咨询、联络地方实业机关以及接洽职业介绍等事宜。到 1936 年，已经成立代办所的有上海、北平、云

① 《全国学术工作咨询处办事细则》，《全国学术工作咨询处月刊》第 1 卷第 1 期，1935 年 1 月，第 9 页。
② 《全国学术工作咨询处资格审查委员会章程》，《全国学术工作咨询处月刊》第 1 卷第 1 期，1935 年 1 月，第 11 页。
③ 《全国学术工作咨询处就业指导委员会章程》，《全国学术工作咨询处月刊》第 1 卷第 2 期，1935 年 2 月，第 9 页。
④ 《全国学术工作咨询处昨招待新闻界》，《申报》1935 年 3 月 10 日第 15 版。
⑤ 《全国学术工作咨询处委托各机关团体设立代办所规约》，《全国学术工作咨询处月刊》第 1 卷第 6 期，1935 年 6 月，第 19 页。

南、湖北、安徽五处,其中,上海由上海职业指导所代办,北平由北平大学代办,其余三处则由三省的教育厅指定专员代办。

(三)全国学术工作咨询处的就业促进活动

全国学术工作咨询处自 1934 年 10 月成立,到 1937 年 7 月抗日战争全面爆发时无形结束,共存在近三年的时间。在这三年当中,该处进行的工作主要包括调查登记、职业介绍、编辑出版三个方面。

1. 供求登记与职业介绍

由于全国学术工作咨询处是在高校毕业生职业运动发生的背景下成立的,政府曾经答应成立这个机构来解决学生的就业问题,所以咨询处成立以后所接受的求职登记,主要以国内外专科以上学校毕业生为限。毕业生向咨询处求职登记有两种途径。第一种是以学校为单位,具体办法是,在每学期结束前,该处将“全国专科以上学校毕业生出路预计表”寄交各校,候各校将预计表填回,再根据表中的数字,又发出“国内专科以上学校毕业生调查表”和“国内外专科以上学校毕业生请介绍工作登记表”,请各校当局,分发给应届毕业的学生填报,作为登记。第二种是求职者个人登记,只要合于该处登记资格并愿由该处介绍工作者,可随时索取调查表同登记表,填好之后,寄交咨询处审查合格,即认定为登记,其手续非常简单。截至 1936 年 4 月底,全国学术工作咨询处“已登记者,共有两千零二十五人。但这两千多人之中,其学历经历经调查不符者三十七人,无从调查者九十三人,只能调查学历或经历一种者三百三十人;完全调查清楚认为合格者,只有一千五百六十五人!”[1]该处对登记者的资格审核还是比较严格的。

全国学术工作咨询处通过多种途径为登记求职者提供职业介绍服务。一种是被动介绍,即需要人才的机关或个人向该处征求,该处“按其征求条件与登记人资历志愿等详为对照,择其供求两方最适合者介绍之”[2]。另一种是主动介绍,也就是该处探知某些机关团体需要招募人才,便主动上门将适合的登记人员向之推荐介绍。另外,全国学术工作咨询处的机关刊物——《全国学术工作咨询处月刊》,是其职业介绍的重要平台。一方面,

---

① 《本处由二十三年十月至二十五年五月工作概况报告》,《全国学术工作咨询处月刊》第 2 卷第 5 期,1936 年 5 月,第 10 页。

② 《本处二十六年六月份工作概况》,《全国学术工作咨询处月刊》第 3 卷第 6 期,1937 年 6 月,第 29 页。

《全国学术工作咨询处月刊》上设置了"职业介绍消息"栏目，并定期刊发"登记人员报告表"，向社会推荐登记求职的高校毕业生，前者对登记求职者个人的毕业学校、系科、专长、成果、期望工作岗位及待遇进行文字介绍，后者则把求职者的相关情况汇总成表，以表格的形式加以归纳和呈现。因为是针对高端人才，《全国学术工作咨询处月刊》还会选登求职者的论文，让求职者展示自己的才华，吸引用人单位的注意。另一方面，《全国学术工作咨询处月刊》还注意刊登用人单位请求介绍人才的函电，以便求职者了解用人单位的人才需求信息，方便他们结合自身条件加以应聘。

20 世纪 20、30 年代，是职业指导大行其道的时代。全国学术工作咨询处所追求的不是一般意义上的介绍职业，而是人事相合的人才调剂。虽然该处也有"高级荐头店"之称，但它的职业介绍远非一般的"荐头店"可比，除了职介的对象主要为高端人才外，还因为其职业介绍中融入了相当多的职业指导的成分。"无论是应外来的征求，或是自动介绍，对于所介绍的人，必须经过谈话或考核的手续，以示郑重。介绍成功之后，更按期一方面对介绍之机关调查所介绍之人，工作是否努力；一方面对介绍之人调查其对于所担任之工作，是否发生兴趣。总要设法使用人的机关，以及谋职业的人才，都能感到相当的满意。"① 《全国学术工作咨询处月刊》曾设置"通讯"一栏，专门刊登职业介绍成功者得业后反馈的信件。这说明全国学术工作咨询处在职业介绍方面有着明显的科学化、专业化追求。

据统计，从其成立到 1936 年 4 月底止，"向本处（全国学术工作咨询处自称，引者注）征求人才的机关，共有二百五十三处。……至于所需要的人才，共有三百八十三人，经介绍成功者一百九十五人，占百分之五十强。再就人才一方面来说，经过介绍的共有七百一十九人，成功者一百九十五人，占百分之二十七强"② 。也就是说，在这一期间，全国学术工作咨询处总共介绍成功了 195 人，对于求才机关来说，向咨询处求才的成功率为 50% 强，而咨询处向求才机关推荐被录用的成功率为 27% 强。不过，这只是针对用人单位征求人才、被推荐者求职的成功率。如果换个角度，从登记求职者总数来看他们在全国学术工作咨询处的就业率，那就低了许多。从成立到 1936 年 4 月底止，登记求职并符合登记条件的共有 1565 人，而全国学术工作咨询处最后成功介绍职业者仅 195 人，这样折算下来就业成功率仅有

---

①② 《本处由二十三年十月至二十五年五月工作概况报告》，《全国学术工作咨询处月刊》第 2 卷第 5 期，1936 年 5 月，第 12 页。

12.5%。③ 从年份来看,在 1936 年共有 1143 名高校毕业生全国学术工作咨询该处登记求职,经该处的推荐和介绍,仅有 110 人实现了就业。④ 不是每一个登记求职的高校毕业生都适合被推荐,即使被推荐了,也不一定就能被用人单位录用。这在一定程度上反映了高校人才培养供应与社会用人单位需求之间存在着一定的矛盾。

全国学术工作咨询处作为全国性的高端人才就业辅导机构,另外还承担着一个任务,就是负责与各高校职业介绍机关的联络协调。1934 年10 月,教育部发出通令,要求各高等学校设立职业介绍机构。当时教育部通令规定:"各校职业介绍机关,得商请全国学术工作咨询处协助办理调查登记介绍等事宜。""各校职业介绍机关遇有全国学术工作咨询处委托事件,应负责办理。"⑤各高校的职介机关把全国学术工作咨询处当作一个联络平台,而全国学术工作咨询处则需要各校职介机关的配合和支撑。

2.小工业贷款与创业扶助

全国学术工作咨询处职业介绍成功率不高,是不争的事实。这倒不是因为工作人员不努力,而是因为经济整体发展水平的低下和社会用人制度的不良,导致所能推荐的工作机会并不是很多。在这样一种情况下,全国学术工作咨询处开始考虑鼓励创业的办法,来解决高校毕业生的就业问题。

1936 年 4 月,全国学术工作咨询处就业指导委员会在上海开会。在这次会议上,"大家即感觉到目前救济失业,指导就业工作,须有从举办生产事业,扩张人才销路入手之必要。遂连想及国内许多学工业者,因中国工业不发达,致英雄无以为用武之地,而自身又每每限于经济,虽有技能,亦无以展其抱负,若能予以经济上之扶助,藉以发展实业,既能'用其所学',且亦解决失业问题之一切"⑥。因而,会议讨论了小工业贷款方案,希望以扶助创业的办法来推动高校毕业生就业问题的解决,并议决要推员调查研

---

③ 《本处由二十三年十月至二十五年五月工作概况报告》,《全国学术工作咨询处月刊》第 2 卷第 5 期,1936 年 5 月,第 10—12 页。

④ 《本处二十五年度工作总报告》,《全国学术工作咨询处月刊》第 3 卷第 6 期,1937 年 6 月,第 36、40 页。

⑤ 《教育部训令第一二九三○号(廿三年十月廿四日)》,《教育部公报》第 6 卷第 43、44 期,1934 年 11 月,第 9 页。

⑥ 《本处扶助小工业审查委员会第一次会议经过情形报告》,《全国学术工作咨询处月刊》第 2 卷第 11 期,1936 年 11 月,第 20 页。另注,此处引文是全国学术工作咨询处主任王兆荣在扶助小工业审查委员会会议上所做报告中的回顾。

究、起草具体计划,以及与银行界接触、寻求支持等。①

1936 年 5 月第二次高校毕业生求职请愿运动——大学生服务运动爆发,全国学术工作咨询处受到了毕业生的公开批评。在当年服务同盟告毕业同学书中,学生指责全国学术工作咨询处的设立是"口惠而实不至",质疑该处存在的价值。② 受毕业生质疑和批评的压力,全国学术工作咨询处加快了扶助小工业贷款计划的筹备步伐。在此期间,全国学术工作咨询处开始一边与银行界接触,寻求支持;一边草拟扶助规程、贷款合同。在全国学术工作咨询处与各家银行接触的过程中,金城银行率先表示愿意与其合作,试办扶助小工业贷款。

1936 年 7 月,全国学术工作咨询处将扶助小工业贷款的相关计划和规则,呈请其上级主管机关——全国经济委员会、教育部批准备案。当年9 月,该计划得到了主管机关的批准。此后,全国学术工作咨询处相继组织了审查、调查两个委员会,其中审查委员会由全国学术工作咨询处聘请的工业及职教专家组成,负责创业申请的初审;而调查委员会则由全国学术工作咨询处、金城银行共同推选产生,负责创业申请的复审事务。两个委员会的成立,为扶助小工业贷款计划的具体运作铺平了道路。

《全国学术工作咨询处举办小工业贷款声请扶助规则》规定,该计划"声请人以国内外专科以上学校工科毕业生为限","声请人"的创业方案经过审核后,由该处"商请银行,予以贷款"。③ "声请人"的贷款申请先要经过该处组织的审查委员会初审,再经调查委员会复审,均合格后才能递交银行,建议予以贷款。全国学术工作咨询处扶助小工业贷款计划对于高校毕业生创业申请的审核是比较严格的,规定"声请人须开具声请书,并连同计划书、制作说明书或预算等,送请本处审查",申请创办小工业必须要符合三条标准:"有创作价值,切合社会需要","有生产价值,易于推销","大部分属于本国原料"。③ 在对毕业生创业申请审核的过程中,有些小工业创业项目因为方案存在不足而没有获得通过,如彭修礼申请贷款设厂制造酱油一案,审查委员会鉴于"豆饼制造酱油方法,业经中央工业试验所公开传授

---

① 《本处就业指导委员会第二次会议报告》,《全国学术工作咨询处月刊》第 2 卷第 5 期,1936年 5 月。

② 《学生服务运动大同盟发表告同学书》,《大公报》(天津版)1936 年 5 月 25 日第 4 版。

③③ 《全国学术工作咨询处举办小工业贷款声请扶助规则》,《全国学术工作咨询处月刊》第 2卷第 9 期,1936 年 9 月,第 5 页。

各地酱园工人,且南京方面已亦有人设厂制造"④,认为该创业方案发展前景不佳,予以驳回,不给以支持。也有的创业项目因方案合理且有发展前途而获得了通过,如吴龑梅申请扶助铅笔厂的贷款就被审核通过。申请人吴龑梅毕业于横滨高等工业学校应用化工科,并曾在日本真崎大和铅笔厂实习,回国后于1935年创办中国标准国货铅笔厂,在申请小工业贷款时,企业已经开始起步,申请贷款主要是为了解决资金短缺问题。在申请小工业贷款时,吴龑梅的"贷款声请理由书"对自己的创业计划进行了详细的介绍、列举了充分的贷款理由、自证了本人的还款能力,并附上了"铅笔制造工程图解"加以说明。经扶助小工业贷款审查委员会委员、著名化学家吴承洛的审核,认为符合相关的申请条件。⑤ 除了前述接受申请和被驳回的两种之外,还有需要补充说明者,如方熙万举办首都标本玩具工艺社的申请,由于预算表制作过于简略、计划书中制造部门设计模糊等方面的原因,被退回要求申请人加以补充说明。⑥

3.调查与编辑

全国学术工作咨询处调查的对象,大体可分为两种:对人的调查与对就业机关的调查。对人的调查主要是指对学术人才的调查,包括已回国和尚在国外留学的留学生,国内专科以上学校已毕业、将毕业及未毕业的学生,有特种技能的人才,以及全国公私机关团体的高级人员等。对就业机关的调查,包括全国各种机关、学校、团体、工厂、银行、公司及其他组织等。全国学术工作咨询处所进行的调查,主要是发出一些调查表,候调查对象将填好的表格寄回,然后进行汇总统计。这种调查方式所回馈数据的多寡主要取决于调查对象的合作态度。以"国内专科以上学校毕业生调查"为例,1937年6月,全国学术工作咨询处发出调查表1962份,只收回598份;在此之前,咨询处累计发出此种调查表10374份,也仅收回5563份。⑦ 尽管教育部多次通令各校要配合全国学术工作咨询处的工作,但是有些高校配合得并不积极。限于人手,咨询处也只能采用这种被动的调查方式。

调查之后,全国学术工作咨询处会对收回的调查表进行统计分析。首

---

④ 《本处处理小工业贷款声请案件情形》,《全国学术工作咨询处月刊》第3卷第1期,1937年1月,第68页。

⑤ 《本处处理小工业贷款声请案件情形》,《全国学术工作咨询处月刊》第3卷第1期,1937年1月,第69—73页。

⑥ 同上,第68—69页。

⑦ 《本处二十六年六月份工作概况》,《全国学术工作咨询处月刊》第3卷第6期,1937年6月,第23页。

先,根据收回的调查表,制成载有调查对象相关信息的卡片,如"关于专门
人才调查表,每收回一份,即制职务、住址大卡片及学科小卡片各一张"。①
以 1936 年为例,该年全年共制成各种卡片 25860 张。② 这种卡片的制作极
大地方便了人才信息的检索。另外,咨询处还根据收回的各种调查表,分
别加以整理统计,制成表格,陆续予以刊载,让读者参阅。其中,该处 1937
年 6 月的工作报告就披露了《我国最近七年度出国留学生人数与科别》及
《我国最近七年度出国留学生之国别、费别状况》两种统计表,为学生出国
留学提供了宏观的参考信息。③

　　1935 年 1 月,全国学术工作咨询处开始编辑出版《全国学术工作咨询
处月刊》,作为机关刊物。该杂志的内容主要分为三块:第一块是行政事务
类,定期刊登全国学术工作咨询处的月度或年度工作报告、与其他部门往
来的公牍、相关的法规等,向社会报告其工作情况,进行法规宣传;第二块
是服务类,如刊发登记人员报告表、设立"职业介绍消息"栏、设置"通讯"栏
等,向社会推荐登记求职者,接受得业者反馈,为求职者服务,这一块前文
已经述及;第三块则是论文类。《全国学术工作咨询处月刊》刊登的论文主
要分两类,除了前述展示求职者才华的求职者论文这一类外,还有大量的
就业理论方面的论文,主要是政府官员、专家学者发表一些有关就业和人
才调剂的文章,这是与全国学术工作咨询处工作直接相关的。后一类论文
的刊发,推动了各界关于学术人才特别是高校毕业生就业问题的研究。

(四)全国学术工作咨询处在高校学生就业促进方面的地位 与作用

　　应该承认,全国学术工作咨询处在解决高校毕业生就业问题方面,其
程度和范围还是比较有限的。职业介绍是该处解决就业问题最直接的一
种途径,但是咨询处所能介绍成功的绝对数还是相当小的。如前所述,全
国学术工作咨询处从成立到 1936 年 4 月底止,登记求职并符合职业介绍条
件的有 1565 人,而最后成功介绍职业者仅 195 人。④ 它在直接满足高校毕

---

　　①　《本处二十五年度工作总报告》,《全国学术工作咨询处月刊》第 3 卷第 6 期,1937 年 6 月,
第 35 页。

　　②　《本处二十五年度工作总报告》,《全国学术工作咨询处月刊》第 3 卷第 6 期,1937 年 6 月,
第 35 页。

　　③　同上,24—27 页。

　　④　《本处由二十三年十月至二十五年五月工作概况报告》,《全国学术工作咨询处月刊》第 2 卷
第 5 期,1936 年 5 月,第 12 页。

业生就业愿望方面作用有限。因此,全国学术工作咨询处没有得到毕业生的广泛认可,甚至被毕业生视为政府口惠而实不至的敷衍之物。所以,继1934年夏高校毕业生的职业运动之后,1936年北平再度发生高校毕业生的服务运动。全国学术工作咨询处在解决高校毕业生就业问题方面直接成效的有限,成为北平一部分毕业生发起服务同盟的主要借口之一。1936年北平大学毕业生服务运动大同盟在发表的告毕业同学书中就公开批评称:"虽然,在一九三四年,也曾有过类似服务运动的所谓职业同盟,而他们所努力的结果,是口惠而实不至的工作咨询处、介绍所的设立,这种问题的本身,有何裨益?"①虽然全国学术工作咨询处推出了小工业贷款的创业扶助计划,但是由于当时高校毕业生多数缺乏创业意愿,少数有创业意愿者又没有创业目标和周全的创业方案,所以小工业贷款创业扶助计划实际受益者人数寥寥无几。

其实,这也不能全怪全国学术工作咨询处。全国学术工作咨询处虽是高校毕业生就业促进机构,但高校毕业生就业问题的解决不能全指望全国学术工作咨询处。近代中国学生就业问题成因复杂,远不是一两个机构可以凭一己之力解决的。如前所述,当时中国社会经济整体上不发达,缺乏对高校人才的消化吸收能力;社会用人制度的不良,人人相托、个人担保介绍就业的情况极为广泛;公务员考核制度不完善,行政机关、国有企业中裙带关系盛行;高等教育盲目发展,滥设高校、滥设专业,造就了大量粗制滥造的高校毕业生;一般高校培养目标缺乏职业导向,课程内容与社会需要严重脱节;一些国有企事业单位自行设立培训机构,优先录用自己附设机构的毕业生,堵塞正规学校毕业生的就业出路,这些都是导致20世纪30年代毕业生就业难的重要原因。这么错综复杂的学生就业问题,让一个没有多大实权的全国学术工作咨询处来解决,显然不现实。在20世纪30年代的中国,全国学术工作咨询处仅从职业介绍、创业扶助来推动高校毕业生就业,一遇到错综复杂的中国现实问题,往往就面临许多难以解决的困难。正因为如此,全国学术工作咨询处在其《二十三年十月至二十五年五月工作概况报告》的篇末,曾这样写道:"本处系政府所设机关,但性质完全为社会服务。社会服务的事业,如要繁荣发达,自然还是要靠全体社会热诚的鼓励、指导与赞助,也就是本处馨香祷祝的希望!"语虽诚恳,却又透着一丝孤掌难鸣的无可奈何。

虽然全国学术工作咨询处成效有限,但也应该看到它在中国高校毕业

---

① 《学生服务运动大同盟发表告同学书》,《大公报》(天津版)1936年5月25日第4版。

生就业领域的意义。全国学术工作咨询处是近代中国政府方面为解决高校学生就业以及学术人才调剂,而设立的第一个全国性专门职业机构。在此之前,中国社会上各种职业机构已经林林总总,既有着众多旧式的盈利性的"荐头店""中人行""老妈店"等组织,也有少数像上海职业指导所、环球中国学生会职业介绍部、青年会职业辅导部这样的公共就业服务机构,但是它们基本上是民间举办的。旧式的"荐头店""中人行""老妈店"等组织,主要是为富裕家庭介绍佣人、奶妈、保姆、帮工等。上海职业指导所、环球中国学生会职业介绍部、青年会职业辅导部这样的公共就业服务机构,虽面向公众服务,但并不仅限于高校毕业生。再就是少数高校自行设立的毕业生服务机构,但仅限于为本校学生服务,且数量又少。由政府设立,在全国范围内对高校毕业生及学术人才进行职业介绍、人才调剂,全国学术工作咨询处应该说是近代中国第一家。一些关心青年就业问题的民间社团,如中华职业教育社、基督教青年会、环球中国学生会等,对全国学术工作咨询处的成立给予了好评。他们把该处的成立看作政府关注学生就业问题的一个良好开端,对全国学术工作咨询处成立的积极意义也给予了充分肯定。中华职业教育社的社刊——《教育与职业》就提出:"该处(指全国学术工作咨询处,引者注)之工作,为多方的,有重要意义的,具有永久性质的,具体言之,其任务不仅求解决现时大学生失业问题,而且在研究整个人才调剂之方法,以消弭'人人找事,事事找人'之矛盾现象。"[①]

全国学术工作咨询处与一些民间相关社团合作,在一定程度上推动了中国职业介绍、职业指导事业的发展。以高校毕业生就业统计为例,以前由于政府对学生就业不加关注,学生毕业后就业状况统计更是一笔糊涂账。正是全国学术工作咨询处成立之后的调查统计工作,才使得以后的人们能够比较详细地了解毕业生的就业情况,为政府进行就业政策的制定和专家进行就业问题的研究,提供了比较清楚的资料。

二、高校毕业生就业训导班的举办

(一)行政院与专科以上学校毕业生就业训导班

早在1936年年初,国民政府已有设立失业高校毕业生训练班的拟议。这一方面是因为全国学术工作咨询处设立后,全国高校毕业生就业问题仍

---

① 《全国学术工作咨询处近况》,《教育与职业》总第164期,1935年4月,第312页。

然很突出;另一方面也与当时国民政府高层某些人士有心利用就业问题的解决,来笼络"一二·九"运动后高校学生的人心有关。1936年1月初,为解决高校毕业生就业问题,行政院、教育部经初步协商后,曾考虑对部分失业的文法科高校毕业生进行训练,使其能够"从事建设工作"。① 当时最初的拟议,主要是针对失业较严重的文法科的毕业生。其后,行政院、教育部等机构在磋商中,又决定把训练班放在当年暑假中,对象也扩展至"最近两年度之失业大学毕业生",并于5月11日通函公私立专科以上学校,让其"查明失业者情形,造册报部,俾确定具体救济方策"。②当教育部等机构还在按部就班地等着各高校上报失业毕业生人数的时候,高校毕业生第二次求职请愿运动——大学生服务运动爆发了。

1936年5月中下旬,来自朝阳学院、北大、清华、辅仁、平大法商学院、农学院、中国学院、民国学院等多个北平高校的部分毕业生,组织了服务同盟。在服务同盟发表的告毕业同学书中,学生们对政府先前的就业措施提出了公开的批评,"口惠而实不至的工作咨询处、介绍所的设立,这种问题的本身,有何裨益",学生们进一步提出,"我们要求解决的,不是口头允诺咨询处和介绍所的成立,而是分发任用"③。参加大学毕业生服务运动大同盟的学生,向政府直接提出了"分发任用"的要求。

北平大学生服务运动爆发,增加了国民政府的社会压力,也不允许教育部再慢腾腾地计划。1936年6月23日,在行政院第二六八次例会上,时兼行政院院长的蒋介石提出甄用专科以上及中等学校毕业生办法三条,其中之一便是"由政府于中央政治学校内,举办专科以上学校毕业生就业训导班,招收国内外专科以上学校近年毕业生之尚未就业者,约一千人,加以短期训练及实习,期满后酌加考验,由政府设法助其就业"。④ 后来蒋介石的提议获得了通过。这就使得专科以上学校毕业生就业训导班方案获得了正式的认可。之后,教育部宣布,"原拟令教部举办之过去两年度失业大学毕业生暑期训练班,因教部经费关系,及已决定由中央政治学校办理就业训导班,故不再筹办"⑤。此时,大学生服务运动爆发前拟议的就业训练

---

① 《救济大学毕业生失业 两机关昨会商初步办法》,《申报》1936年1月5日第17版。
② 《教部举办大学失业毕业生训练班》,《申报》1936年5月12日第13版。
③ 《学生服务运动大同盟发表告同学书》,《大公报》(天津版)1936年5月25日第4版。
④ 《行政院通过甄用毕业生办法》,《全国学术工作咨询处月刊》第2卷第6期,1936年6月,第37页。
⑤ 《甄用学生办法 下午(年)度着手进行 暑期训练班不拟筹办》,《大公报》(上海版)1936年6月25日第3版。

班,其主办者、归属关系及筹划办法均发生了一些变化。

不久,专科以上学校毕业生就业训导班筹备委员会即奉命成立,以教育部部长王世杰、实业部部长吴鼎昌、行政院秘书长翁文灏和中央政治学校教育长丁惟汾为常务委员,并于1936年6月27日召开了第一次会议,商讨训练要旨四项,并确定训导班训练的基本方案。7月18日训导班筹委会又召开第二次会议,议决训导班简章,并决定由教育部主持招收学员。在当月29日,教育部通过《专科以上学校毕业生就业训导班招收学员办法》,随后即开始接受各高校近三年度失业毕业生的报名。据负责整理报名毕业生证件的全国学术工作咨询处的统计,截至9月5日,各处保送的学员已达4222人,加上后来补送的,合计超过了4400人。① 后经考核,从这4400多人中共录取1500人,分为两期,每期都是正取500人,备取250人,备取生在正取生审查或体检不通过时作为递补。就业训导班学员在入学前必须要经教育部医学教育委员会体格检查,体检合格后才可办理入学手续。在此期间,"专科以上学校毕业生就业训导班筹备委员会"奉命改称"专科以上学校毕业生就业训导班委员会",以备将来训导班开办后进一步行使管理职权。该委员会并于当月先后召开两次会议,分别议决了审查保送学员办法、训导班授课人员等。

1936年10月15日,国民政府行政院举办的就业训导班第一期学员正式开学,该班由丁惟汾担任主任,由教育部长王世杰、实业部长吴鼎昌等担任常务委员。就业训导班就设在中央政治学校内,利用中央政治学校的校舍作为班址。按照行政院通过的《专科以上学校毕业生就业训导班简章》规定,就业训导班每期分训练、实习两个阶段,"每期训练四个月,实习三个月至四个月","训练及实习期满,考核合格,给予证明书,并按照成绩,支配工作"。② 训练阶段的安排,大致可以分为业务训练、军事训练和精神训练三个方面。就业训导班设置的课程有33种,除党义外,其他课程大多以各部门工作的行政实务为主,训练学员的实际工作能力。③ 以下是训导班设置的各种课程及其主讲单位和授课时数:

(一)党义(中央政校)每周二小时(时间另外),(二)宪法及行

---

① 《本处关于就业训导班学员证件之整理及统计报告》,《全国学术工作咨询处月刊》第2卷第9期,1936年9月,第18页。

② 《专科以上学校毕业生就业训导班简章》,《行政院公报》第1卷第1号,1936年8月,第33页。

③ 就业训导班把党义教育列在课程第一位加以重视,说明国民政府在解决高校毕业生就业问题的同时,也还有一党专政的私心。

政法,注重行政组织(中央政校)十六小时,(三)中国政府组织(行政院)六小时,(四)立法问题(立法院)四小时,(五)司法行政及概况(司法院)八小时,(六)考铨问题(考试院)四小时,(七)监察制度(包括审计问题)(监察院)六小时,(八)地方行政(包括地方自治及公安问题)(内政部)十六小时,(九)行政效率(行政院)六小时,(十)国际形势(外交部)六小时,(十一)财务行政概况(财政部)八小时,(十二)地方财政(财政部)八小时,(十三)税务关盐统直接税(财政部)八小时,(十四)货币与金融(财政部)八小时,(十五)计政问题(主计处)六小时,(十六)中国经济问题(实业部)十小时,(十七)农业(实业部)十小时,(十八)工业概况及劳工问题(实业部)十小时,(十九)商业(实业部)八小时,(二十)合作(实业部)八小时,(二十一)水利(全国经济委员会)六小时,(二十二)交通行政(交通部)四小时,(二十三)公路(全国经济委员会)四小时,(二十四)航运(交通部)四小时,(二十五)邮电(交通部)四小时,(二十六)铁路行政(铁道部)六小时,(二十七)铁路概况及计划(铁道部)四小时,(二十八)教育行政及概况(教育部),高等教育六小时、普通教育八小时、社会教育八小时,(二十九)卫生行政及概况(卫生署)四小时,(三十)中国边疆问题(蒙藏委员会)六小时,(三十一)公务员服务规程(行政院)四小时,(三十二)诉愿及行政诉讼(行政院)六小时,(三十三)公文程式及文书处理(行政院)二十小时。①

专科以上学校毕业生就业训导班"除行政上之专门问题,由各部会派人主讲外,并另聘请专家演讲"②。当时聘请的人有萨孟武、徐象枢、郑道儒、端木恺、章元善等,基本上都是各方面的专家。以下是专家讲题及主讲者姓名:

(一)中国经济问题,罗敦伟;(二)宪法,萨孟武;(三)诉愿及行政诉愿,徐象枢;(四)行政法,梅思平;(五)公务员服务规程,郑道儒;(六)各级政府组织,端木恺;(七)计政问题,杨汝梅、闻亦有、吴大钧;(八)合作问题,章元善;(九)司法行政,潘恩培;

---

① 《消息汇志:就业训导班全部课程及专家讲题》,《全国学术工作咨询处月刊》第2卷第10期,1936年10月,第43页。

② 同上,第44页。

（十）国际形势，吴颂皋；（十一）卫生行政，金宝善；（十二）航运问题，伍极中；（十三）监察制度，章冠贤；（十四）立法问题，林彬；（十五）邮电问题，谷春帆；（十六）考铨问题，伍非百；（十七）党义，刘振东。①

业务训练之外，就业训导班还有军事训练和精神训练。军事训练带有增强毕业生体质、培养其意志品质的作用。精神训练因当时国民党的一党专政而带有灌输国民党意识形态的一面，另外也有培养毕业生服务意识、敬业精神的内容。

按照规定，每期就业训导班训练阶段结束后，即要分发实习。1937 年 1 月颁布的《专科以上学校毕业生就业训导班学员实习规则》中规定，"学员训练期满，由训导班委员会依照规定办法，分派或介绍于中央、地方政府机关及社会团体实习"；"期满即由实习机关任用，但在实习期内，遇有员缺，得尽先补用"。② 就业训导班在训练阶段课程繁多，每门课程讲授时数不长，只能泛泛地加以了解。到了实习阶段，因为是分发到具体机关或地方实习并进而留用，所以具体的业务知识及工作技能是在实习过程中加以认识和掌握的。

就业训导班第一期受训学员于 1937 年 1 月底训练到期，期满后，"即依照各生所习学科，及受训成绩，分发预定之各机关实习，期间定为三个月，期满后，即由实习机关任用"③。第一期实习的机关有行政院、经济委员会、交通部、外交部、卫生署等中央机关，以及广东、浙江、安徽、江苏等地方政府。就业训导班第一期学员的具体分配情况如表 2-1 所示。

表 2-1　就业训导班第一期学员实习分配情况

分配机关或地区	训导班学员及其科别
实业部	法科 40 名、商科 8 名、文科 14 名、农科 5 名、理科 17 名、工科 14 名、美术 1 名
教育部	文科 13 名、美术 1 名、音乐 1 名
行政院	法科 5 名

①　《消息汇志：就业训导班全部课程及专家讲题》，《全国学术工作咨询处月刊》第 2 卷第 10 期，1936 年 10 月，第 44 页。

②　《专科以上学校毕业生就业训导班学员实习规则》（二十六年一月九日行政院备案），《法令周刊》第 342 期，1937 年 1 月 27 日，第 9 页。

③　《首期就业训导班分发各机关实习》，《中央日报》1937 年 1 月 28 日第 4 版。

续　表

分配机关或地区	训导班学员及其科别
银行界	法科 15 名、商科 10 名、文科 10 名
铁道部	法科 33 名、文科 10 名、工科 7 名
交通部	法科 16 名、文科 7 名、工科 2 名
国府文官处	文科 2 名
外交部	法科 4 名、文科 1 名
经济委员会	法科 8 名、文科 2 名
建设委员会	法科 4 名、文科 1 名
海军部	法科 2 名、文科 1 名
司法行政部	法科 15 名
卫生署	法科 1 名、文科 1 名、医科 1 名
财政部	法科 31 名、文科 9 名
审计部	法科 3 名
主计处	法科 3 名
铨叙部	文科 2 名
内政部	法科 5 名
侨务委员会	文科 2 名
蒙藏委员会	文科 3 名
军事委员会	法科 18 名、文科 36 名、理科 1 名、美术 11 名、体育 7 名
广东省政府	法科 9 名、文科 3 名
浙江省政府	法科 7 名、文科 4 名、美术 1 名
安徽省政府	法科 5 名、文科 6 名、美术 1 名
江苏省政府	法科 7 名、文科 4 名、美术 1 名
广州市政府	法科 4 名

【资料来源】《首期就业训导班分发各机关实习》,《中央日报》1937 年 1 月 28 日第 4 版。

　　接着,1937 年 2 月第二期毕业生就业训导班开学,2—5 月间对第二期学员进行了训练,期满后进行了分发实习,并由实习机关加以任用。就业训导班第二期学员分配实习的单位有司法行政部、内政部等中央机关以及湖北省、安徽省、江西省等地方政府。其中,江西省接受实习的就业训导班第二期学员有 20 人。江西省政府 1937 年 7 月在发给各区行政督察专员、相关县县长及训导班学员的训令中指出,所接收实习的就业训导班第二期学员,"实习期满,按其资历及实习成绩,分别以科长或科员任用"。[①] 江西省接受就业训导班第二期学员实习分配情况如表 2-2 所示。

表 2-2　就业训导班第二期学员在江西省分发实习情况

姓　名	性　别	年　龄	籍　贯	毕业学校系科	分发机关
俞伯严	男	24	江西	燕京大学政治系	奉新县政府
曾传	男	26	江西	中山大学政治系	遂川县政府
傅可传	男	27	江西	中山大学法律系	星子县政府
王绍曾	男	27	浙江	北京大学法律系	峡江县政府
刘镳	男	26	浙江	上海法政学院法律系	会昌县政府
朱友良	男	26	江苏	北京大学法律系	广昌县政府
杨子文	男	25	四川	四川大学中国文学系	万安县政府
李彦	男	25	四川	华西协合大学国文系	兴国县政府
程继靖	男	30	四川	四川大学中国文学系	铅山县政府
傅工策	男	28	四川	四川大学外国文学系	玉山县政府
王师古	男	27	四川	四川大学历史系	雩都县政府
丁幼贞	女	25	江苏	之江文理学院教育系	九江县政府
吴英	男	26	江西	武昌艺术专科学校教育系	第一区专员公署
叶沧林	男	25	浙江	光华大学历史系	第二区专员公署
孙元音	男	25	浙江	复旦大学社会系	第三区专员公署
陈逸生	男	27	广东	中山大学社会系	第四区专员公署
何普丰	男	26	广东	中山大学社会系	第五区专员公署
谢显光	男	28	四川	华西协合大学社会系	第六区专员公署
陶学侃	男	25	江苏	大同大学社会系	第七区专员公署
熊武	男	25	四川	四川大学生物系	第八区专员公署

【资料来源】《公牍·民政:江西省政府训令:民一字第一一二一〇号》,《江西省政府公报》1937 年第 857 号,第 7—9 页,附表"实习人员分发表"。

(二)冀察政务委员会与平津保大学毕业生训练班

1936 年下半年,冀察政务委员会也成立了类似于行政院专科以上学校毕业生就业训导班的"大学毕业生训练班",招考所属地区高校毕业生,经集训后分配至下属政府部门工作。

---

① 《公牍·民政:江西省政府训令:民一字第一一二一〇号》,《江西省政府公报》第 857 号,1937 年 7 月 19 日,第 5 页。

　　冀察政务委员会成立于1935年年底,负责处理河北省、察哈尔省以及北平、天津两个特别市的一切政务。冀察政务委员会有较大的自主权,在人事、税务、财政等领域有一定的独立性。该组织是华北事变日伪侵逼下国民政府妥协的产物。冀察政务委员会的所在地——北平,既是许多高校集中的地区,也是两次高校毕业生求职请愿运动的爆发地。冀察政务委员会出面解决高校就业生就业问题,既带有笼络学生人心,树立统治正当性的目的,也有争取人才让二十九军势力在冀察平津一带坐大的目的。

　　1936年7月14日,冀察政务委员会要员、时任北平市市长的秦德纯表示,"平京各大学毕业生失业者颇多,政会(指冀察政务委员会,引者注)已决定救济办法,拟日内组一委员会,实行考试","经录取后,即分发平津冀察各机关任职"。① 1936年7月23日,冀察政务委员会正式成立考试平津保大学毕业生事务处。冀察政务委员会招考平津保大学毕业生,采取三场考试逐次淘汰方式,最后录取高校毕业生507名。②

　　1936年9月5日,考取的高校毕业生在南苑训练所开始受训。③ 经过3个多月的集训,考取并参训的高校毕业生得以结业。1936年12月22日,冀察政务委员会大学毕业生训练班举行了毕业典礼。其中毕业男生中最优秀的三人,受到冀察政务委员会委员长宋哲元的嘉奖,并被分别委任为吴桥、东光、唐县的县长。除先期被任用的学员外,大学毕业生训练班的其他学员也陆续得到了冀察政务委员会的任用,分别被分配到二十九军司令部、冀察绥靖公署、北平市政府、天津市政府、河北省政府、察哈尔省政府、平绥路、华北农业委员会以及经济委员会等单位。④

(三)高校毕业生就业训练班的效果及意义

　　行政院专科以上学校毕业生就业训导班和冀察政务委员会平津保大学毕业生训练班,都是招考高校毕业生,经培训后加以分发任用,以此解决高校毕业生就业问题。实事求是地说,这种就业训练班不是解决高校毕业生就业的根本办法,但它在客观上确实起到了一定的社会效果,其思路对

---

　　① 《冀察政会救济失业大学毕业生》,《申报》1936年7月15日第16版。

　　② 《平津保毕业生考试 三试昨发榜 录取五零七名 先在南苑训练》,《大公报》(天津版)1936年8月31日第4版。

　　③ 冀察政务委员会考取大学毕业生训练班的启动时间稍晚,但却抢在行政院就业训导班之前开学,这主要是因为北平、天津、保定等地许多高校毕业生既报考了冀察政务委员会毕业生训练班,也报考了行政院就业训导班,前者站在地方本位主义的立场上带有争夺人才的意味。

　　④ 《大学生训练班 现已分发竣事 天津市府十员》,《大公报》(天津版)1937年1月16日第4版。

于后来也有可借鉴之处。

首先需要承认的是,就业训练班不是解决高校毕业生就业问题的根本办法。解决高校毕业生就业问题的根本途径,还是得靠经济发展、社会事业进步及在此基础上工作岗位的增加。就业训导班和全国学术工作咨询处一样,只能算是当时官方在解决高校毕业生就业问题方面补救性的治标之策。行政院专科以上学校毕业生就业训导班重视党义教育背后一党专政的私心,以及冀察政务委员会平津保大学毕业生训练班的地方主义本位,也说明当时高校毕业生就业训练班背后还有政治的魅影。

但是,20世纪30年代行政院专科以上学校毕业生就业训导班、冀察政务委员会平津保大学毕业生训练班,在高校毕业生就业问题解决方面,其效果和意义仍不可抹杀。

第一,与20世纪30年代官方的其他就业促进措施相比,就业训练班在解决高校毕业生就业问题的直接性、程度和范围上确实要更显著一些。如前所述,在1934年高校毕业生第一次求职请愿运动——大学生职业运动发生之后,国民政府就已经采取了一些就业促进措施,如通令各高校设立职业介绍机关、成立全国学术工作咨询处、扩大公务员录取额度、调整高校招生结构等。这些措施虽然有它们的积极意义,但是在短时间内效果却并不明显。全国学术工作咨询处成立后一段时间内的职业介绍及扶助小工业贷款情况已见前述,这里不再赘述。各高校设立职业介绍机关、扩大公务员录取额度、调整高校招生结构的情况,本文后面还会详细论述。相对而言,行政院专科以上学校毕业生就业训导班和冀察政务委员会平津保大学毕业生训练班的设立,则在短时间内较大程度地解决了当时高校毕业生的就业问题。专科以上学校毕业生就业训导班第一期实际分发实习的455人基本都在实习期满后开始正式工作,第二期的500人也基本上都得到了分配任用。冀察政务委员会的大学毕业生训练班也一下子考录了高校毕业生507名,其中参训结业者也得到了分配任用。就业训练班虽然只是治标办法,但在解决当时毕业生现实就业问题方面所起的作用却是比较显著的。对于这一点,学生也表示了认可,毕业生服务运动同盟代表认为,"在国家多难之秋,能有治标办法,同人亦极满意"①。参加培训的行政院专科以上学校毕业生就业训导班第一期学员后来表示:"像这样的训导班——由政府……加之以有组织有计划的训练,然后分别设法任用;一方面对于目前大多数智识青年失业的严重问题,谋一具体的解决方法,同时也希望能够化无

_____

① 《服务请愿代表全部返平》,《大公报》(天津版)1936年7月22日第4版。

用为有用的把这一批失业的青年变做一支生力军似的增加到国家建设的前线上去,这在中国今日的建设事业当中,自然也是一件值得注意的创举。"①第二期就业训导班的女大学生吴久华,在写给自己中学时代母校——苏州振华女校校长王季玉的信中,对训导班军队化、团体化、纪律化的生活表示认同,她这样写道:"在大学的四年生活,似乎太散漫一些","可是渡过了二星期,我们都觉得身体方面、精神方面,都感到有相当的进步。"②

第二,高校毕业生就业训练班对于政府所需人才的调剂和补充也起到了一定的作用。以税务人员培养为例,1936 年 7 月国民政府颁布了《所得税暂行条例》,并于当年 10 月开始施行,这是中国近代史上第一次实质性地开征个人所得税。专业税务人员的缺乏,一直是该条例实施的主要障碍。"所得税自全部开征后,事务日繁,需才孔亟,税务人员训练毕业者,虽有六十余人,仍不敷用,是以有招考第二期训练班之议。其时,适值中央设立就业训导班,系收容专科以上毕业生,加以训导,乃于其中甄取其合于资格者四十名。"③这 40 名行政院专科以上学校毕业生就业训导班学员,由于具有相对较高的文化素质,在经过专门训练之后,很快适应了相关税务执法的要求。值得注意的是,这 40 名学员尚不能满足主管机关——所得税事务处的需求,后来该处又不得不从财政部所属各机关职员中抽调 35 岁以下具有大学学历的 30 人,才完成了第二期训练班的培训任务。另外,在县政建设方面,一些政府人士对就业训导班也充满了期待,时任行政院政务处长蒋廷黻就曾指出:"惟县政府工作人员之常识程度,则远不如前者(指中央及省两级政府,引者注),因之地方行政效率较低,以言改善,愈感困难。若以经过训练之大学毕业生,使之服务县政,将来行政效率之改善,自必迅速无阻。"④

第三,就业训练班在解决高校毕业生就业问题的思路上有一定新意。对无业者进行短期培训以帮助其谋生,类似的做法在民国以前已经出现。⑤但是,这种培训主要针对的是城市无业平民,培训的内容也主要限于手工

---

① 咏葵:《在第一期就业训导班受训完毕后写给朋友们的一封公开信》,《中国公论》第 1 卷第 3 期,1937 年 2 月,第 35 页。

② 吴久华:《在就业训导班之生活》,《振华校友》第 6/7 期,1937 年 4 月,第 70 页。

③ 胡毓杰编:《我国创办所得税之理论与实施》,上海:财政建设学会 1937 年版(经济书局经售),第 24 页。

④ 转引自程方:《中国县政概论》,上海:商务印书馆 1939 年版,第 138 页。

⑤ 池子华:《"振兴工艺":清末"再就业"工程的一个断面》,《江苏社会科学》2003 年第 5 期,第 115—120 页。

艺技能,让无业平民掌握一技之长借以维持生活。高校毕业生与一般无业平民不同,他们有较高的知识水平、较强的学习能力,其就业难有一部分原因在于所学专业与社会需求不对口,以及学校所学的东西应用性不够。高校的人才培养与社会的实际需求之间经常存在着一定的不吻合现象。有时在高等教育缺乏自身检讨的情况下,这种现象还会进一步加剧,一部分毕业生无法就业的情况也就因此而产生。高校人才培养与社会实际需求之间的不吻合,主要表现在两个方面:一是高校的专业设置与社会的人才需求类型不一致;二是高校教给学生的知识技能满足不了工作岗位的应用性需求。当然,高等教育需要不断检讨自身,保持前瞻性,尽量满足社会需要。但是,由于人才培养是有周期的,社会需要也会发生变化,而且高等教育也不可能全部都办成职业教育,所以高等教育在人才培养方面不可能与社会需求时时、处处保持吻合。这样,一方面需要高等教育不断检讨自身,保持前瞻性,加强自身调整,在整体上满足社会需求,另一方面也需要社会在某些环节出现不吻合的情况下处理好两者之间的衔接问题。所以,在存在着结构性失业以及人才规格和需求不一致的情况下,通过短期职业培训和提供实习机会,来解决高校毕业生的就业问题,就业训练班在思路上有一定新意。如前所述,在求职请愿运动爆发前,中国高校毕业生科别比例失调及与社会需求的脱节是客观存在的状况。在短期内无法改变高等教育现状的情况下,开展补充性的就业培训,在培训中对毕业生进行技能训练、职业指导,并为其提供一定的实习机会,有助于毕业生实践经验的积累和实际工作能力的提高。这种就业培训可以在一定程度上弥补高等教育的不足,在高等学校与用人单位之间搭起一座沟通的桥梁,实现学科专业与所对应工作岗位之间的"无缝对接"。20 世纪30 年代高校毕业生就业训导班,通过行政实务的训练和政府机关的实习,培养了毕业生的实际工作能力,在一定程度上既推动了毕业生的就业,也满足了用人机关的需求。虽然造成高校毕业生就业难的原因是多样的,但是就业训练班在沟通学校理论知识与用人单位实际需求方面有较大的针对性。

三、调整高校招生结构与扩大公务人员招考

(一)借力整顿高等教育

20 世纪 30 年代高校毕业生就业难,有一部分也是因为当时高等学校人才培养结构性失衡。时人口中"人人求事,事事求人"的说法,确实是一种存

在的状况。这种状况除了可以通过本书第一章第二节中列举的 30 年代前期高校毕业生文、实科所占比例看出外,还可以见诸前面论及的就业训练班。前文行政院就业训导班第一、二期毕业学员分配表中,人数众多的是文科、法科、艺术类的高校毕业生,也反映出这些专业的高校毕业生因为过剩才会挤到就业训导班里来。其中,有 11 名美术专业就业训导班学员被分配到军事委员会这个不怎么相干的机关,一方面反映出美术专业高校毕业生的过剩,另一方面也说明了国民政府动用行政力量分配训导班学员的必然性。行政院就业训导班最后还是动用了行政力量才把毕业学员分配了下去,这不仅是因为政府用人有制度性障碍待破除,还因为有些专业人才与需求不匹配,难以被用人单位正常接受。那些美术专业高校毕业生被分配到军事委员会,或许只能改行从事与军事有关的测绘工作了,尽管美术与测绘还不是一回事。冀察政务委员会大学毕业生训练班在招考时,更是把体育、音乐、艺术三系排除在外,也是因为这些专业难以安插,至少对政府部门来说是这样。在当时中国高校毕业生出现结构性过剩的时候,那些在社会机关找不到对口工作的毕业生,最后大多只能到教育界和师范生抢饭碗,甚至美术、音乐等专业高校毕业生即使到中等学校任教也不那么容易。据当时《修正中学规程》规定,"聘请兼任教员,但以限于音乐、图画、劳作等科为原则"①。相关的兼职规定,让美术、音乐等专业教师需求量也大为减少。

南京国民政府自成立以后,出于加强一党专政的考虑,其内部实施教育统制的呼声愈发高涨。在高校毕业生求职请愿运动爆发前,国民政府采取的教育统制措施中,已经开始包含对高校设科、招生的限制。1932 年 12 月,国民政府颁布了《改革大学文法等科设置办法》,规定:"全国各大学及专门学院之文法等科,可由教育部派员视察,如有办理不善者,限令停止招生或取消立案,分年结束。嗣后遇有请设文法等科者,除边远省份为养成法官及教师,准设文法等科外,一律饬令暂不设置。又在大学中,有停止文法等科学生者,其节余之费,应移作扩充或改设理、农、工、医药等科之用。"②1933 年教育部开始对高校招生加以控制,"二十二年五月,教育部颁发二十二年度各大学及独立学院招生办法,纠正文法科教育畸形之发展,规定各大学兼办甲类(包括文、法、商、教育、艺术)学院及乙类(包括理、工、农、医)学院者,如甲类学院所设学系与乙类学院所设学系数目不同,则任

---

① 《修正中学规程》,出自阮华国编:《教育法规》(第 2 版),上海:大东书局 1947 年版,第 302 页。
② 《改革大学文法等科设置办法》(教育部第一〇三三五号训令,二一、一二、九),教育部参事处编:《教育法令汇编》(第 1 辑),上海:商务印书馆 1936 年版,第 142 页。

何甲类学院各系所招新生及转学生之平均数,不得超过任何乙类学院各系所招新生及转学生之平均数"①。不过,高校人才培养有一定的周期,尽管之前采取了一定措施,但由于时间过短,仍然不能避免后来求职请愿运动爆发时出现的高校毕业生结构性就业难的情况。②

1934年北平各大学毕业生职业运动发生后,民间有不少人批评政府对教育疏于管理,造成高等教育无序发展,以致出现毕业生人才供应与社会需求不相吻合的状况。教育部以此为契机,进一步加强了高等教育的统制政策,尤其对高校招生进行了严格的控制。以后几年,教育部继续实行对高校招生的统制政策,总的趋势是越来越严。以1935年为例,当年教育部做出规定:"各大学之设有文、法、商、教育等学院,或独立学院之设有文、法、商、教育等学科者,每一学系,所招新生及转学生之平均数,依二十三(1934年,引者注)年度各校院招生情形之统计,得为二十名,以后除成绩特优经部于招考前特准者外,以三十名为限。凡未依照本办法办理者,其新生入学资格,教育部不予承认。"③这样,又进一步对综合性大学文科类每一学系的招生名额,进行了数字上的具体限制。其后,"二十五(1936年,引者注)年度招生仍照二十四年度办法,二十六年度亦继续参酌办理"④。1928－1936年度高校文、实科在校生消长表,如表2-3所示。

表 2-3　1928－1936 年度高校文、实科在校生消长表

年　度	实科类学生数	文科类学生数	未分院系学生数	共　计
1928 年度	6749	18286	163	25198
1929 年度	7797	21254	70	29121
1930 年度	7375	28191	2000	37566
1931 年度	11227	32940	0	44167
1932 年度	12007	30070	633	42710
1933 年度	14133	28787	16	42936
1934 年度	15698	26042	30	41768
1935 年度	16990	24082	56	41128
1936 年度	18459	23152	311	41922

注:实科类包括理、工、农、医,文科类包括文、法、商、教育、艺术。

【资料来源】教育部教育年鉴编纂委员会编:《第二次中国教育年鉴》,上海:商务印

①③④　教育部教育年鉴编纂委员会编:《第二次中国教育年鉴》,上海:商务印书馆1948年版,总第530页。

②　以4年制大学为例,1933年由限制政策所招收的高校学生要到1937年才毕业。

书馆 1948 年版,总第 530—531 页。

　　教育部按照自己的想法调整高校的招生结构,对解决高校学生结构性失业问题确实会产生一定的长远影响。不过,人才供求不是一种静止状态,而是会随着时间推移、社会变迁发生动态的变化。如何把握好这种动态的变化,科学地预测社会对人才需求的趋势,提前做好人才培养的布局,这又是教育部需要面对的新课题。

(二)政府增加部分招录考试

　　关于由政府组织考试以扩大高校毕业生的就业途径,早在 1934 年 7 月间,时任行政院院长的汪精卫在召见北平各大学毕业生职业运动大同盟代表时,就曾表示,要“与考试院磋商举行考试,使学有专长者,不致无机会,为国家社会服务”①。其后,在行政院与考试院沟通的过程中,时任国民政府考试院院长的戴季陶也曾复函给汪精卫,称:“现更拟于定期考试外,扩大各种临时考试,只须各机关需要何种人才,通知考试院,即可随时以简便之方法,迅速举行……务使考取人数日以增多,藉广学校毕业者之出路。”②戴季陶并表示,要与人才的制造机关——教育部门,人才的任用机关——行政部门,通力合作。

　　1934 年 7 月考试院提请召集全国考铨会议。根据《全国考铨会议规程》规定,参加该会议的人员,除了中央一些部门及地方省市代表外,还包括“国立大学代表各一人”③。1934 年 11 月 1 至 5 日国民政府在南京正式召开了全国考铨会议。会议发表的宣言,承认“现时各机关公务员,多来自荐牍,而非出于考试,其滥竽充数,尤所难免”,表示“应严厉执行考绩”,“以便澄清仕途,登用考试及格之人才”,对于高校毕业生考选,准备“专科以上学校,毕业考试,概由政府主持,庶可与任用考试,取得联络”,促进学用沟通。④

　　其后,国民政府确实也相对增加了一些公务人员录用考试,并扩大了录取的名额。根据 1929 年 7 月立法院通过的《考试法》,“国立或经立案之

　　①　《汪行政院长答复北平职运代表》,《申报》1934 年 7 月 31 日第 13 版。
　　②　《北平各大学毕业生职业运动:(六)考试院戴院长之关怀此事》,《教育杂志》第 24 卷第 1 号,1934 年 9 月,第 182 页。
　　③　《全国考铨会议规程》(二十三年八月二日考试院公布),《法令周刊》第 216 期,1934 年 8 月 22 日,第 2 页。
　　④　《全国考铨会议宣言》,《中央周报》第 336 期,1934 年 11 月 12 日,第 2 页。

公私立大学、独立学院或专科学校毕业得有证书者"，可以应高等文官考试。[①] 国民政府曾于 1931 年、1933 年分别进行了两次高等文官考试，录取人数分别为 100 人和 101 人；而 1935 年和 1936 年国民政府又进行了两次高等文官考试，录取人数分别为 251 人和 121 人。[②] 1934 年以后举行的高等文官考试，较之前录取的人数有了大幅度的增加。以 1936 年为例，"本年临时高考（指高等文官考试，引者注）及格人员一二一名，兹经铨叙部拟定分发机关，呈由考院转呈国府核准，除其中二员尚待查询，转予保留及司法人员三十三名，全部分发司法行政部外，其余八十六名，计分发中央机关三七名，地方机关四九名"[③]。

第二节　全面抗战时期国民政府对高校毕业生的安置和征调

一、全面抗战爆发后社会状况及高校毕业生面临的就业形势

1937 年 7 月 7 日发生的卢沟桥事变，推动了中华民族全面抗战的到来。全面抗战初期，由于中日双方国力客观上存在的差距，中国军队虽积极抵抗但仍节节败退，丢失了东部沿海地区的大片领土。国民政府为持久抗战计，迁往重庆。1938 年 10 月广州、武汉沦陷后，由于日军战线太长、兵力不足，又由于敌后抗日根据地的发展和牵制，日军被迫停止了对中国战场的战略性进攻。战争进入了相持阶段。在抗日战争的相持阶段，重庆国民政府（本节国民政府主要指重庆国民政府，下同）大体上守住了中国的大西南、大西北地区。

全面抗战爆发后，许多高等学校随政府内迁大后方。据国民政府教育部 1941 年统计，全面抗战爆发后迁至四川的高校有 18 所，其中国立高校如中央大学、武汉大学、东北大学等，省立高校如山东医专等，私立高校如复

---

①　《考试法》，立法院秘书处编：《立法专刊》（第二辑），上海：民智书局 1930 年版，第 42 页。
②　房列曙：《中国近现代文官制度》（下），北京：商务印书馆 2016 年版，第 595 页。
③　《消息汇志：临时高考及格人员已分发各机关任用》，《全国学术工作咨询处月刊》第 2 卷第 12 期，1936 年 12 月，第 58 页。

旦大学、金陵大学、齐鲁大学等;迁至贵州的有 4 所,如国立浙江大学、私立大夏大学等;迁至云南的则有同济大学及由北大、清华、南开组成的西南联合大学。[1] 除了从沿海省份迁往内地省份的高校外,还有些高校在原省由省会或大城市向省内小城市或乡村疏散,如国立厦门大学由厦门迁闽西长汀,省立河南大学由省会开封先后迁至信阳、南阳等地办学,国立中山大学则曾先迁云南澄江后迁回粤北坪石。此外,还有些高校曾一度迁往香港或上海租界办学,如有教会背景的岭南大学在抗战中先迁香港办学,太平洋战争爆发香港沦陷后又迁至粤北韶关办学;再如国立暨南大学先迁上海公共租界,太平洋战争爆发租界被日军占领后又迁到福建建阳办学。

　　全面抗战初期,中国高等教育事业一度受到了较大破坏。在日军的侵略下,中国东部地区许多高校的校舍被毁或被占,图书、仪器也受到了很大的破坏。受战争的影响,一些高校被迫停闭,一部分学生也流散了。据《第二次中国教育年鉴》统计,“二十六年度(1937 年,引者注),专科以上学校减为九一校,较二十五年度(1936 年,引者注)之一〇八校,减少十七校;学生三一一八八人,较二十五年度之四一九二二人,减少一〇七三四人”[2]。

　　但是,中国高等教育在经历全面抗战初期一段时间的挫折后,到后期又有了重新发展。1938 年 4 月,中国国民党临时全国代表大会通过了《战时各级教育实施方案纲要》,强调“教育为立国之本。整个国力之构成,有赖于教育。在平时然,在战时亦然”[3]。随着大后方社会的逐渐巩固,在重庆国民政府的鼓励和支持下,中国的高等教育事业后期不仅得到恢复,还有了较大程度的发展。到 1944 年,高等学校数量达到 145 所,较 1937 年的91 所,以及 1936 年的 108 所,有了大幅度的增加。[4] 除了从沿海地区内迁的和内陆地区已有的高校外,全面抗战时期国民政府还在后方新办了一些高校,如 1938 年 10 月在湖南安化成立的国立师范学院,1939 年 4 月在四川乐山创办的国立中央技艺专科学校,1940 年 10 月创办于江西泰和的国立中正大学等。全面抗战时期,中国高等教育不仅在高等学校数量上有了

---

　　① 《全国专科以上学校内迁及其分布统计表》(1941 年),出自中国第二历史档案馆编:《中华民国史档案资料汇编》(第五辑第二编 教育一),南京:江苏古籍出版社 1997 年版,第 745 页。

　　② 教育部教育年鉴编纂委员会编:《第二次中国教育年鉴》,上海:商务印书馆 1948 年版,总第 525 页。

　　③ 《战时各级教育实施方案纲要》,出自教育部参事处编:《教育法令汇编》(第四辑),重庆:正中书局 1939 年版,第 123 页。

　　④ 《抗战期间全国专科以上学校概况表(1936—1945)·(1)校数》,出自中国第二历史档案馆编:《中华民国史档案资料汇编》(第五辑第二编 教育一),南京:江苏古籍出版社 1997 年版,第778—779 页。

大幅度增加,而且高等学校在校生人数及毕业生人数也有了大幅度增加。如 1944 年高校在校生达到 78909 人,毕业生达到 12078 人,较之 1937 年的在校生 31188 人,毕业生 5137 人,人数有了大幅度的增加。①

全面抗战爆发后,中国社会全面转入了战时体制。国民政府在稳住阵脚后,出于巩固后方、服务前线、笼络人心改良社会的需要,对人才的需求尤其是对专业技术人才的需求有了明显增加。加之国民政府退往的大西南、大西北地区原本又是经济文化相对落后的地区,国民政府对人才的需求又进一步增加。除了想办法从东部地区随迁或从海外华侨中引入一部分人才外,国民政府对后方学校的人才培养也寄予了较大期望。1938 年 4 月中国国民党临时全国代表大会通过的《中国国民党抗战建国纲领》在"教育"部分就要求"训练各种专门技术人员,与以适当之分配,以应抗战需要","训练青年,俾能服务于战区及农村"。② 以上这些,也大致是全面抗战时期后方高校毕业生面临的社会人才供求形势。

二、全面抗战时期国民政府对高校毕业生的就业促进

(一)教育部对高校毕业生的选送与推荐

全面抗战爆发后,作为高校的主管机关,教育部加大了对高校毕业生就业的直接介入力度,主要通过选送推荐的形式,一方面解决高校毕业生的就业问题,另一方面向一些部门或地区输送人才。

1938 年 9 月,"教育部令发甄选国立各大学二十六年度(1937 年,引者注)毕业生,分发边远省区充任中等学校教员办法,指定大学甄选教育院系毕业生或其他院系毕业生肄业时曾习教育科目满二十学分,成绩优秀,品行端正,身体强健者共一百名,由教育部分发四川、云南、贵州、广西、陕西、西康、甘肃、宁夏等省区,充任中等学校教员"③。并且,教育部在各大学对当年毕业生进行调查,向各机关部门推荐介绍。1938 年 10 月教育部向国民参政会提交的《教育报告》显示,"本年大学毕业生共计五一一〇名","其

① 教育部教育年鉴编纂委员会编:《第二次中国教育年鉴》,上海:商务印书馆 1948 年版,总第 529 页。

② 《中国国民党抗战建国纲领(总则及教育)》,教育部参事处编:《教育法令汇编》(第四辑),重庆:正中书局 1939 年版,第 123 页。

③ 教育部教育年鉴编纂委员会编:《第二次中国教育年鉴》,上海:商务印书馆 1948 年版,总第 569 页。

经教育部介绍已获服务机会者,约计一千一百名"。[①] 相关具体情况详如表2-4 所示。

表2-4　1938 年教育部向各政府机关介绍高校毕业生就业情况

用人部门		人　数	备　注
交通部		225 名	分派实习后录用
经济部		约 500 名	实习后录用
军政部	计政训练班	100 名	训练后分发任用
	直属机关	100 名	
军训部*		94 名	—
军令部		6 名	—
航空委员会		约 50 名	拟继续录用
卫生署、军医署		尽量录用	本年医药科毕业生计有 361 人
公路管理处		10 名	

注:＊此处原文为"军政部",实为"军训部"。
【资料来源】教育部:《教育报告》,编者刊 1938 年版,第 11 页。

除了经教育部介绍已获服务机会者外,1938 年还有一部分高校毕业生待用计划,如呈准"就国立各大学每校选择三十至五十名,保送三民主义青年团受干部训练。保送总额为五百二十名,以期养成干部人才,担任抗战救国工作";财政部"举办财务人员训练所,其中高级班可容纳大学毕业生六百名(第一期已招高级班百五十名)";管理中英庚款董事会"组织一科学考察团,团员总额定为一百二十名","该会并在各大学及研究机关设置科学助理员一百二十名,助理学术研究工作",等等。[②]"以上各员,以引用本年毕业生为原则。综计本年大学毕业生已获有服务机会者,约二千五百人。"[③]这样看来,1938 年约有一半的高校毕业生经官方努力得以有就业机会。这还不包括学校介绍工作及自行就业的高校毕业生。

1939 年教育"于四月间开始调查各校本年应届毕业生科别及约数,复经函请中央及地方各机关开示所能容纳大学毕业生实习或服务人数,以

①　教育部:《教育报告》,编者刊 1938 年版,第 10 页。
②　同上,第 11—12 页。
③　同上,第 12 页。

便统筹支配,介绍服务",至年底,"其经教部直接介绍获得服务机会者,约一七○○名"。① 高校毕业生被分配的单位有交通部、经济部、军政部、内政部及四川省政府、安徽省政府、福建省政府等处。② 教育部还"甄选本年各校文法理工教育各科优秀毕业生数十名,分发边区,充任中学教员","又本年(指 1939 年,引者注)上海公立专科以上毕业生三百余名,已经该部决定遣送后方服务;私立各校毕业生人数约七○○余名,其有志来后方服务者,亦准照例分发工作。此项学生旅费,均由部发给"。③"综计,二十八年(1939年,引者注)专科以上学校毕业生,经教育部统筹支配,已获有服务机会者,约二千七百名,已达本年各校毕业总人数之半。"④"至于由各校直接介绍工作及自行就业者,为数亦不在少。"⑤

　　鉴于之前"各校选送服务学生,对于需用人才机关得有适当之供应者固多,而因公文辗转逾时或条件不合,未能获得优良结果者亦复不少"的情况,1940 年 3 月教育部颁行《专科以上学校毕业生统筹分发服务办法令》,对各高校申报、统计应届毕业生进行了专门的规定,以方便教育部向用人单位甄选分发毕业生。⑥ 该文件规定,教育部每年统筹办理各高校毕业生就业事宜,各高校"将本期应届毕业生约数分别科系列表呈报","除填明暑期毕业生人数外,如寒假有毕业学生,并应将寒假期间毕业生人数另表填列,以便统计","各校应届毕业各生,如已由校介绍工作或已准备自行就业者,亦应于前项册报之志愿服务栏内分别填明";"此后各校呈报应届毕业生,务须切实遵照本部规定于毕业试验前三个月呈报(即在每年三月及十月间)"。⑦为了了解毕业生就业意愿及方便联系,该文件规定,各高校"表册格式,除照原订填列姓名、性别、年龄、籍贯、肄业院系、入学年月暨经部核定文号,及已往七学期学业成绩平均分数,暨操行、体育成绩等各项外,并应增列各生'服务志愿'(此项应具体填明志愿工作项目及希望工作地点),'希望待遇'及'毕业前后详细通讯处'三项。又如各生以事实困难不克担任某种工作,或不克发往某地工作,亦应于备注栏

---

　　①③ 《教育部解决大学生出路 本年毕业生半数已有工作》,《申报》1939 年 12 月 18 日第 10 版。
　　②④⑤ 《专科以上校毕业生就业概况 去年就业者二千七百》,《申报》1940 年 1 月 12 日第 10 版。
　　⑥⑦ 《教育部颁行专科以上学校毕业生统筹分发服务办法令》(1940 年 3 月 9 日),出自中国第二历史档案馆编:《中华民国史档案资料汇编》(第五辑第二编 教育 一),南京:江苏古籍出版社 1997 年版,第 710 页。

内注明"。① 这些增列或备注的内容,作为教育部选送介绍毕业生就业时之参考。该文件简化了教育部选介高校毕业生的手续,规定"各生由部选定后,除由部函达需用人才机关外,即行由部通知各校转饬各生前往服务机关报到,不再先行征询,或由校保送,以资简捷"②。《专科以上学校毕业生统筹分发服务办法令》对以后高校毕业生的调查登记、选送介绍,做了进一步规范。

一些用人单位则根据前述文件颁布了对应的用人规定。以国民政府主计处为例,1942 年 6 月,该处"为求储备人才起见,爰制订本处(该处自称,引者注)遴选全国专科以上学校毕业生服务办法七条暨调查表式一种,经函准教育部转饬有关各校遵办在案"③。《国民政府主计处遴选全国专科以上学校毕业生服务办法》规定,"全国专科以上学校保送之毕业生,经本处审查合格后,即予存记,分发本处各局及所属各会计统计室候用,并由本处通知原保送学校";"本处各局暨所属各会计统计处室,得视事务需要时,通知存记分发人员前往,面加考询,并予一个月至三个月之实习,倘认为学识能力相当,堪以录用,应即报请本处核委"。④

相关文件的颁布实施,进一步规范了高校毕业生的选送和接收程序,有利于教育部向一些部门或省市输送人才。"1943 年,国民政府经济委员会即接收中央大学、四川大学、光华大学等校经济类、工科类毕业生 400 多人就业。1945 年,航空委员会、经济部资源委员会各厂接收工科毕业生 140 余人。"⑤

除此之外,教育部还为高校毕业生开辟其他就业途径,并帮助来自战区的高校学生就业。前者如,在全面抗战时期国人的领土意识被激发的背景下,1941 年 5 月教育部颁发《公私立专科以上学校毕业生派往边地研究办法》。该办法规定,"各院校毕业生有志从事边地研究工作,品学兼优,身体健壮,能刻苦耐劳者,得由学校选送,再由本部审定若干名","每年于各

---

① 《教育部颁行专科以上学校毕业生统筹分发服务办法令》(1940 年 3 月 9 日),出自中国第二历史档案馆编:《中华民国史档案资料汇编》(第五辑第二编 教育 一),南京:江苏古籍出版社1997 年版,第 710 页。

② 同上,第 711 页。

③ 《主计处检发遴选全国专科以上学校毕业生服务办法及调查表式训令》(1942 年 6 月 8日),出自中国会计学会会计史料编写组编:《中国会计史料选编》(中华民国时期 Ⅰ、Ⅱ、Ⅲ、Ⅳ 辑),南京:江苏古籍出版社 1990 年版,第 2998 页。

④ 同上,第 2999 页。

⑤ 四川省地方志编纂委员会编:《四川省志·教育志》(下),北京:方志出版社 2000 年版,第322 页。

院校毕业考试前四个月,由部开列各科研究员需要表,令饬各院校选送合格毕业生报部候核","凡毕业已久之大学生,如愿赴边疆工作者,亦得适用本办法,惟须向原校请求选送","研究人员工作时限暂定为二年,成绩优良者得任为本部编辑或其他职务,或派在边地各机关担任职务"。① 这一文件既有利于增进国家对边疆情况的掌握,同时又为公私立专科以上学校毕业生就业开辟了一条新的途径。后者如,在救济战区学生方面,1941 年 6 月教育部订定《处理战区学生升学就业办法》,"对战区学生,按其品质志趣学历,分别派送各级学校升学或介绍工作",其中"凡体格强健,诚实耐劳,志愿从事职业之战区学生,应设法予以各项职业知能之训练,使其分别就业"。② 后来归属教育部的战地失学失业青年招致训练委员会和战区学生指导处,专门对来自战区及沦陷区学生进行帮助。③ 其中受助就业者,也包括部分来自战区的高校学生。1937—1944 年度教育部选送服务高校毕业生人数统计情况如表 2-5 所示。

表 2-5 1937—1944 年度教育部选送服务高校毕业生人数统计表

年　度	1937	1938	1939	1940	1941	1942	1943	1944
人　数	2144	2413	2821	2776	2019	1739	2479	750

注:本表中数字来源于 1948 年版的《第二次中国教育年鉴》,与历年媒体在不同时期报道的数字略有出入。

【资料来源】教育部教育年鉴编纂委员会编:《第二次中国教育年鉴》,上海:商务印书馆 1948 年版,第 569 页。

---

① 《教育部颁发公私立专科以上学校毕业生派往边地研究办法》(1941 年 5 月 28 日),出自中国第二历史档案馆编:《中华民国史档案资料汇编》(第五辑第二编 教育二),南京:江苏古籍出版社 1997 年版,第 103、105、106 页。

② 同上,第 307 页。

③ 1939 年 12 月军事委员会决定在重庆设立"国民政府军事委员会战地失学失业青年招致训练委员会"(简称招训会),专门负责流亡青年的招致训练工作,该机构于翌年 3 月正式成立。后因国民政府感觉此项工作属青年问题,不久将招训会改由三民主义青年团中央团部主持。1941 年 5 月,国民政府又以招训青年大多为学生,又将招训会交由教育部主持。同年 9 月,经与军事委员会磋商,将原来冠有"国民政府军事委员会"头衔的招训会,改名为"战地失学失业青年招致训练委员会",正式由教育部管辖。在成立招训会的过程中,为了指导流亡到内地的学生升学就业,1940 年 10 月国民政府在重庆又设立战区学生指导处。1941 年 7 月,该机构经呈准改称"教育部特设战区学生指导处",并将教育部原设之东北青年教育救济处并入该处管辖。招训会与战区学生指导处服务的对象大致相同,只是工作各有侧重罢了。1944 年 7 月,国民政府为统一全国招训青年机构,又将战区学生指导处合并于招训会之中。

（二）考试院与高校毕业生的考录

作为人才的考选机关，全面抗战时期考试院在高校毕业生就业促进方面也发挥了重要作用。相比较于全面抗战爆发前，国民政府考试院在高校毕业生考选方面的力度进一步加大，使受益的高校毕业生人数也进一步增加。

全面抗战期间，国民政府考试院共举办了 15 次高等考试，如 1937 年 8 月在重庆举行的川滇黔高等考试司法人员临时考试，1939 年 9 月在重庆、成都、昆明、桂林等十地举办的普通行政人员、财务行政人员、经济行政人员、土地行政人员等十类人员高等考试，1940 年 7 月在重庆、成都等五地举办的财政金融人员高等考试，1944 年 2 月和 9 月举办的两次定期高等考试，等等。[①] 全面抗战前考试院举行的高等考试共有 4 次，录取比例较低，1931 年为 4.64％，1933 年为 3.83％，1935 年为 6.98％，1936 年为 8.18％；而全面抗战期间高等考试不仅次数达 15 次，录取比例也较高，除 1945 年最低为 6.69％外，其余都在 10％以上，有的甚至高达 19.5％。[②] 全面抗战期间考试院举办高等考试的次数、录取比例及录取的人数，较全面抗战前要多得多。据 1943 年《考试院报告书》披露："自二十八年至三十一年九月（指 1939 年至 1942 年 9 月，引者注）计共举行高等考试凡六次，及格者一〇四二名。"[③] 由于国民政府颁布的《考试法》规定专科以上学校毕业是高等考试应考人员的重要资格之一，所以抗战期间考试院高等考试举办次数与录取人数的增加，无疑对当时高校毕业生是有利的。

1942 年 7 月，考试院为"使大学优秀学生得有尽才任事之机会"，拟定《检核大学学生毕业成绩铨定任用资格办法》。该文件规定，"凡国立大学学生在教育部实行总考后"，"毕业成绩在八十分以上并考列各该科系五名以前者，由教育部分别科系开具姓名、籍贯、简历、毕业成绩及服务志愿咨送考选委员会，检核合格后转呈考试院交铨叙部分发任用"；"毕业成绩经检核合格者以委任职或其相当职务分发任用，经在被分发机关服务满三年成绩优良，报由铨叙部审查属实者，认为具有任荐任职之资格"；"分发人员

①　姬丽萍：《中国现代公务员考铨制度的初创(1928—1948)》，天津：天津古籍出版社 2008 年版，第 153 页。

②　肖如平：《国民政府考试院研究》，北京：社会科学文献出版社 2008 年版，第 133 页。

③　《中国国民党第五届中央执行委员会第十一次全体会议·考试院报告书》，出自中国第二历史档案馆、海峡两岸出版交流中心编：《中国国民党历次全国代表大会暨中央全会文献汇编》（第二十六册），北京：九州出版社 2012 年版，第 61—62 页。

酌给旅费"。① 国民政府考选委员会"留渝期间,曾办理国立云南大学等5校毕业生检核,合格人数共计 74 人"②。

　　除了教育部、考试院外,重庆国民政府系统的其他一些机构在高校毕业生就业促进方面也发挥了一些或多或少的作用。例如 1941 年以后国民政府社会部在重庆、贵阳、桂林、衡阳、内江、遵义、兰州等地直属社会服务处设立的职业介绍组及职业介绍所,再如 1941 年 5 月开办的三民主义青年团重庆青年升学就业辅导所,以及成立于 1939 年 11 月半官方性质的战时社会事业人才调剂协会等,这些机构虽然不是专门为解决高校毕业生就业问题而设,但其部分工作对推动高校学生就业也发挥了一定作用。

三、战时建教合作、人才统制与高校学生出路

　　服务于国民政府的"抗战建国"事业,是全面抗战时期国统区高等教育发展的重要目标。如前所述,1938 年 4 月中国国民党临时全国代表大会通过的《中国国民党抗战建国纲领》,在"教育"部分对全面抗战时期的人才培养提出了要求。在人才培养和使用方面,1938 年中国国民党临时全国代表大会通过的另一个文件——《战时各级教育实施方案纲要》承认,"社会乃充满人人谋事,事事找人之怪象",以致"国家亦充满贫病乱愚之惨剧","在平时已失其自立自存之基础,至战时更不能适应非常之需要"。③ 基于这种认识,国民政府采取了一定措施,试图在战时加以补救。建教合作和人才统制,便成了全面抗战时期国民政府人才培养和使用的重要特征。这两个方面也表现在了国民政府相关部门对高校毕业生就业问题的处理上。

(一)建教合作与战时高校学生就业

　　全面抗战时期后方高校学生就业,很大程度上是在中央建教合作委员会这个平台上推动的。用人单位与育才单位、建设部门与教育部门之间合作,把人才培养与社会需要结合起来,既能解决学生就业又能满足社会需求,较早就成为一些有识之士的期望。全面抗战前,就曾经有过这样的探

---

　　① 《检核大学学生毕业成绩铨定任用资格办法》,《国立西北师范学院校务汇报》第 47 期,1942 年,第 3—4 页。
　　② 《抗战时期迁都重庆的考选委员会》,出自唐润明主编:《抗战时期国民政府在渝纪实》,重庆:重庆出版社 2012 年版,第 444 页。
　　③ 《战时各级教育实施方案纲要》,出自教育部参事处编:《教育法令汇编》(第四辑),重庆:正中书局 1939 年版,第 124 页。

索。1923年江苏省省长韩国钧曾出面让实业厅、教育厅及一些教育界、实业界人士合组江苏教育实业联合会，"联合会之目的，在沟通全省教、实各机关"①。1934年大学生职业运动爆发后，全国经济委员会与教育部联合组建全国学术工作咨询处，可视为中央政府层面上建教合作的尝试。全面抗战爆发后，因全国经济委员会撤销，全国学术工作咨询处工作陷于停顿，这种建教合作形式事实上中断了。但是因抗战的需要，不久另一种形式的规模更大的建教合作又很快形成。

1938年4月中国国民党临时全国代表大会通过的《战时各级教育实施方案纲要》中规定"为谋教育行政与国防及生产建设事业之沟通与合作，应实施建教合作办法"②。1938年5月国民政府成立中央建教合作委员会。建教合作委员会"由教育部、内政部、军政部、财政部、经济部、交通部及航空委员会各派主管人员一人至三人充任之"，后来又增加农林部、社会部及振济委员会等机构的代表，该会"设主任委员一人，由教育部就其所派委员中指定之"，规定"每月开会一次，必要时得开临时会，均由主任委员召集之"，"开会时得邀请专家列席讨论"。③ 建教合作委员会的目的在于"促进教育与建设事业之联络"，"沟通供求需要"，"增强教育功能"，其任务有"各方需要技术人员种类及数量之调查登记"，"依据上项调查结果，为各大学、专科学校及职业学校设科设系之筹划"，"训练方法之筹议"，"与国防及生产建设机关之联络"，"毕业生服务之分配"，"技术人员之调查与登记"六项。④ 虽中央建教合作委员会不单纯为解决高校学生就业问题而设，但解决高校学生就业问题也是该组织工作的重要内容之一。

从1938年5月成立到1945年2月撤销，中央建教合作委员会存在期间成为推动高校学生进入政府机关及官办企业工作的重要平台。教育部与用人单位可以利用这一平台讨论、磋商包括高校毕业生在内的人才供求问题。例如，1938年9月中央建教合作委员会召开第二次会议，出席者有顾毓琇（教育部政务次长）、祁云龙（内政部民政司司长）、卓宣谋（经济部参事、中国茶叶公司董事长）、吴承洛（经济部工业司司长）、林继庸（经济部工矿调整处业务组组长）、赵祖康（交通部公路总管理处处长）、吴俊升（教育部高等教育司司长）、顾树森（教育部蒙藏教育司司长）、朱霖（第二飞机制

---

① 《苏省教实联合会组织详记》，《申报》1923年2月1日第10版。

② 《战时各级教育实施方案纲要》，出自教育部参事处编：《教育法令汇编》（第四辑），重庆：正中书局1939年版，第125页。

③④ 《中央建教合作委员会组织规程》，《教育杂志》第28卷第8号，1938年8月，第84页。

造厂厂长)、刘肇龙(大隧道工程处副处长)、翁之镛(屯粮委员会执行秘书)、徐名材(资源委员会化工处处长)等17人,由主任委员顾毓琇主持会议;这次会议报告的事项就有"教育部本年专科以上学校毕业生出路筹划之经过""各委员个别报告现在需要技术人员之种类"等。[①] 再如,1939年9月中央建设教育合作委员会召开第九次会议,顾毓琇(教育部政务次长)、林继庸(经济部工矿调整处业务组组长)、吴俊升(教育部高等教育司司长)等十余人出席,由教育部政务次长顾毓琇主持,除讨论"督促公营工厂利用设备训练技术人员案"外,还讨论了"专科以上学校文法等科毕业生就业问题,应如何再行策划案",讨论结果有"(甲)由本会函询行政院县政设计委员会及内政部关于训练及调用事项,(乙)请财政部准许经济系毕业生入财务人员训练班受训,于相当时间后再行考试,(丙)请教育部甄选毕业生分发,担任边远省区中等学校教员,(丁)请教育部呈报行政院请示办理"。[②]

在中央建教合作委员会中,教育部是人才培养单位的负责者,而经济部、交通部、军政部等部门则属于用人单位。一些用人单位的与会者,对于战时人才需求情况是了解的。以林继庸为例,抗战爆发后他担任过行政院上海工厂迁移监督委员会的主任委员,1938年又出任经济部工矿调整处业务组组长,作为主要负责执行者,亲身参与民营工厂的迁移,被工业界尊称为"迁川工厂之父"。像林继庸这样建设部门的代表,在负责、参与沿海厂矿的内迁过程中,对于各种人才的需求无疑是十分了解的。教育部门与建设部门、育才单位与用人单位通过中央建教合作委员会这个平台,坐下来沟通、讨论,无疑对高校毕业生就业问题的解决是有利的。

重庆国民政府行政院还让各省市也组织地方性的建教合作委员会。截至1940年2月,"自中央建教有关部会组织建教合作委员会后,省市地方亦同样组织者,已有七省"[③]。这些地方性建教合作委员会在推动高校学生就业方面也发挥了一定作用。例如,《江西省建教合作委员会组织规程》规定,该会由教育厅厅长,建设厅、财政厅、民政厅、农村合作委员会等机构各派主管人员一人,以及省立工业专科学校校长等人组成,教育厅厅长为主任委员,该会任务包括"各方需要各级技术人员种类及数量之调查登记""依据上项调查登记结果,为职业学校与省立专科以上学校设校及训练方

① 《教育消息:中央建教合作委员会第二次会议纪略》,《教育通讯》(周刊)第30期,1938年10月15日,第2页。

② 《中央建教委会规划高教文法毕业生出路 并督促工厂训练技术人员》,《申报》1939年9月27日第7版。

③ 《一年来建教合作专技工作咨询处实施概况(一)》,《申报》1940年2月16日第8版。

法之筹议""毕业生服务之分配"等。① 省立专科学校毕业生工作分配,为该组织的任务之一。再以四川为例,"1940 年,四川省政府也组织了'四川省建教合作委员会',其主要任务是管理省内专科以上学校毕业生服务的分发事项,其成员单位有教育厅、建设厅、财政厅、民政厅、地政局、公路局、水利局、省银行、省农村合作委员会、地质调查所等"②。

中央建教合作委员会除了由不同政府部门派员参与、定期集会外,它还有具体的办事机构——专门技术工作咨询处。在 1938 年 9 月中央建教合作委员会举行的第二次会议上,"议决设置专门技术工作咨询处,代替全国学术工作咨询处,办理专门技术人才之调查登记与供应及其他有关技术工作咨询事宜"③。同年 12 月,专门技术工作咨询处正式开始办公,"由赵恩钜氏担任总干事,推动一切工作"④。赵恩钜为原全国学术工作咨询处的秘书。中央建教合作委员会专门技术工作咨询处"于办理中央部分非常时期专门人员登记以外,并办一般专门与技术人员之登记,对于失业者助其就业,不满于现业者,予以调剂,建设机关如有需要,亦藉以得适当之供应。凡专门技术人员登记,以亲自到会登记为原则,其不在重庆者,得通讯登记。登记手续力求简单,凡具有一技之长,皆可申请登记。一年来(自二十七年十二月至二十八年十一月底),登记人员经审查合格者,共一一二八人。其中理、工、农、商、医、法、教育、文、军事、特、职各科合计,国外大学毕业者五九、肄业七,国外专校毕业者九,国内大学毕业者四三七、肄业三八,专科毕业一〇六、肄业五,高级职校毕业三七四、肄业二,初级职校毕业五,中学毕业一〇、肄业四,小学毕业一,特种训练班毕业六二,其他九"⑤。其中高校毕业、肄业者占较高比例。在到专门技术工作咨询处登记求职者中,后"经该处直接介绍就业者一百五十八人,间接介绍就业者二百十八人,综计一年来登记人员中就业人数共四百四十人(另有理、工、农等科人员六十四人,已送政府主管机关存记,正候派工作,引者注),约占百分之四十"⑥。专门技术工作咨询处在促进高校毕业生就业方面也做出了一定贡

---

① 《江西省建教合作委员会组织规程》,出自江西省政府教育厅编:《职业教育法令辑要》编者刊 1939 年版,第 49—50 页。

② 四川省地方志编纂委员会编:《四川省志·教育志》(下),北京:方志出版社 2000 年版,第 322 页。

③ 喻兆明:《职业介绍理论与实施》,上海:中华书局 1948 年版,第 349 页。

④ 《教育消息:中央建教合作委员会成立专门技术工作咨询处》,《教育通讯》第 2 卷第 2 期,1939 年 1 月 7 日,第 3 页。

⑤ 《一年来建教合作专技工作咨询处实施概况》(一),《申报》1940 年 2 月 16 日第 8 版。

⑥ 《一年来建教合作专技工作咨询处实施概况》(二),《申报》1940 年 2 月 17 日第 8 版。

献。类似专门技术工作咨询处的机构在地方亦可见,如四川省建教合作委员会"为使建教密切联系并供应各方所需要之专门人才起见",特地在成都设立"专门人才登记处","登记该省历届各专科以上之职业学校毕业生。计先后申请登记者七十余人,均经该会分别介绍于各农业及金融等机关工作"。[①]

全面抗战时期国民政府实施建教合作的目的,虽不止于解决高校学生就业问题,但至少在高校学生就业问题解决方面取得了一定的成功,为高校毕业生进入政府机构、官营企业提供了磋商的平台。

(二)战时人才统制及高校学生征调

人才统制是全面抗战时期国民政府在高校学生就业政策领域的另一特征。如前所述,人才统制在全面抗战前就已经有了相关呼声。

全面抗战爆发以后,出于持久抗战、巩固政权的需要,重庆国民政府对专业技术人员、专科以上学校学生的人才统制趋于明显化。在高等教育领域,全面抗战爆发前,南京国民政府在人才统制方面的作为,还仅限于对专业招生结构的控制以及师范生等特殊类别学生就业的控制;全面抗战爆发后,国民政府不仅继续对高校招生结构加以控制,还加强对各地高校毕业生的控制以确保其为己所用,更对一些战时所需专业的高校学生,强制性地直接加以征调。

全面抗战时期,中国高校的分布较乱,有些迁入大后方,有些迁至本省战火未及地区,还有些则迁入外国租界躲避战火。太平洋战争爆发前,一些中国高校撤入租界继续办学。对于这些高校毕业生,教育部加强统制,确保其为己所用,与日伪争夺人才。1939年国民政府教育部因"上海情势特殊,本年暑期各大学毕业生,为期适当安插,并免敌伪利用起见,特由教育部通饬上海国立各院校本年毕业生须一律集中昆明,听候分发工作,否则不给毕业证书"[②]。教育部以毕业证书为要挟、以分发工作为诱惑,强制在沪高校毕业生到大后方,确保为己所用。另外,全面抗战中后期,出于对中国共产党革命力量发展的恐慌,重庆国民政府还竭力阻止包括高校学生在内的青年学生进入中共领导的抗日根据地。

---

① 《川省建教合作会创设职业介绍所》,《国际劳工通讯》第8卷第1期,1941年1月,第23页。
② 《教育部为国民党六中全会撰写的教育报告书(1939年10月)》,出自中国第二历史档案馆编:《中华民国史档案资料汇编》(第五辑第二编 教育一),南京:江苏古籍出版社1997年版,第249页。

全面抗战爆发后，早在 1937 年 9 月，教育部与军政部、训练总监部就共同制定了《高中以上学校学生志愿参加战时服务办法大纲》。1938 年 12 月，国民政府公布《非常时期专门人员服务条例》，规定"行政院或军事最高机关得按抗战工作之需要，命令专门人员分别担任工作"；"经指定担任工作之专门人员，非具有正当理由呈经原指定机关核准，不得免除工作"；而该文件所称的"专门人员"就包括"曾在国内外专科以上学校之理、工、医、农、法、商或其他学科毕业者"。[①] 国民政府陆续对医学、工程、外语、法律等一些专业高校毕业生的就业采取统制措施。在医学专业方面，为满足战争需要，早在 1937 年 7 月，教育部就拟定《全国医药专科以上学校、高级护士及助产职业学校教职员学生组织救护工作办法》，要求各校联合组织"医教救护团"，在此之下各校再分别成立救护队。因战时医务人员的需求较大，1939 年"关于医药科毕业生，军政、内政两部合设之战时卫生人员征调委员会，为充实战时医务人才起见，函请教育部令医药专科以上各学校转饬本年毕业生，认定半数为军事后方医院服务，半数为国家医疗卫生机关服务。经该部（指教育部，引者注）令据各校呈报本年医药科应届毕业学生共计四百零四人，转送军政、内部两部，以备征调"[②]。对于那些不服从征调的医学毕业生，官方或校方则有相应的惩罚措施。以国立西北医学院为例，该校发现"毕业生邹桂贞、张学礼二名于毕业后潜赴北平工作，规避征调"后，"当即开除学籍并呈报教部"，后得到教育部指令"扣发该两名军医毕业证书，以儆效尤"。[③] 这两名医学毕业生，潜逃至当时已是沦陷区的北平工作以规避军医征调，实属不该。在工程专业方面，国民政府为提高军事工程人员质量，满足战时需要，决定征用各级工程学科 10% 的毕业生。该项事务由军政部、教育部会同办理，并由社会部负责综合联系。《军政部征用工程学科毕业生办法》规定，被征用到的毕业生"报到期间以分发后两个月为限，如逾期未向分发服务之机关或部队报到，又未先陈明正当理由，即由分发服务之机关或部队呈报军政部转咨教育部取消其毕业资格，其已领旅费者并向其家属追还"；"被征用之毕业生服务期为二年，期满发给服务期满

① 《非常时期专门人员服务条例》（二十七年十二月十日国民政府公布），出自教育部参事处编：《教育法令汇编》（第四辑），重庆：正中书局 1939 年版，第 41 页。

② 《教育部为国民党六中全会撰写的教育报告书（1939 年 10 月）》，出自中国第二历史档案馆编：《中华民国史档案资料汇编》（第五辑第二编 教育一），南京：江苏古籍出版社 1997 年版，第 249 页。

③ 《院闻：六、学生邹桂贞张学礼二名不服征调开除学籍》，《国立西北医学院院刊》第 9/10 期合刊，1941 年 8 月，第 2 页。

证明书，未得证明书者各公私机关团体不得录用"。① 在法律专业方面，1943 年国民政府为增进军法人员质量，满足战时需要，曾制定《军政部征用法律学系毕业生规程》，规定自 1944 年起"每年全国各大学及独立学院之法律学系毕业生百分之十五由军政部征用之"，"应征服务之毕业生由学校抽签决定之"，毕业后 4 个月内报到，"如逾限未向分发服务之机关或部队报到又未事先陈明正当理由，即由分发服务之机关或部队呈报军政部转咨教育部取消其毕业资格"，"被征用之毕业生如服务未满二年得有服务期满证明书者，各公私机关团体不得录用"。②

　　全面抗战时期，国民政府对一些专业高校毕业生采取统制措施，体现了战时状态下的特殊需要。对部分紧缺专业的高校学生按比例征调，则是战时人才统制的一种极端做法。一些征调的文件在战后也被取消或废除，如《军政部征用法律学系毕业生规程》在 1946 年就被废除。"至医药科、法科、工科毕业生之征调，于三十五年（1946 年，引者注）业已停止。"③

四、全面抗战时期高校学生就业整体状况及其原因

　　全面抗战时期，高校毕业生就业总体上比较平稳。除了重庆国民政府相关部门的选送、推荐、吸纳及征调外，学校介绍和学生自谋职业也是高校毕业生的就业形式。高校毕业生就业形势相对平稳的状况，可以从当时一些部门、地区及高等学校的报告中看出。抗战后期考试院在一份报告中曾抱怨，"近年高等考试，由专科以上学校毕业应考者，恒不若战前之踊跃，而录取标准日渐低落"，认为原因之一就在于"查自抗战以还，百务具举，建设事业，相率扩张，而人才储备，不能相应，社会就业之途，既日趋繁易，于是学校毕业者，不必尽入仕途，亦无待经由考试，即出而任事"。④ 1941 年夏，贵州地区"财政部直接税处，举行之特种考试，贵阳区已考试完竣"，"大学

　　① 《军政部征用工程学科毕业生办法》（本院第六七一次会议修正通过三十三年八月十八日训令施行），《行政院公报》第 7 卷第 9 期，1944 年 1 月，第 5 页。
　　② 《军政部征用法律学系毕业生规程》（三十二年十二月二十八日本院公布），《行政院公报》第 7 卷第 1 期，1944 年 1 月，第 3 页。
　　③ 教育部教育年鉴编纂委员会编：《第二次中国教育年鉴》，上海：商务印书馆 1948 年版，第 568 页。
　　④ 《中国国民党第五届中央执行委员会第十一次全体会议·考试院报告书》，出自中国第二历史档案馆、海峡两岸出版交流中心编：《中国国民党历次全国代表大会暨中央全会文献汇编》（第 26 册），北京：九州出版社 2012 年版，第 101 页。

毕业生无一人应考",媒体感叹道:"可见大学生均无失业痛苦。"[1]高校方面也感觉毕业生出路相对通畅。全面抗战中厦门大学虽迁长汀,但"毕业生的出路,已不发生什么困难了",据时人记载:"毕业生廿六年秋季十名,廿七年春季四十六名,秋季十名均已老早就业去了。而本学期(指1939年,引者注)应届的四十二名毕业生闻受外间各机关预聘者已不乏其人,此实为一件颇可自慰的幸事。"[2]再以西南联大为例,截至1942年,西南联合大学成立后"历年毕业生共计五八一人(三校旧生在联大毕业者未计入),除入研究院深造者外,大都服务于军、政、学及各实业机关。每届暑假,各界纷纷来函征用,供不应求,尤以理、工两院毕业生为甚"[3]。此外,一些私立高校毕业生的就业情况也较好。表2-6列示了性质为教会大学、全面抗战爆发后西迁至四川成都华西坝办学的金陵大学1938年度毕业生的就业情况。

表 2-6　民国二十七年度(1938 年)金陵大学毕业生就业状况

专业	就业处所	人数	专业	就业处所	人数
经济	本校教务处教务员	1	农艺	西康省建设厅技正	1
	香港丽源银号	1		南郑本校农业推广所	1
	本校政治经济系助教	1		中央农业实验所贵阳工作站	1
	本校农业经济系助教	1		本校农艺系助教	2
	战区服务	1		嘉定残废军人生产事务所筹备处	1
	留美	1	园艺	本校园艺系助教	1
政治	重庆恒顺机械厂总稽核主任	1		贵州定番联合农场	1
	留美	1		本校园艺系研究员	1
国文	待查	1		广西省政府统计室科员	1
外文	中央大学医学院英文秘书	1	森林	贵州定番联合农场	1
历史	江津教育部特设大学先修班教员	1		乐山江苏省立蚕丝专科学校	1
国专	贵阳兴义中学教员	1		本校森林系研究员	1
	待查	1		西康西宁林场	1

① 《贵阳动态》,《大公报》(香港版)1941 年 8 月 25 日第 5 版。
② 周辨明:《厦大迁汀两年来之变化》(载《唯力》旬刊 1939 年第 2 卷第 7/8 期合刊,1939 年 7 月 7 日),出自黄宗实、郑文贞选编:《厦大校史资料》(第二辑 1937—1949),厦门大学校史编委会刊1988 年版,第 17—18 页。
③ 《国立西南联合大学要览》(1942 年 12 月 21 日),北京大学、清华大学、南开大学、云南师范大学编《国立西南联合大学史料》(1 总览卷),昆明:云南教育出版社 1998 年版,第 8—9 页。

续 表

专业	就业处所	人数	专业	就业处所	人数
物理	璧山同文中学教员	1	植物	本校植物病害组助教	1
	宜宾军政部兵工署	1		定番乡政学院研究生	1
	待查	1		本校植物病理组	1
数学	本校数学系助教	1	农业专修科	陕西米芷县推广所	1
化学	中国工业合作协会宝鸡事务所	1		南郑合作金库	1
工化	宜宾军政部兵工署	2		仁寿始建镇中心推广区	1
	重庆三圣殿商品检查局	1		温江乡村建设协会	3
	本校化学系助教	1		西康西昌省立棉场	2
	中央农业实验所成都工作站	1		重庆农本局	1
	巴县中国工业合作协会	1		大竹县合作金库	1
	乐山中央工业实验所技术员	1		陕西兴平推广所	1
	本校园艺系助教	1		南郑农业推广所	1
	军政部酒精厂	1		待查	1
	巴县军政部植物油厂	1		本校农艺系	2
	待查	3		贵州定番联合农场	4
电工	本校电机工程系助教	2		湖南盐务办事处协济会农场	2
	交通部重庆电话局	1		湘岸盐务办事处协济会农场	3
	兵工专门学校训练班	1		仁寿文公场中心推广区	1
农经	甘肃省农村合作委员会	2		新都农业推广区	1
	本校农业经济系助教	7		犍为合作金库	1
	本校农业推广部副总干事	1		达县合作金库	1
	香港开源草堤开蒙蚕业所	1		蓬安合作金库	1
	四川大学农学院助教	1		昆明昆华农业职业学校教员	1
	财政部贸易委员会调查科	1		湖南沅陵盐务办事处附设盐贩子弟学校	1
	中国工业合作协会松潘事务所	1		阆中合作金库	1
	重庆农本局	1		（ ）县合作金库	1
	贸易委员会驻沪办事处	1		中英庚款董事会川康考察团	1
	本校西北农场	1			

【资料来源】《本校二十七年度毕业生就业调查》,《金陵大学校刊》第 270 期,1940 年,第 4—5 页。

由表 2-6 可知,在金陵大学该届总共 103 名毕业生中,除少数待查、情况不明外,总体上就业状况良好。从就业单位的性质来看,该校多数毕业生也能学有所用。

全面抗战期间曾任教育部部长的陈立夫,曾颇为自得地回忆道:"可是以毕业生就业情形而论,在战前有'毕业即失业'的讥评,而在战时毕业的大学生,因为军事建设及后方工商业开发的需要,以及建教合作委员会的设立,毕业生更是有计划的分发,自然有不少就业机会尤其是工程及会计学科的毕业生,单是成都修建的钜形飞机场就吸收了一大部分。其他的需要也是供不应求。"①陈立夫这段回忆以及前述考试院的报告,都揭示了全面抗战时期高校毕业生就业相对平稳的部分原因。

归纳来看,全面抗战时期后方高校毕业生就业相对平稳,其主要原因有以下几个方面。首先,当时社会对人才的需求相对增加。全面抗战时期,中国社会为持久抗战,在国防以及经济、文化建设方面需要大量人才。加之,退守的尚未沦陷的大西南、大西北以及中东部省份等地区,原为经济文化相对落后地区。在这一背景下,后方社会对于人才的需求总体上是比较旺盛的。其次,当时毕业生就业途径相对畅通。建教合作委员会的建立,让人才培养单位与官方用人单位有了沟通的平台,双方可以利用这一平台直接进行对话。教育部每年选送大量的高校毕业生让各政府部门分发任用,让这些高校毕业生不用参加公务员考试也可以进入官方机构任事。再次,因军事、国防等方面的需要,医学、工程、外语、法律等专业的部分高校学生毕业时被抽调、征用,甚至未及毕业就被抽调、征用,也使得这部分高校学生的就业问题在一段时间内不复存在,要等到复员时才能谈到重新就业的问题。据统计,"医药、法、工、外文等科被征调之学生,自二十七年(1938年,引者注)起至三十二年(1943年,引者注)底止,六年中计共六千三百七十一人。其自动参加军佐工作或译员考试者,尚不在内"②。又次,抗战后期知识青年从军运动中一部分高校学生投笔从戎,在一定程度上也缓和了他们的出路问题。1944年秋,国民政府发动知识青年从军运动。1944年10月22日军事委员会颁布《全国知识青年志愿从军征集办法》,提出"为提高国军素质,增强反攻力量,争取最后胜利,贯彻抗战目的起见,特发动知识青年编组远征军",标准之一即为"受中等以上之教育或具有相当知识程度者"。③ 为发动高校学生从军,军事委员会于当年10月23日还特别颁布了《专科以上学校知识青年志愿从军征集委员会组织办法》。在国民政府的号召下,一部分高校学生报名参加了青年军。换一个

---

① 陈立夫:《成败之鉴——陈立夫回忆录》,台北:正中书局1994年版,第250页。

② 教育部教育年鉴编纂委员会编:《第二次中国教育年鉴》,上海:商务印书馆1948年版,第567页。

③ 《附录:全国知识青年志愿从军征集办法》,《陕政》第6卷第1/2期合刊,1944年10月,第79页。

角度来看,这在一定程度上也阶段性地缓和了高校学生的出路问题。最后,全面抗战初期战局动荡,高校颠沛流离、人员流散,国民政府所能统计到的高校毕业生人数较战前下降不少,需要解决就业问题的高校毕业生绝对数减少,这也是需要加以考虑的一个因素。当然,到了后期随着高等教育的发展,高校毕业生人数又有了大幅度的增加。表 2-7 可以在一定程度上反映这一点。

表 2-7　1937—1944 年度高校毕业生总数与教育部选送人数比较

年　度	1937	1938	1939	1940	1941	1942	1943	1944
选送人数	2144	2413	2821	2776	2019	1739	2479	750
毕业人数	5137	5085	5622	7710	8035	9056	10514	12078
百分比	41.7	47.5	50.2	36	25.1	19.2	23.6	6.2

【资料来源】教育部教育年鉴编纂委员会编:《第二次中国教育年鉴》,上海:商务印书馆 1948 年版,第 569、529—530 页。

通过全面抗战期间高校毕业生总数与获得教育部选送服务人数的比较,我们可以发现,全面抗战前期选送服务人数占毕业生总数比例较高,其中有一个原因就是当时的毕业生总数较少。另外,我们还可以发现,教育部选送就业的高校毕业生人数,在 1939 年度达到顶峰之后,在波动中总体上趋于下降。这在一定程度上说明,抗战后期各部门人才需求趋缓,对教育部选送人才的接收分发能力逐渐下降。教育部选送是全面抗战时期许多专业高校毕业生就业的重要途径。所谓全面抗战时期高校毕业生就业形势好于战前,是总体而言的。具体来说,全面抗战前期高校毕业生的就业形势又要好于后期。

第三节　1945—1949 年间国民党政府对高校学生就业的应对和处理

一、抗战胜利后的中国政局与高等教育的发展变迁

1945 年 8 月 15 日日本天皇发表"终战诏书",宣布接受敦促日本投降的《波茨坦公告》。9 月 2 日,日本正式签署投降书。中国人民终于迎来了

抗日战争的最后胜利。

随着抗战的胜利,中国的国际地位有了较大提高,民族自信心也增强不少。许多中国人一度把抗战胜利看作中华民族发展的一个契机,试图让中国进一步走向民主、统一、富强。在此背景下,抗战胜利前后国共两党领袖举行过重庆谈判,1946年年初还召开过由一些主要党派及无党派人士参加的政治协商会议。但是,抗战胜利并没有消除各党派之间的意见分歧和利益冲突。当不同党派对中国未来发展的愿景分歧较大,其中的国、共两个大党还手握重兵并在谈判桌上无法解决一些实质性问题时,最后走向兵戎相见便不可避免了。抗战时期,国共两党之间就发生过一些摩擦和冲突。抗战胜利后,随着外部压力的减轻,国共两党之间虽然也曾举行过一些对话,但总体上矛盾日益尖锐并冲突不断,并最终于1946年6月导致了全面内战。内战再度爆发,并且规模越来越大,波及的区域越来越广,中国重新陷入战乱之中。

抗战胜利后,中国高等教育也面临一个重新洗牌和再度发展的局面。1945年9月下旬,教育部在陪都重庆召开全国教育善后复员会议,讨论内迁教育机关复员、收复区教育机关整理等问题。1945年年底,教育部决定专科以上学校复员办法,要求"内迁各校院应迁回原地者,应即选派妥员,经教部核准后即行携带正式文件,前往原地接收校产","各校院迁移,应利用寒暑二假"。① 为配合各高校回迁,1946年2—3月间,教育部还颁布了《专科以上学校复员后不能随校迁移学生转学办法》《国立专科以上学校战区学生还乡转学办法》等文件。许多战时内迁的高校纷纷回迁,如中央大学迁回南京、燕京大学迁回北平、光华大学迁回上海、浙江大学迁回杭州、武汉大学迁回武昌等。那些战时曾一度合并办学的高校也恢复独立建制。例如,抗战时期由国立北京大学、国立清华大学、私立南开大学组成的西南联合大学,于1946年恢复战前各校的建制并迁回原址,而西南联大师范学院则独立设置继续留在昆明,改称国立昆明师范学院。抗战中一些撤并、停办的高校,如北洋大学、山东大学、安徽大学等,战后也陆续得以恢复。

同时,国民政府还对收复的前沦陷区高校及师生进行了接收、甄审。1945年12月27日,教育部分别颁布《收复区专科以上学校毕业生甄审办法》《收复区专科以上学校肄业生学业处理办法》。1946年2月9日教育部又颁布了《收复区专科以上学校处理办法》,规定"收复区敌伪所设之专科

---

① 《专科以上学校复员 应利用寒暑二假 大准备完成后始可迁移》,《申报》1945年12月25日第4版。

以上学校及未经教育部认可之私立专科以上学校,一律由教育部各区特派员分别予以接收";"收复区之专科以上学校如系敌伪所设专为教育敌人或带有侵略性质者,接收后一律予以停闭"。① 此后,教育部陆续派人接收日伪之前在沦陷区所设的高校。对于有继续办理必要的,由教育部派员加以改组。那些应改归省办的收复区日伪高校,则由教育部拨交改组办理。至于前沦陷区的私立高校,被认为可以办理的,要求依照规定手续向教育部呈报立案,纳入教育部的监管范围中。在关外,教育部则设立了"东北区教育复员辅导委员会",对前伪满控制地区的学校进行接收和甄审。《东北区伪满专科以上学校员生甄审实施办法》规定,"东北区伪满专科以上学校毕业生应向教育部、东北区教育复员辅导委员会组设之甄审委员会,办理登记手续","毕业生于在学期间或毕业后有触犯有关惩治汉奸法令者,不予审核","毕业生审查合格,认为相当于专科以上学校毕业者,由教部发给证明书"。②另外,国民政府还派人接收台湾地区的高校,如将之前日本人设立的台北帝国大学接收后改称国立台湾大学。

抗战胜利后,战时从军的高校学生返校复学,而一部分从军的中学毕业学生退役后也被允许分发到高等学校就学。据统计,"三十五年(1946年,引者注)夏,知识青年从军学生第一批退伍复学,其合于免试升学专科以上学校条件,由青年军复员管理处保送、教育部分发公私立专科以上学校者,计七千一百七十五人。三十六年(1947年,引者注)夏,第二批退役青年军由国防部预备干部局保送、经教育部免试分发专科以上学校者,计一千三百九十六人"③。

经过整理,中国高等教育又有了一定的发展。据欧元怀统计,1945学年度全国有高校141所,学生80646人;1946学年度高校达到185所,学生达到129336人;而到1947年7月,全国高校则进一步达到194所。④ 而1936学年度全国高校才108所,学生41922人。⑤ 抗战"胜利以后,教育部

---

① 《收复区专科以上学校处理办法》,出自宋恩荣、章咸编:《中华民国教育法规选编》(修订本),南京:江苏教育出版社2005年版,第690页。

② 《国民党政府教育部核定东北区伪满专科以上学校员生甄审实施办法》,出自辽宁省教育志编纂委员会:《辽宁教育史志资料》(第四集),沈阳:辽宁大学出版社1990年版,第659页。

③ 教育部教育年鉴编纂委员会编:《第二次中国教育年鉴》,上海:商务印书馆1948年版,第568页。

④ 欧元怀:《战后两年来的中国大学教育》,《中华教育界》复刊第2卷第1期,1948年1月,第4—5页。

⑤ 欧元怀:《抗战十年来中国的大学教育》,《中华教育界》复刊第1卷第1期,1947年1月,第7页。

将国立专科以上学校设置地点,作合理之支配,使勿集中于少数之大都市"①。这样,战后除了高校数量和学生人数增加外,高等教育发展不平衡的现象也有所改善。

不过,需要指出的是,由于国民政府施政失当激化了社会矛盾,加之中国共产党地下组织的思想动员,这一时期国民党统治区高校学生运动频发。例如,1946年年底、1947年年初因沈崇事件引发的抗议驻华美军暴行运动,1947年5月发生的反饥饿、反内战运动,以及当年10-11月间因浙大学生于子三被害事件引发的学生抗议运动,都曾经涉及多个城市,并有许多高校学生卷入其中。这也是当时中国高等教育界一个重要的特征。

二、战后国民党政府对收复区高校学生就业的处理及其引发的冲突

抗战胜利后,国民政府对于收复区高校学生的就业,因其身份认同问题,有着与原大后方高校学生就业区别对待的态度。

关于收复区高校学生的身份认同,1945年9月27日教育部拟定《收复区中等以上学校学生甄审办法》,规定"教育部设收复区专科以上学校学生资格甄审委员会","收复区敌伪专科以上学校学生资格之甄审,分肄业生及毕业生两部分。分期办理"。"收复区敌伪专科以上学校毕业生,经登记甄审及格者,由各区甄审委员会予以二个月至三个月之补习后,发给证明书,该项证明书由部予以验明,可认为相当于专科以上学校毕业证书。""在敌伪所设具有政治性学校肄业生或毕业生及在抗战期间赴敌国留学之学生,应一律不予登记。"②为进一步加强高校毕业生的甄审,教育部又于1945年11月27日公布《收复区专科以上学校毕业生甄审办法》。该文件规定:"收复区敌伪专科以上学校毕业生,应于三十五年一月二十日起至三月十五日止,分别向各区教职员甄审委员会办理登记手续";"收复区敌伪专科以上学校毕业生,经准予登记后,应将国父遗教(包括三民主义、建国方略、建国大纲)及主席所著《中国之命运》研究完竣,并在书册内加以标点,批注读后心得,再另作报告一份,连同有关所习专门科目之论文一篇(报告及论

---

① 教育部教育年鉴编纂委员会编:《第二次中国教育年鉴》,上海:商务印书馆1948年版,第490页。

② 《教育部拟定收复区中等以上学校学生甄审办法》,王学珍、张万仓编:《北京高等教育文献资料选编(1861—1948)》,北京:首都师范大学出版社2004年版,第837页。

文字数均应在两万以上）"呈送各区教职员甄审委员会审查后，转报教育部核定；"收复区敌伪专科以上学校毕业生经审核合格者，视为相当于专科以上学校毕业，由本部（教育部自称，引者注）发给证明书，审核不合格者，得按其成绩准予投考入相当学校及年级肄业"。①

对于收复区高校毕业生的就业，1945 年 9 月 27 日教育部拟定的《收复区中等以上学校学生甄审办法》中规定："收复区敌伪专科以上学校毕业生，须经登记甄审合格后，始得予以分发。""收复区敌伪专科以上学校毕业生，须经登记甄审合格，各机关方得予以采用。"②该文件对收复区高校毕业生就业进行了限制。这种限制把甄审合格作为收复区高校毕业生任用的前提条件。收复区高校毕业生如果不参加甄审登记，既不能得到政府的分发任用，也不能被各用人机关录用。1946 年年初，教育部致函铨叙部，要求"收复区专科以上学校毕业生资格尚未甄审合格以前，其有就业送审附交伪校毕业证书时，请先予登记试用，俟学历甄审合格后再行正式核定其任用资格"；铨叙部表示认可，但又规定这部分收复区未经甄审合格之高校毕业生"应暂支雇员薪最高不得超过八十元，俾免将来资格不合时照章追缴困难"。③ 这个"先行试用"的规定虽然较之前文件相关内容有所变通，但对收复区高校毕业生的任用仍有一定的限制。另外，在具体的考录方面，这种以甄审合格为前提的要求也仍然存在。1946 年国民政府举行抗战胜利后首次司法人员高等考试。教育部一方面同意"凡收复区敌伪专科以上学校及中等学校毕业生，可暂先报名应试"，另一方面又要求"但须甄审成绩及格后，其考试成绩，始认为合格"。④

虽然站在官方立场上，国民政府认为对收复区高校学生进行甄审是有必要的，可以考察收复区高校学生的政治可靠性，消除以往日伪教育对学生的影响。但是，站在学生的立场上，收复区高校学生却觉得这是对他们的一种歧视，因为官方明显是持有罪预设来对待他们的。这种带有歧视性的甄审，在高校学生看来，给他们继续求学或就业带来了极大的不便。并

---

① 《收复区专科以上学校毕业生甄审办法》（三十四年十一月二十七日教育部公布），出自阮华国编：《教育法规》（第二版），上海：大东书局 1947 年版，第 277—278 页。

② 《教育部拟定收复区中等以上学校学生甄审办法》，出自王学珍、张万仓编：《北京高等教育文献资料选编（1861—1948）》，北京：首都师范大学出版社 2004 年版，第 837 页。

③ 《准铨叙处函关于收复区伪专科以上学校毕业生资格未经审定前就业送审时先予登记试用暂支雇员俸最高不得超过八十元仰遵照由》，《河南省政府公报》复刊第 13 期，1946 年 3 月 7 日，第 30 页。

④ 《收复区专校学生 得参加司法考试 惟须经甄审及格》，《申报》1946 年 3 月 3 日第 5 版。

且,一些有觉悟的高校学生还认为,官方借甄审之机向他们灌输国民党的意识形态,这显然已经不是单纯爱不爱国的问题,而是服不服从国民党一党专政的问题了。在中国共产党地下组织的领导下,收复区北平、上海、青岛、天津等城市的学生开展了反甄审运动。

针对国民政府在就业方面一些限制性的规定,收复区高校学生也进行了一些抗议和斗争。例如,针对铨叙部对收复区高校毕业生的"试用"规定,收复区北大师大校友联合会于1946年3月16日举行记者招待会,并发表《告各界人士书》,以此表示反对。据北平《益世报》报道,由两校同学组成的收复区北大师大校友联合会在记者招待会上声称:"铨叙部对收复区学生雇员任用之办法,不但有轻视吾等之嫌,抑且无异对大好青年之前途,横置一大阻隔。""吾等主张即认为于建国大业极待推展之今日,应持人才主义,尽量录用青年,方为得宜。至于目前毕业同学处境,更语难尽述,接收工作开始后,泰半以伪学生名义被裁失业,即或留用亦极端遭受轻视及不平等之待遇。现失业问题,于同学中已成最严重之问题,年前呈请北平行营要求设法解决失业问题。行营允由学生调查失业同学登记呈报,至今迄无批示。"[①]收复区北大师大校友联合会在发表的《告各界人士书》中质问政府:"我们生为中国青年,自应有效力国家服务社会的天职……为甚么要为当局一概从我们的工作岗位上拖下来降格'试用'?""当局是否会把这许多青年的前途当作一件事情来加以考虑?"他们表示"拒绝接受甄审或任何变相的甄审办法","对铨叙部提出严重抗议,要求立即取消'雇员试用'待遇的规定"。[②]而北平土木工程专科学校的校友也于3月24日集会,"会中一致表示坚决反对甄审办法及'雇员试用'之规定",有同学质问国民党当局:"多少伪军编为国军开赴东北了,日本技术人员尚且留任,而我们必须降为雇员试用,还要甄审登记,青年何辜,竟拿我们来开刀?"[③]

三、内战时期高校学生就业状况及国民党政府就业
　　促进措施

从抗战胜利到1946年上半年,中国国内秩序相对安定。这一时期高

---

①　《北大师大校友招待记者发表声明反对甄审》(北平《益世报》1946年3月17日),出自王学珍、张万仓编:《北京高等教育文献资料选编(1861—1948),北京:首都师范大学出版社2004年版,第864页。

②　同上,第865页。

③　《北平工专校校友反对当局无理甄审》,《解放日报》1946年4月2日第3版。

校毕业生就业方面的焦点问题,主要表现在收复区专科以上学校学生的甄审与反甄审上。其他方面则相对平稳。但随着全面内战的爆发,时局转向紧张,高校学生的就业形势也逐渐严峻。北平中国学院校友会曾呈请国民政府,要求将毕业同学400余人分发各机关录用。另据1946年7月《大公报》报道,江西"中正大学本届毕业学生四百余人,因社会失业问题,日趋严重,以致此批毕业学生之工作,迄无适当解决办法"①。

对于高校学生就业形势逐渐严峻的情况,国民政府相关部门也有所察觉。为了安抚学生,利用就业问题化解学生在政治问题上对政府的怨气,国民政府也采取了一些就业促进措施。1947年1月31日,国民政府行政院公布了《解决大中学生毕业后失业问题办法》,其相关内容如下:

　　一、专科以上学校毕业生选送服务仍由教育部依照往年办法办理,并与有关机关切取联络。

　　二、关于职业介绍,社会部在大都市设有职业介绍所,社会部直辖之社会服务处及各省市所办之社会服务处亦规定办理职业介绍工作,嗣后对于大中学校毕业学生应尽先设法介绍职业。

　　三、奖励大中学校毕业学生回乡服务,担任地方自治工作,俾免集中都市觅业困难。

　　四、奖励各级事业机关办理技艺训练班,招收高初中毕业学生,分别予以短期训练,训练期满后,由原办事业机关予以服务之机会。

　　五、中等以上学校应设置职业介绍及辅导机构,经常办理各该校毕业学生之职业介绍工作及养成青年之创业精神与服务兴趣。

　　六、各机关应厉行退休制度,并裁汰成绩低落之人员,以增加大中学校毕业学生之就业机会。

　　七、从速制定国民就业法,俾该法公布后,大中学校毕业生可依法取得就业之机会。②

为贯彻前述这一办法,国民政府行政院发出训令,要求"办法第一、五两项应由教育部办理,第二项应由社会、教育两部会同办理,第三项应由内

---

① 《毕业即失业 赣中大学生无出路》,《大公报》(上海版)1946年7月22日第7版。
② 《解决大中学生毕业后失业问题办法》(三十六年一月三十一日行政院从九字第三〇四一号公布),《教育部公报》第19卷第2期,1947年2月28日,第4页。

政、教育两部会同办理,第四项应由经济部、交通部、资源委员会、农林部等会同教育部办理,第六项应由铨叙部办理,第七项应由社会部办理"①。行政院试图通过各部门的合作,来解决高校毕业生的就业问题。

在行政院的要求下,相关部门拟定并采取了一定措施。1947年2月教育部在发出的训令中指出:"原办法(指《解决大中学生毕业后失业问题办法》,引者注)内㈠项由本部依照往例办理,㈡㈢㈣三项,另商指定部会办理外,关于㈤项自应由各学校切实遵办。"②教育部一方面督令各省区市教育厅局分发师范生的工作,一方面向中央机关及地方政府选送其他高校毕业生。在选送高校毕业生方面,教育部按例"先期分函各机关,请尽量录用毕业生,由各机关就所需各项人才列表送部,由部令各有关学校选送"③。1947年4月,教育部"为明了本年暑期大学毕业生情形",还展开对全国各高校毕业生的摸底调查,"顷将训令国立中央大学等校,迅将本年应届毕业生报部备核"。④社会部则转饬直属的职业介绍所及社会服务处,设法对高校毕业生进行职业介绍,并推动《国民就业法》的草拟。1948年3月,国立药学专科学校致函社会部,"本(第十)届专科毕业学生因系双班,人数较多,除一部分已有延用外,尚有多人拟于医药有关机关及法团或药商厂号服务,相应函请贵部惠准转知所属各地职业介绍所代为介绍"⑤。社会部在随后回复该校的公函中表示,将转饬该部"直属各职业介绍机关,如当地有需用此项人才,即迳与贵校洽办",请国立药学专科学校"将本届专科毕业学生姓名、籍贯、年龄、性别、学历、经历、特长、希望待遇、愿任工作、愿往地点暨通信处等查明造册,迳送各该所、组(指社会部职业介绍所以及各地社会服务处内设的职业介绍组,引者注),以便调配介绍"。⑥

但是,这一时期国民政府在学生就业促进方面相关措施的总体收效并不大。由于内战范围的扩大、时局的动荡及经济状况的恶化,高校学生就

---

① 《行政院训令(从九字第3041号)》,出自中国第二历史档案馆沈岚选辑:《行政院各部会商解决大中学生毕业后失业问题史料一组》,《民国档案》第2期,2009年,第48页。

② 《大中学毕业生 解决失业问题 教育部令颁七项办法》,《申报》1947年2月26日第5版。

③ 《本届大学毕业生二万人就业问题待解决 由部选送各省已达一千八百人以上》,《申报》1947年7月31日第5版。

④ 《解决大学毕业生失业问题 教部将依照政院处理办法实施 令中大等呈报本年应届毕业生》,《申报》1947年4月30日第5版。

⑤ 《国立药学专科学校公函》,出自中国第二历史档案馆沈岚选辑:《行政院各部会商解决大中学生毕业后失业问题史料一组》,《民国档案》第2期,2009年,第50页。

⑥ 《社会部公函》,出自中国第二历史档案馆沈岚选辑:《行政院各部会商解决大中学生毕业后失业问题史料一组》,《民国档案》第2期,2009年,第51页。

业难问题反而呈现出愈演愈烈的趋势。

1947 年 7 月,教育部发言人在接受记者采访时表示:"本年专科以上学校应届毕业生计二万另三百五十九人。其中师范生约一千九百七十二人,应回省服务,由各省教育厅局统筹分发工作。其余毕业生就业,经各机关请部选送者,截至七月七日至,计有空军总司令部、交通部、审计部,暨山东、安东、广西、山西、湖北、江西、云南、江苏、辽宁、绥远等省政府等机关,已由部令各校选送毕业生一千八百零二。此外水利部可迳向各校选用一百人,资源委员会需用人员,由会迳向各校接洽办理。司法行政部函复各级法院需用书记官甚多,本年法律政治两系学生志愿该项工作者,可分发各省高等法院派用,教育部已令有关各校办理。"①按照这一说法,在 1947 年毕业季由官方解决就业问题的高校学生仍然只是一小部分。除已令选送的高校毕业生 1802 人较为确定外,其他如师范生能否由地方教育厅局分发下去,水利部、资源委员会、司法行政部选用的毕业生最后是否就业到位,均不确定。

站在高校毕业生的立场上来看,就业问题就不像教育部接受采访表功时说得那么轻松了。据《中华教育界》1947 年下半年"最近教育动态"综合报道,"除一小部分工科或电机科毕业生因需才孔亟而能谋得相当职业外,其大部分毕业生,如文理法商各院毕业学生,若非有相当之私人关系,实难谋得一枝之栖;尤以文法两科,据切实统计,能毕业即得业者,百不得一","单以平市一隅讲,女性毕业生全部被机关拒用,北平师院毕业生能就任教职者,不足十分之一;北大毕业生四五一人,清华二六九人,皆三分之二以上无业可谋"。② 另外,当时往届无法就业高校毕业生的积压现象也十分突出。有人曾刊文指出:"以南京中央大学来说,报载三十五年(指 1946 年,引者注)度毕业生有 700 余人,到目前(1947 年下半年,引者注)为止,据查尚有一半人未找到职业,他们天天找工作,到处碰钉子,甚至穷得把那些心爱的敲门砖(书籍)都忍痛卖掉了,来填塞他们的空虚的肚皮。有的为了生活,急迫需要职业,连工友,车夫,皆愿意充当。"③

随着时间的推移,连教育部也感觉在高校毕业生选送方面逐渐无能为

---

① 《本届大学毕业生二万人就业问题待解决 由部选送各省已达一千八百人以上》,《申报》1947 年 7 月 31 日第 5 版。

② 本社资料室:《最近教育动态:员生生活与大学生出路问题》,《中华教育界》复刊第 1 卷第 9 期,1947 年 9 月,第 49 页。

③ 郑书祥:《毕业生失业问题》(原刊于《星闽日报》1947 年 10 月 2 日"社论"),出自黄苓、王子韩编:《郑书祥纪念文集》,福州:福建新闻学会刊 2013 年版,第 242 页。

力了。教育部"关于大学毕业生出路问题","曾邀集内政、社会、铨叙各部及资源委会,开讨论会,共同商议研究",但"迄无适当之具体解决办法",1947 年 10 月"决由有关各部会分别注意介绍,技术人才自行酌量情形办理,不作硬性之规定"。① 这种"分别注意""不作硬性之规定",实为无法解决问题的空话。向各机关选送,原是教育部之前动用行政力量推动高校毕业生就业的重要途径,现在连官方动用行政力量都难以推动,高校毕业生就业形势就更加严峻了。

1948 年高校毕业生就业形势进一步恶化。1948 年,"立法院会议曾有立委八十余人提出法案,请政府对本届专科以上学校毕业学生就业问题,统筹解决",教育部表示"本年暑假专科以上学校毕业生就业事宜,曾分函各机关调查所需人才,除交通部等少数机关尚未覆到外,大多数机关均以奉令减裁,无法延用新人,已呈请行政院,转饬各省机关设法安置,尚未奉指覆"。② 1948 年 6 月,据《申报》报道:"交通大学本届毕业学生共八百人,其出路问题十之七八迄未解决。"③该校校长程孝刚告诉记者:"校方曾于事前分函资源委员会等有关各方接洽,但多遭谢绝。来函征聘者多属边远各省交通机关。至今八百人中已有出路者只占少数,渠对此一严重问题极感焦虑。"④同一时期,北平"十院校,本年毕业生,三〇一七人,殆少出路。北大最多,七一七人。清华三三五人,文法教育占三分之二强。清华工院学生,去年每人就业机会,平均五个,今年各方复函校方,多谓业务缩小,无法安插;机械系五十人,已有办法者仅五人,其中三人乃留校助教"。⑤ 交通大学、北京大学、清华大学等校素称名校,其学生在毕业季就业尚如此之难,更遑论其他高校的毕业生了。

针对高校毕业生就业的困境,1948 年夏部分地方机构又提出一些应对办法。例如,上海方面,社会部上海职业介绍所所长喻兆明草拟《辅导专科及大学毕业生出路要点》一份,建议社会部牵头建立"专科以上学校毕业生就业辅导处"来帮助高校毕业生就业,并要求"凡公私立专科以上学校设校、院、科、系及其课程内容,应切实根据国家及社会之需要订定之,使其培

---

① 《大学毕业生出路 教部讨论结果不作硬性规定 决由有关部会分别注意介绍》,《申报》1947 年 10 月 12 日第 6 版。

② 《关于毕业生就业 教部主管人谈辅导情形 调查需才各处都难安插》,《大公报》(天津版)1948 年 6 月 19 日第 2 版。

③④ 《交大毕业生出路程校长极感焦虑 希望交大仍归隶交部》,《申报》1948 年 6 月 15 日第 6 版。

⑤ 《平十院校毕业生少出路》,《申报》1948 年 6 月 5 日第 6 版。

养之人才有所根据"。① 再如,广东方面,宋子文出任广东省主席后,"决定成立青年招训委会,招训本学期毕业大学生……期间一月,期满即派出各地服务"②。其手下广东省政府新闻处处长程克祥对外宣称:"本年(指 1948年,引者注)暑假招训专科以上学校毕业生,第一期学员一百五十名,训练完毕后,择优派往各机关及省营事业公司、工厂录用,打破以往介荐惯例,今后并将以考试方法提拔优秀青年,担任政治、经济、社会、建设等工作。"③不过,这些应对办法在扭转高校毕业生就业困境方面也未能发挥多大作用。前者社会部上海职业介绍所所长喻兆明所提的还只是个建议,对此社会部表示还要加以讨论。至于后者广东方面,当年 8 月承诺中的训练班开班,"吸收新近毕业大学生,透过考试制度而再加训练。第一期学员一百五十人,分民、财、建、教、计政五类,受训期为一个月"④。在开班仪式上,"宋氏(指宋子文,引者注)称辅导班之设,目的即在建立省地方政治人员的人事制度,革除现在一般政治的坏气质";并且,"宋氏保证各学员结业后即派任工作"。⑤ 这个训练班在当时还算相对安宁的南方广东地区,解决了部分高校毕业生的就业问题。不过,相对于当时已达 2.5 万人以上的高校毕业生总数,这 150 名受训的毕业生,改变不了高校毕业生就业难的总体状况。更何况,这个训练班还带有宋子文主政广东后笼络人心、培植势力的色彩,并非单纯为解决高校毕业生就业问题而设。

　　到 1949 年,随着国民党政权在大陆的溃败,教育部等相关部门对高校学生的就业问题已无暇顾及,转而投入到流亡学生的收容、安置工作中。至于收容的流亡高校学生如何安置,已南逃至广州的国民党政权教育部订定办法规定,"愿继续读书者,由部委托适当院校,分别收容寄读";"愿从军者,即送台湾受军事训练,其已届毕业之四年级生,如在最近期间须赴台湾受军事训练,无法向委托院校报到寄读者,俟军训期满及格后,呈缴证明文件,由部核发毕业证件"。⑥ 照此办法,这一年选择与国民党政权一起流亡的高校应届毕业生除了从军,似乎也没有别的选择了。

---

　　① 《附件:辅导专科及大学毕业生出路要点》,出自中国第二历史档案馆沈岚选辑:《行政院各部会商解决大中学生毕业后失业问题史料一组》,《民国档案》第 2 期,2009 年,第 53 页。

　　② 《粤主席优先录用优秀青年解决大学出路 已决定成立青年招训会》,《申报》1948 年 6 月 17日第 6 版。

　　③ 《粤新闻处长程克祥谈 宋子文主粤后的工作》,《大公报》(上海版)1948 年 5 月 28 日第 6 版。

　　④⑤ 《粤训练行政干部》,《大公报》(上海版)1948 年 8 月 4 日第 2 版。

　　⑥ 《教部订定办法 安置流亡学生》,《申报》1949 年 5 月 16 日第 1 版。

四、40 年代后期国民党政府就业措施成效不彰之分析

　　从抗战胜利至政权最后从大陆败逃,国民党政府在高校毕业生就业领域所采取的措施,总体上是不成功的。在对收复区高校学生甄审过程中附加毕业生就业的限制条件,把许多高校学生推向了自己的对立面。而全面内战中相关的就业促进措施,也没有使高校毕业生就业状况得到大的改观。

　　在国民党政权统治中国大陆的最后几年,官方采取的措施在高校毕业生就业领域之所以成效不彰,主要原因不仅在于其只能治标不能治本,还在于其面对的是对它越来越不利的社会环境。在行政院颁布的《解决大中学生毕业后失业问题办法》中,教育部选送、社会部职业介绍、学校设置职业介绍及辅导机构等一些措施,只是一些治标之策。在全面内战期间,随着经济社会状况日益恶化,中国出现了大规模的失业潮。1947 年年初,上海市社会局劳工处处长曾表示担忧:"如社会经济情形,长此无法改善,则本年工商界终有严重之解雇问题发生。"①很快他的担忧就变成现实,上海企业解雇事件迭起,"国营招商局第二造船厂,共有工人二百余名,现欲解雇八十五名";"另乐华烟厂因营业清淡,解雇工人十四名";"又顺风汽车行解雇司机二十二人"。②京沪、津浦等铁路"失业之员工,数达一万四千人,其中大部为车务及管理人才,生活艰难,呼吁无门"③。这些铁路失业员工被迫选派代表组织请愿团到南京请愿。有些人士曾指出,当局的当务之急已不是如何解决就业的问题,而是如何避免制造失业的问题。1947 年 6 月,《申报》刊出《切勿再制造失业!》一文。文章指出:"实在是工商业太不景气,障碍太多,和可以就业的机会太少了。非但是粥少僧多,无法支配,而且杯水车薪,简直无济于事。不见这几个月来,减工、闭厂等事,层出不穷。事实上失业的增加,还要超过可能安插的人数啊。""我们以为安插失业困难,而维持在业较易;维持在业或亦不易,而谨慎处置,毋使在业的再归于失业,到应不算甚难,而且也是应该努力办到的事。在此时,任何政策,任何计划,其结果无裨民生,而转使民众因此失业,增加当前时局的严重性的,我们总认为都是不智的举动。"④

---

　　①② 　《解雇事件接踵而起》,《申报》1947 年 2 月 2 日第 6 版。

　　③ 　《京沪津浦等路失业员工请愿》,《申报》1947 年 4 月 15 日第 2 版。

　　④ 　《切勿再制造失业!》,《申报》1947 年 6 月 4 日第 2 版。

在当时社会失业潮的大环境下,高校学生作为新增就业人口,岂能独善其身。各类学校、政府部门、公办机构等,原是民国时期高校毕业生相对集中的就业去处,但此时也因时局的动荡而容纳有限。据《申报》报道,上海"市教局以本市(指上海,引者注)师资过剩,特电台省(指台湾省,引者注)教育厅询问该地是否需要,以便择优介绍"①。至于战区一些学校停办,教师分发任用更难以为继。中等学校原本为许多高校毕业生就业的栖身之处。许多非师范专业的高校毕业生在无法找到对口工作时,常常将投身学校教书作为退路。但是,这时师范院校毕业生本身也很难分发,许多原先在岗教师也纷纷失业。就业机会的减少,在当时是不争的事实。抗战"胜利后裁撤了许多机关,有多少公务员反而失业"②。教育部在一份公函里也承认:"各机关均有紧缩趋势,服务机会较往年为少。"③据报道,1947年"成都失业者,顷据失业公教人员请愿团所登记之数,及省市社会服务处所登记之数……合计有十三万余人。以百分率比较,内中的公教人员为最多,占百分之五十,工商界百分之三十,其他杂业百分之二十"④。1946年6月,国民党中常会通过《关于中央党务机关缩编报告》,决定将国民党中央党务机关由"三十个单位共四千七百八十三人",缩编至"十二个单位,拟留用六百八十人"。⑤ 国民党为节省党务经费,1948年又决定将中央及地方党务工作人员"由三万余人减为三千三百八十四人"⑥。全面内战爆发后,就业机会变少了,而高校毕业生人数却不断增长。据教育部统计,高校毕业生1945年度有14463人,1946年度为20185人,1947年度已达25098人。⑦ 高校毕业生人数大幅度增加,是当时收复区高校接收、抗战从军高校学生复员,以及已有高校扩充发展的共同结果。高校毕业生人数大幅度增加,进一步加剧了他们的就业困境。另外,即便是部分高校毕业生有幸能

---

① 《本市师资过剩 教局电台省教厅 需要时择优介绍》,《申报》1948年7月29日第7版。

② 崔敬伯:《公务员应加强保障》(一九四六年三月十五日《时事新报》社评),出自崔敬伯:《崔敬伯财政文丛》(下),北京:中央编译出版社2015年版,第1103页。

③ 沈岚选辑:《行政院各部会商解决大中学生毕业后失业问题史料一组》,《民国档案》第2期,2009年,第47页。

④ 《蓉市失业者数逾十三万》(《国民公报》1947年4月9日),出自成都市总工会工人运动史研究组编:《成都工人运动史资料·第三辑 民主革命时期成都工人运动历史资料选辑》,成都:编者刊1984年版,第643页。

⑤ 《关于中央党务机关缩编报告》,出自中国第二历史档案馆编:《中国国民党中央执行委员会常务委员会会议录》(第三十九册),桂林:广西师范大学出版社2000年版,第120—121页。

⑥ 《报告:三十七年度全国党务经费概述》,出自中国第二历史档案馆编:《中国国民党中央执行委员会常务委员会会议录》(第四十四册),桂林:广西师范大学出版社2000年版,第283页。

⑦ 教育年鉴编纂委员会:《第三次中国教育年鉴》,台北:正中书局1957年版,第492页。

跻身教师、公务员的行列,由于社会经济状况恶化而导致公教人员生活水平的大幅度下降,也使得高校毕业生就业质量无法保障。1947 年 5 月,张澜、黄炎培、梁漱溟、章伯钧、韩兆鹗等人在向国民参政会提出《停止内战恢复和平案》中指出:"因物价飞涨,而使全国公教人员无法生活,不得已要求增加待遇。待遇愈增加,通货发行愈增加,而物价愈飞涨,而公教人员仍不能生活,又已陷入恶性循环,此不是内战之赐是谁赐?"①

在社会经济普遍不景气、各机关紧缩,许多用人单位裁人还来不及,而毕业生人数又偏偏大幅度增长的背景下,国民政府行政院让教育部向各机关选送、让社会部职业介绍所介绍职业的办法,无法从根本上解决高校毕业生的就业问题。在通货膨胀、物价飞涨、公教人员生活朝不保夕的背景下,也无法保证高校毕业生的就业质量。

除此之外,国民党政权"奖励大中学校毕业学生回乡服务""各机关应厉行退休制度并裁汰成绩低落之人员""制定国民就业法"等促进高校毕业生就业的其他办法,其制度设计的预期在遭遇社会现实状况时,也显得苍白无力。在国统区农村,"外货倾销,农产物过于贱落之故,许多农民,不愿甘受亏蚀,宁可广田自荒,避不生产"②。这种状况还指望高校毕业生回乡服务复兴农村?在土豪劣绅横行、宗族势力盘根错节的国统区农村,指望高校毕业生回乡服务,担任地方自治工作?当时有人就指出:"一般知识分子之不愿下乡,一方面固然是由于生活上之不够舒服,而主要的还恐怕是回到乡下去也做不了事。如众所周知,今天县级以下的政治实权是操在一般土豪劣绅的手里的。不仅与民直接有关的乡镇长,是由这些人一手包办,即令一些带有新兴事业意味的机构如县银行、县中学、县合作社等,也莫不操在这一般人的掌握之中。因之,美好的政令固无从贯彻,而温和到出于国民党之手的二五减租,居然都会遭到这些人的阻扰。湖南益阳县箴言乡农会常务理事邓梅魁,因厉行这个政策而竟遭遇到暗杀,即是一个很有力的明证(详见上海大公报四月廿三日所刊地方通讯)。政权既操纵在这么一批人的手里,要想让一些'不懂世故'的大学生或者中学生能够与他们合作做一点事,那恐怕是近乎妄想。"③政府"俾免集中都市觅业困难"的想法是单纯的,但是当时农村社会的实际状况是复杂的。当单纯的想法遭

---

①　谢增寿、何尊沛、张广华编:《张澜文集》(下,1946—1954),北京:群言出版社 2014 年版,第331 页。

②　《切勿再制造失业!》,《申报》1947 年 6 月 4 日第 2 版。

③　孙执中:《暑假临头想到学生》,《大公报》(上海版)1948 年 6 月 24 日第 3 版。

遇复杂的现实时，想法很难实施，就只能停留于文件的规定层面了。当时教育学者潘懋元就指出，"乡下也不安宁，读过大学的人多不愿去"①。1947年6月，国民党政权修正了《公务员退休法》，规定公务员"任职十五年以上年龄已满六十岁者""任职三十年以上者"，"得声请退休"；公务员"年龄已满六十五岁者""心神丧失或身体残废不胜任职务者"，"应命令退休"；退休的公务员给予一定的退休金。② 但是由于全面内战时期通货膨胀、货币贬值，加之公务员退休后退休金是原年俸上打折的，所以很少有公务员愿意退休。又由于在同样工作年限下，"声请退休"者较"命令退休"者退休金打折比例要低，所以更很少有公务员自愿退休。在社会经济不景气的情况下，制定了《国民就业法》，就能像《解决大中学生毕业后失业问题办法》中所说的"大中学校毕业生可依法取得就业之机会"了吗？显然不可能。况且，国民政府早在1935年8月就颁布过了《职业介绍法》，此时再增加一个《国民就业法》，可能也于事无补。

全面内战期间，国民党政权所采取的高校毕业生就业促进措施，基本上是在沿袭以往做法基础上的再整合，新办法不多。那么，一些措施在抗战时期还有效果，何以到全面内战时就不管用了呢？

虽然都遇上了战争，但全面内战时期与全面抗战时期的情况已然不一样。全面抗战时期国民党政权虽然初期节节败退，但后来大体守住了大西南、大西北，并稳定了后方的社会局势。这为高校毕业生就业创造了有利的条件。而全面内战时期，国统区的形势则是越来越糟，1948年冬以后更是加速崩盘，最后丢失了大陆。这种加速变坏的时局自然是越来越不利于高校毕业生就业问题的解决；全面抗战时期的相持阶段，国民党大体守住了大后方，并为了持久抗战在大后方开展了许多建设工作。属于国统区的大后方是建设多于破坏，人才需求量较大，有利于国统区高校毕业生就业问题的解决。而全面内战时期尤其是后期，由于国民党军队由进攻转向溃败、经济状况恶化、社会分崩离析，国统区总体而言是破坏大于建设，抑制了人才需求，相对就不利于高校毕业生的就业；全面抗战时期由于外敌入侵，存在民族矛盾，而政府愿意领导全国抗战，因此这一时期人心总体上是凝聚的。从持久抗战的立场出发，国人对于大后方经济社会发展是充满热

---

① 潘懋元：《教育！教育！——一年来中国教育的回顾》（原载《星光日报》1949年1月5日），潘懋元：《潘懋元文集》（卷7·昔年作品及其他），广州：广东高等教育出版社2010年版，第169页。

② 《修正公务员退休法》（三十六年六月二十六日《国民政府公报》刊载），《广东省政府公报》第59—68号合刊，1947年，第64页。

情的,社会及高校学生本身对毕业生就业问题的解决是有耐心的。而全面内战时期特别是后期,国统区对经济、军事、政治状况持失望态度的社会阶层越来越多,社会预期值整体大为降低。这种预期值的降低,也抑制了人才需求。而且,国民党政权施政失当,制造了许多对立面,失去了人心。以战后收复区高校学生甄审为例,其开始之初就因歧视性对待遭到学生的反对,但国民党政权却未能加以反省,直到 1948 年 12 月还发出《收复区专科以上学校毕业生补行甄审办法》,要求"收复区敌伪专科以上学校毕业生补行甄审,登记日期自三十七年十二月十五日(1948 年 12 月 15 日,引者注)起至三十八年五月十五日(1949 年 5 月 15 日,引者注)止"①。这时候国民党政权本身已经危机四伏了,还在强调甄审,结果只能把收复区高校毕业生进一步推向其反面。规定的截止时间未到,国民党政权已经从南京败退了。

综合来看,抗战胜利后国民政府出台的高校毕业生就业促进措施,虽然从时间上看不算太晚,但是效果却并不明显。

第四节　特殊类别高校学生的就业政策
——以高等师范类为中心

国民政府时期,中国还有一些特殊类别的高校学生,如师范、公医、军事等,他们在毕业时就业不能自主,受到官方的一定限制。在毕业后就业方面,这些特殊类别的高校学生与普通高校学生有着一定的不同。普通高校学生毕业时可以自主择业,而特殊类别的高校学生毕业时却有着服务期的规定。② 以下,本书以高等师范类学生为例,对国民政府时期特殊类别高校学生毕业后的就业问题进行考察。

一、国民政府时期高等师范教育的变迁

中国的高等师范教育发轫于清末京师大学堂师范馆。1904 年清政府

---

① 《中央法规:收复区专科以上学校毕业生补行甄审办法》(教育部三十七年十二月五日公布,江苏省教育厅同年月二十五日转行)(附表),《江苏省政府公报》第 4 卷第 1 期,1949 年 1 月 7 日,第 3 页。

② 这些特殊类别的高校学生,与抗战时期按比例被征调的高校学生也有一定区别,前者主要是指平时的常规状态下满足特定需要的类别,而后者则是战时的非常规状态下临时性的人才需要。

颁行的《奏定学堂章程》把师范教育分为初级、优级,其中优级师范学堂相当于高等教育阶段。进入民国以后,1912 年 9 月颁布的《师范教育令》中把师范教育分为师范学校与高等师范学校两级,其中后者属于高等教育阶段,以培养中学及师范学校教员为目的。1922 年民国北京政府颁布的《学校系统改革案》中规定:"依旧制设立之高等师范学校,应于相当时期内提高程度,收受高级中学毕业生,修业年限四年,称为师范大学校。"①该文件同时还规定:"为补充初级中学教员之不足,得设二年之师范专修科,附设于大学校教育科,或师范大学校;亦得设于师范学校或高级中学,收受师范学校及高级中学毕业生。"②其后,中国出现了一场"高师改大"运动。原有的高等师范学校或是升格为"师范大学",或是改办为综合性大学,前者如北京高等师范学校于 1923 年 7 月改称"北京师范大学";后者如国立南京高等师范学校于 1923 年被并入国立东南大学,如国立广东高等师范学校 1924 年与其他高校合并为国立广东大学,1926 年又改为国立中山大学。1927 年南京国民政府成立后,在高等师范教育领域沿袭了之前的做法。"高师改大"运动得以继续。例如,国立成都高等师范学校先是于 1927 年改为成都师范大学,后又于 1931 年和成都大学合并成立了国立四川大学。

为培养中等学校的师资,南京国民政府时期还想了一些补充办法。1928 年第一次全国教育会议通过《整顿师范教育制度案》,该文件要求,"为补充初级中学教员之不足,得设二年之师范专修科,附设于大学教育学院,或师范学校。收受高级中学及师范学校毕业生"③。1930 年第二次全国教育会议通过的《筹设各级各种师资训练机关计划》中要求,"师范大学、大学教育学院及其他大学与师资训练有关各学院,均招收高中毕业学生",予以四年训练后,"授学士学位,准充中学教员"④。1932 年国民党四届三中全会通过相关决议,要求"大学设师资训练班,凡大学毕业生,愿任教师者,应入该班加修教育功课一年,以备中等学校教师之选;凡进师资训练班者,其待遇与师范大学同"⑤。这些办法在探索"高师改大"后中等学校师资的培养

①②　《学校系统改革案》,出自璩鑫圭、唐良炎编:《中国近代教育史资料汇编·学制演变》,上海:上海教育出版社 2007 年版,第 1011 页。

③　《整顿师范教育制度案》,出自中华民国大学院编纂:《全国教育会议报告》,上海:商务印书馆 1928 年版,第 140 页。

④　《筹设各级各种师资训练机关计划》,出自缪彻言辑录:《第二次全国教育会议始末记》,上海:江东书局 1930 年版,第 14 页。

⑤　《教育要闻·省外:四届三中全会通过改革教育办法》,《江西教育行政旬刊》第 4 卷第 3 期,1932 年 12 月,第 6—7 页。

问题。

当时中等学校对师资的要求,也不限于高等师范院校的毕业生。1935年6月教育部颁布的《修正中学规程》规定:"高级中学教员须品格健全,其所任教科为其所专习之学科,且合于下列规定资格之一者:一、经高级中学教员考试或检定合格者;二、国内外师范大学毕业者;三、国内外大学本科、高级师范本科或专修科毕业后,有一年以上之教学经验者;四、国内外专科学校及专门学校本科毕业后,有二年以上之教学经验者;五、有价值之专门著述发表者。""初级中学教员须品格健全,其所任教科为其所专习之学科,且合于下列规定资格之一者:一、经初级中学教员考试或检定合格者;二、具有高级中学教员规定资格之一者;三、国内外大学本科、高等师范本科或专修科毕业者;四、国内外专科学校或专门学校本科毕业后,具有一年以上之教学经验者;五、与高级中学程度相当学校毕业后,曾任中等学校教员有三年以上之教学经验,于所任教科确有研究成绩者;六、具有精练技能者(专适用于劳作科教员)。"①

需要指出的是,全面抗战前这种中等学校师资培养仿效美国的做法,在一定程度上弱化了高等师范教育的地位。这主要表现为,原民初的高等师范学校大多改组为或合并入综合性大学,升格为师范大学的极少。在高等师范教育领域,独立设置的师范院校很少,仅北平师范大学、河北省立女子师范学院、广西省立师范专科学校、云南省立师范学院几所,其中"师范大学"仅北平师范大学一所。② 综合性大学设立的与教育有关的多为教育学院,仅少数综合性大学设有师范学院,如广东省立勷勤大学师范学院,是该校在合并广东省立工业专门学校、广州市立师范学校的基础上创办时,将市立师范学校升格成了师范学院。另外,还有部分培养民众教育师资的地方省立教育学院,如1930年成立的江苏省立教育学院等。这样一种状况对当时中等学校师资的专业化,有一定不利影响。不过,这也为许多普通高校毕业生进入教师队伍提供了方便。

全面抗战爆发后,国民政府对高等师范教育的政策有所调整,趋于重视。1938年4月中国国民党临时全国代表大会通过《战时各级教育实施方案纲要》。这个文件中要求加强高等师范教育,提出:"对师资之训练,应特

---

① 《修正中学规程》,出自阮华国编:《教育法规》(第2版),上海:大东书局1947年版,第305—306页。

② 《全国公私立大学、独立学院、专科学校一览表》(1936年1月),出自中国第二历史档案馆编:《中华民国史档案资料汇编》(第五辑第一编 教育一),南京:江苏古籍出版社1994年版,第300—323页。

别重视,而亟谋实施","为养成中等学校德智体三育所需之师资,并应参酌从前高等师范之旧制而急谋设置"。[①] 根据这一要求,教育部于 1938 年 7 月颁布了《师范学院规程》,规定:"师范学院单独设立,或于大学中设置之","独立或大学师范学院,由教育部审查全国各地情形分区设立之"。[②] 1938 年 10 月,国民政府又在重庆组织召开了第一次全国高级师范教育会议。为推动高等师范教育的发展,国民政府教育部分别于 1938 年 10 月在湖南省安化县蓝田镇成立国立师范学院、于 1940 年 9 月在四川省江津县白沙镇创建国立女子师范学院,从原将北平师范大学并入的西北联合大学中独立出了西北师范学院,同时还在国立中央大学、西南联合大学、浙江大学、中山大学、四川大学等校内设师范学院。这样,中国的高等师范教育较全面抗战前就有了较大的发展。1941 年全国国立师范学院情况如表 2-8 所示。

表 2-8　1941 年全国国立师范学院一览

校　名	校　址	负责人	备　注
国立师范学院	湖南安化蓝田	廖世承	独立设置
国立中央大学师范学院	四川重庆	许恪上	由国立中央大学教育学院改设
国立西北师范学院	陕西城固	李蒸	由西北联大师范学院改为独立设置
国立西南联合大学师范学院	云南昆明	黄钰生	由西南联大教育系与云南大学教育系合设
国立浙江大学师范学院	贵州遵义	王琎	由浙江大学教育系改设
国立中山大学师范学院	广东坪石	齐泮林	由中山大学教育系及教育研究所改设
国立女子师范学院	四川江津白沙	谢循初	独立设置
国立四川大学师范学院（筹备委员会）	四川峨嵋	黄建中（筹备主任）	—

注:全面抗战爆发后,北平师范大学师生被迫西迁,参与组建国立西北联合大学。1939 年 8 月,国立西北联合大学解体后,又独立出了国立西北师范学院。

【资料来源】《全国国立师范学院一览》,《中等教育季刊》第 1 卷第 1 期,1941 年,第 4 页。

---

① 《战时各级教育实施方案纲要》(特载),《教育通讯》第 4 期,1938 年 4 月 16 日,第 9 页。
② 《教育法令:师范学院规程》(二十七年七月二十三日行政院备案,二十七年七月二十七日教育部公布),《教育通讯》第 24 期,1938 年 9 月 3 日,第 6 页。

抗战胜利以后,中国高等师范教育有了进一步的发展,全国师范院校的数量又有了进一步的增加。表2-9列示的是《台湾省立师范学院院刊》1948年第2卷第11期"师范教育运动周特号"统计的当时全国专科以上师范院校情况。

表2-9　1948年全国专科以上师范院校

校　名	所在地	校　名	所在地
国立北平师范学院	北平	江苏省立教育学院	江苏无锡
国立长白师范学院	延吉	四川省立教育学院	重庆
国立西北师范学院	兰州	国立体育师范专科学校	湖北武昌
国立湖北师范学院	江陵	国立劳作师范专科学校	重庆
国立师范学院	湖南南岳	国立国术体育师范专科学校	天津
国立昆明师范学院	云南昆明	江西省立体育师范专科学校	江西南昌
国立贵阳师范学院	贵州贵阳	四川省立体育专科学校	四川成都
国立南宁师范学院	广西南宁	北平市立体育专科学校	北平
国立女子师范学院	重庆	上海市立体育专科学校	上海
台湾省立师范学院	台湾台北	国立幼稚师范专科	上海
河北省立女子师范学院	天津	国立康定师范专科学校	西康康定
国立中央大学师范学院	南京	河北省立师范专科学校	河北保定
国立中山大学师范学院	广州	陕西省立师范专科学校	陕西西安
国立浙江大学师范学院	浙江杭州	山东省立师范专科学校	山东济南
国立四川大学师范学院	四川成都	福建省立师范专科学校	福建福州
国立社会教育学院	江苏苏州	辽宁省立师范专科学校	辽宁沈阳
国立音乐学院	南京		

注:1.国立社会教育学院及江苏省立教育学院等校,以培养民众教育师资为其任务之一,故亦列入。各大学内设教育学院或教育学系及师资专修科者未列入。

2.原表中部分学校未标示所在地,为引用者查找资料后添加。

【资料来源】《全国专科师范以上院校题名》,《台湾省立师范学院院刊》1948年第2卷第11期"师范教育运动周特号",第2版。

二、高等师范类毕业生就业的制度设计与现实问题

师范教育承担着为国家培养师资的任务。近代以来,官方对接受师范教育的学生有一定优惠政策,但师范生在享受优惠的同时也要承担一定的义

务。高等师范教育亦是一样。早在清末颁布的《奏定优级师范学堂章程》中，就一方面规定优级师范学堂"公共科及分类科（当时优级师范学堂分为公共科、分类科、加习科三节，引者注）学生在学费用，均以官费支给"；另一方面又规定"已准入学之学生，须自行出具亲供甘结，言明毕业后必勉力从事教职，确尽报效国家之义务"；"优级师范学堂分类科毕业生，有效力本省及全国教育职事之义务，其义务年限暂定为六年"；"毕业生有不尽教育职事之义务，或因事撤销教员凭照者，当酌令缴还在学时所给学费，以示惩罚"。①

对于前述师范生在享受国家优惠政策的同时亦需要服务教职这一点，国民政府时期高等师范院校的学生也同样如此。这样，高等师范院校的毕业生在就业方面就要受到一定的限制。1934 年广东省立勷勤大学在其师范学院规程中就规定："本学院学生概免收学费，毕业后必须在教育界服务。"②培养民众教育人才的江苏省立教育学院，也规定该院毕业生的服务范围、地域及期限，其中"服务之范围为：（一）实施学校或民众教育及补习教育，（二）实施社会或民众教育及补习教育，（三）办理社会教育行政及（四）社会教育视察等事项"；"地点以各该生本籍为原则"；"期限五年"；并规定，毕业生"如不遵照，得追缴其学膳各费"。③

1938 年 7 月教育部公布的《师范学院规程》中，一方面规定师范学院学生享受优惠政策，如"师范学院学生，一律免收学膳费"；另一方面对师范学院毕业生的就业进行了限制，如规定师范学院毕业生"由部（指教育部，引者注）分发各省市充任中等学校教员或教育行政人员"，"师范学院毕业生在规定之服务期内，不得从事教育以外之职务"，违者要"追缴学膳费"，有"特殊情形，经教育部核准者"，才可以"展缓其服务期限"，"师范学院毕业生应服务年限，须照其修业年限加倍计算"。④1948 年 12 月，教育部根据新颁布的《中华民国宪法》，又修正公布了《师范学院规程》，其中规定"师范学院学生毕业后服务年限为五年，专修科毕业生服务三年，第二部（该部用以招收其他学院性质相同学系的毕业生，加以一年师范专业训练，引者注）毕业生服务二年"；"师范学院毕业生在规定服务期内，不得从事教育之外之

---

① 《奏定优级师范学堂章程》（光绪二十九年十一月二十六日，1904 年 1 月 13 日），出自璩鑫圭、唐良炎编：《中国近代教育史资料汇编·学制演变》，上海：上海教育出版社 2007 年版，第 429—430 页。

② 《勷勤大学师范学院规程》，《勷勤大学师范学院季刊》第 1 期，1934 年 5 月，第 207 页。

③ 《江苏省颁民众教育法规摘要·其他办法：江苏省立教育学院毕业生服务办法》，《江苏教育》第 3 卷第 9 期，1934 年 9 月 15 日，第 210 页。

④ 《教育法令：师范学院规程》（二十七年七月二十三日行政院备案，二十七年七月二十七日教育部公布），《教育通讯》第 24 期，1938 年 9 月 3 日，第 13—14 页。

职务,否则应追缴其在学期间之全部待遇"。①

1943 年 8 月,教育部公布专门的《师范学院学生实习及服务办法》。该文件在高等师范院校毕业生的分配方式、服务期限、工作待遇等方面做了比较详细的规定。《师范学院学生实习及服务办法》规定:"师范学院学生应于最后一年级第三个月后,在本校附属中学或附近中等学校实习两个月,参加学科毕业试验及格后得充任中等学校实习教师,或实习工作人员(限于社会教育科系学生),半年期满正式分发服务。""师范学院毕业生在附属中学或附近中等学校实习满两个月后,由教育部根据各省市及国立中等学校师资需要情形,分发为实习教师,担任教育工作(社会教育科系学生得分发社教机关充任实习工作人员)。""前项实习教师亦得由本人接洽任教学校,但须呈报教育部核准,必要时并得由教育部酌予调迁。""实习教师于分发任教后不得呈请改分,在校任教并应遵守分发学校有关教职员服务之规定(在社教机关任实习工作人员者,应遵其所在机关之服务规定)。""实习教师任教满半年后,得由教育部根据省市及各国立中等学校之师资需要及社教机关工作人员之需要情形,酌予重新分配(师范学院需要助教时,得于呈准后酌调本校毕业生数人返校服务),但以尽先分配实习任教之学校或机关为原则。""前项分配服务之地点核定后,不得请求改分。""各省市对于部派师范学院毕业生应即分配适当学校担任专任教员或学校其他适当工作(如公民训育系毕业生应任学校训导工作),教育学系及社会教育科系之毕业生得担任教育行政工作或社教工作。""各省市保送之师范学院学生毕业后,以分配于各该省市服务为原则,但他省市师资缺乏时亦得斟酌情形由部分配其他省市服务。""师范学院毕业生在服务期间,如工作不力,或因其他事故,服务学校或机关未能继续聘用者,应由原分发机关酌予调迁或转呈教育部核办。"②

在服务期限及其奖惩措施方面,《师范学院学生实习及服务办法》相关条款也进行了规定,其中服务期限方面的规定为,"师范学院毕业生应服务年限各系毕业均为五年,初级部及专修科毕业生各为三年,第二部及职业师资科毕业生各为二年,在规定服务期内不得从事教育以外之工作","师范学院毕业生服务期满者,由教育部发给服务期满证明书";而相应的奖惩措施则为,"师范学院毕业生服务期满成绩优良者,得由教育部定期考选,公费派赴国外考察或研究",

---

① 《教育法令:师范学院规程(教育部修正公布)》(三十七年十二月),《教育通讯》复刊第 6 卷第 9 期,1949 年 1 月 1 日,第 51 页。

② 《教育部公布师范学院学生实习及服务办法》(1943 年 8 月 17 日),出自中国第二历史档案馆编:《中华民国史档案资料汇编》(第五辑第二编 教育一),南京:江苏古籍出版社 1997 年版,第 734—737 页。

"师范学院毕业生在服务期间未遵令服务或服务未满规定期限改就他业者,应向其家庭或监护人追缴在学期间之全部学膳费及补助费"。[1]

除法规方面的强制性规定外,一些高等师范院校还试图对学生进行服务意识的培养,以期养成学生服务教育事业的意识。以国立贵阳师范学院为例,该校在训导工作中就强调"本院学生毕业后,即从事教育工作,为人师表,对品德之修养,尤属重要",注意培养学生"热心公益,具有勇于负责,乐于助人之精神,且利用人、地、时、物等因素,以求增加服务之效能","以期毕业后能担负中等教育之重要任务"。[2]

相关法规的限制性规定,能够保证高等师范院校毕业生多数服务于教育事业。以国立北平师范大学为例,据该校毕业生事务部统计,截至1936年12月1日,该校历届毕业生除去留学、已故、未详及赋闲者外,就业者2388人,其中服务于教育界者有2093人,包括中等学校教职员1547人,中等学校校长160人,大学校长及教职员219人,小学校长及教职员63人,教育行政人员104人,如表2-10所示。[3]

表 2-10　北平师范大学毕业生出路状况(截至1936年12月1日)

就业领域或职务	教育界	大学校长及教职员	219 人	2388 人
		教育行政人员	104 人	
		中等学校校长	160 人	
		中等学校教职员	1547 人	
		小学校长及教职员	63 人	
		合计	2093 人	
	党政界		206 人	
	军界		25 人	
	其他		64 人	
留学			83 人	
已故			261 人	
未详及赋闲			1581 人	
总计			4313 人	

1948年国立贵阳师范学院在回顾成立以来状况时,也称"历届毕业校

---

① 《教育部公布师范学院学生实习及服务办法》(1943年8月17日),中国第二历史档案馆编:《中华民国史档案资料汇编》(第五辑第二编　教育一),南京:江苏古籍出版社1997年版,第736—737页。

② 《院史:训导概况》,《国立贵阳师范学院特刊》1948年特刊,1948年元旦,第58页。

③ 北平师范大学编:《国立北平师范大学近况》(师大卅四周年纪念刊),北平:编者刊1936年版,第89页,"毕业同学近况统计表"。

友均服务教界,极多成绩,西南各省及大江南北,均满布本院校友的足迹"①。

　　但是,也需要指出的是,国民政府对高等师范院校毕业生的就业政策也同样存在不足。首先,高等师范院校学生毕业就业程序过于复杂。依照教育部颁布的《修正改进师范学院办法》及《师范学院学生实习及服务办法》的规定,高等师范院校学生毕业就业的过程分为四个阶段:第一是应届结业阶段,师范学院学生已修业四年期满,并在最后一年级第三个月后,在本校附属中学或附近中等学校实习两个月后,参加学科毕业试验及格,可应届结业;第二是分发实习阶段,应届结业学生离校时,应予分发至各公立中等学校担任实习教师一年;第三是应届毕业阶段,实习教师任教满半年后,应即提出详细实习教学工作报告,经原肄业学校审核转承教育部复核无问题者,准予毕业,并发给毕业证书和教师资格证明书;第四是分发服务阶段,应届毕业学生得由教育部重新分发各公立中等学校或社教机关服务,在服务期内不得从事教育之外的工作。前述教育部四个阶段的安排,本意在于强化高等师范院校毕业生实习的作用,并保证毕业生能够胜任教育教学工作岗位。但学生毕业就业程序相对复杂,并且有一段时间学生还得在母校、实习单位、教育行政机关之间周旋,这不但让高等师范院校的毕业生感到麻烦,而且部分高等师范院校也无所适从。直到国民党政府从大陆败逃的时候,国民党政府教育部还在发文纠正部分师范院校对毕业生服务阶段的理解。1949 年 8 月,国民党政府教育部在一份训令中指出:"查各专科以上师范院校对于上列各阶段性质及应办册报每易混淆,致稽核常感困难,合再明令规定。嗣后各该院校应依上列各阶段性质办理各项有关册报,本部只于各国立师范院校学生应届结业时,酌予补助分发实习旅费一次。"②其次,强制服务的规定并不能等同于高等师范院校毕业生就业的稳定性。相关文件诸如《师范学院规程》《师范学院学生实习及服务办法》等,虽可以强制高等师范院校毕业生必须要服务教职若干年,但不能保证他们中间是否会失业;教育行政部门虽然要求高等师范院校毕业生要服从官方自上而下的分发,但不能保证他们一定能被分发下去、一定能让用人学校接受。政府控制了高等师范院校毕业生就业去向这一端,但不能控制用人单位聘用这一端。关于这一方面,将在下面详细论述。

_____

①　《编后》,《国立贵阳师范学院特刊》1948 年特刊,1948 年 1 月 1 日,封底页。

②　《关于应届毕业生修业服务的训令》(穗中字第 8177 号),出自蒲芝权、伍鹏程主编:《贵州师范大学校史资料选集·(一)雪涯肇基》,北京:方志出版社 2011 年版,第 362 页。

　　从总体上看,近代中国作为一个经济文化相对落后的国家,教育事业亟待发展,高等师范院校毕业生肯定是不足和缺乏的。但是,高等师范院校毕业生服务于教育事业,还得有赖于用人单位——中等学校及社教机关这样的平台。中等学校及社教机关数量的多少、地方教育人事的复杂性以及毕业生个人的期望值,都影响着高等师范院校毕业生的就业与服务。高等师范院校毕业生主要的就业去向应该是中等学校。以中学为例,如前所述,《修正中学规程》等相关文件中规定的中学教师任职资格,并非仅高等师范院校毕业生这一种。其中,高级中学,“经高级中学教员考试或检定合格者”“国内外大学本科……毕业后,有一年以上之教学经验者”“国内外专科学校及专门学校本科毕业后,有二年以上之教学经验者”“有价值之专门著述发表者”都可以成为教员;而初级中学,“经初级中学教员考试或检定合格者”“国内外大学本科毕业者”“国内外专科学校或专门学校本科毕业后,具有一年以上之教学经验者”“与高级中学程度相当学校毕业后,曾任中等学校教员有三年以上之教学经验,于所任教科确有研究成绩者”以及“具有精练技能者(专适用于劳作科教员)”,也可以成为教员。① 中学教师任职资格的多元化,解决了一段时间内高等师范院校数量不足、高等师范院校毕业生不敷使用的问题,但是非高等师范院校出身者进入中等教育领域后,会有先入为主效应,对后面新毕业的高等师范院校学生任教形成排斥。在20世纪30年代末以后高等师范教育有了较大发展、高等师范院校毕业生人数有了较大增加后,这种排斥就表现得越发明显了。并且,同时期毕业的非高等师范院校毕业生与高等师范院校毕业生,在就业时也会形成竞争。

　　在中等学校教师人事制度方面,理想与现实也有一定的差距。1932年12月教育部公布的《中学法》中规定“中学教员由校长聘任之”②。1935年6月教育部颁布的《修正中学规程》规定:“教员之初聘任期,以一学年为原则,以后续聘任期为一学年。”③省市教育行政机关只是审核校长开具的公私立中学各科教员的详细履历,“遇有不合格人员,主管教育行政机关应令原校更聘”④。教师聘任周期短、校长聘用权力较大,是国民政府时期中学教师人事制度的一大特征。《大公报》曾刊文批评道:“因教界粥少人多,亦

---

　　① 《修正中学规程》,出自阮华国编:《教育法规》(第2版),上海:大东书局1947年版,第305—306页。
　　② 《中学法》,出自阮华国编:《教育法规》(第2版),上海:大东书局1947年版,第284页。
　　③ 《修正中学规程》,出自阮华国编:《教育法规》(第2版),上海:大东书局1947年版,第302页。
　　④ 《修正中学规程》,出自阮华国编:《教育法规》(第2版),上海:大东书局1947年版,第302页。

须排挤,遂形成学派、学统,而这些学派和学统,不在学术上求进步,而在职业上抢饭碗。"[1]这种情况在许多地区经常出现。以四川地区为例,"作为西南重镇,四川省会的成都,当时省立中等学校仅有七所,连同成都华阳两县及成属联中(石室),亦仅十所,且开班级不多,学生就学,老师就业的道路都很窄狭。北京大学和北京高师是历史悠久,负有盛名的学校,在职官员,多出其门,因在各校都占有一席之地,人们称之为'北大帮'和'北高帮'。成都早在1925年由成都高师毕业的办起了成城公学(十九中),人们称之为'高师帮'。国立四川大学建立既晚,其毕业生就业更为困难,除个别因师生故旧关系能在成都得一教职外,大都只有执教外县,'跑乡班子'了。加以毕业生每年加增,为解决就业问题,川大师生也就仿效高师办法,筹办私立济川中学。"[2]当时四川地区"官员任校长随军阀胜败任免,教师则随校长的去留而去留,如果说解放后的教师端的是'铁饭碗',那么,那时的知识分子的饭碗,则是土胚的,随时都有砸烂的可能"[3]。"每当学期结束,教师都有被解聘之虞,失业的阴影终年笼罩在教员的心上。故一到六、腊两月假期,学校人事酝酿之际,整个教育界人士无不四处奔走。或找同学,托亲友,乞名人,拜权贵,强者抢校长,弱者求教席",时人称之为"六腊战争","在民国时期,大学与高中、师范毕(业)生,尚不免于此,其他的人就可想而知了","当教员为争夺饭碗而战的时候,地方上的土豪劣绅趁势大搞派系,操纵教育人事"。[4] 民国时期四川高等师范学堂毕业生和后来四川大学的毕业生,都曾参与过中小学教育界校长、教员位置的争夺。诗人、作家流沙河20世纪40年代在四川读中学,并且高中就读的是四川省立成都中学,据他回忆,"我的初中三年也是在我们县城里面","我读中学(这里指初中,引者注)这三年,教师基本没有固定的,其中只有一个可以说是固定的";"我上高中教师换了好多个,几乎每学期都换,只有两个教师没有换";"教师为了求职,每一年两次,六月和腊月要去争取,所以就有了'六腊之战'"。[5]

国民政府时期,不仅教师失业的现象经常存在,而且高等师范院校应

① 郑其龙:《中国教育问题的症结及其解决——根除"学而优则仕"的教育传统》,《大公报》(上海版)1948年11月18日第3版。

②③ 谭明礼、王正国:《由私立济川中学到成都十六中学》,出自成都市武侯区政协文史资料委员会编:《武侯文史》(第5辑),成都:编者刊1996年版,第178页。

④ 傅佑荣、朱纵舫:《民国时期内江教育界的"六腊战争"》,出自政协内江市市中区委员会编:《内江市市中区文史资料选辑》(第20辑),内江:编者刊1985年版,第1页。

⑤ 流沙河:《我所经历的民国教师"战六腊"》,《各界》第11期,2016年,第39—40页。

届毕业生就业难现象也在一定范围内存在。① 《师范学院学生实习及服务办法》规定："师范学院学生应于最后一年级第三个月后,在本校附属中学或附近中等学校实习两个月,参加学科毕业试验及格后得充任中等学校实习教师,或实习工作人员(限于社会教育科系学生),半年期满正式分发服务。""实习教师任教满半年后,得由教育部根据省市及各国立中等学校之师资需要及社教机关工作人员之需要情形,酌予重新分配(师范学院需要助教时,得于呈准后酌调本校毕业生数人返校服务),但以尽先分配实习任教之学校或机关为原则。"② 高等师范院校学生可以由教育行政机关分派实习单位,也可以自行联系实习单位。但是,一般没有门路的学生很难自行联系到实习单位。20 世纪 40 年代,曾经有师范学院的教授刊文指出:"事实上近年以来,各师范学院'应届实习的学生',往往无法找到'实习'的学校。有的人千方百计,找门路,找关系,好容易找到了一个'饭碗'。有的人则'奔走呼号','上衙门''看脸色',仍旧没有人请他(或她)去'实习'。""我们忝为师范学院的教授,天天在班上'谆谆教诲',要她们'忠于教育,以教育为终身事业',但是她们一出门,就碰钉子,你能怪她们发牢骚? 照理说,国家花了无数的金钱,办了许多师范学院,培养了许多'未来的师资',为的是什么? 如果只管教,不管用,那似乎办师范学院是多此一举了!""我们很诚恳的(地)希望政府,社会贤达,和各师范学院任职任教的先生们,注意这个问题。共谋解决这一个矛盾而又严重的问题。"③ 实习与毕业、工作分配联系在一起,并且实习单位有可能就是之后的工作分配单位。多数高等师范院校的毕业生还是有赖于教育部等教育行政机关来分发实习单位。但到了国民政府统治后期,教育部在分发高等师范院校毕业生实习方面也越来越无能为力。以抗战后恢复的北平师范学院(抗战前为北平师范大学)为例,"以往该校每届毕业生均由教部介绍实习机会",但在 1948 年上半年几次就实习问题电函教育部,一直未得答复,"同学等以无实习机会即走入失业。该级会十日(指 6 月 10 日,引者注)召开全体大会,议决在教部未能

① 表 2-10"北平师范大学毕业生出路状况"中,该校 1936 年 12 月前毕业生总计 4313 人,其中"未详及赋闲"的有 1581 人,也能在一定程度上反映出高等师范院校毕业生失业状况的存在。

② 《教育部公布师范学院学生实习及服务办法》(1943 年 8 月 17 日),出自中国第二历史档案馆编:《中华民国史档案资料汇编》(第五辑第二编 教育一),南京:江苏古籍出版社 1997 年版,第734—736 页。

③ 《今日教育短评:师范学院毕业生的服务问题》,《教育学术》第 1 卷第 2 期,1948 年 4 月,第 3 页。

介绍实习机会以前,决定罢考,并请教部准延长留校一年,继续发给公费"。① 该校毕业生在致教育部部长朱家骅的电文中称:"京朱部长钧鉴:本届结业在即,所请分发工作、公费、旅费诸问题尚未获解决,罢考待命。"② 毕业生试图通过罢考的形式,来避免因无实习机会而不能毕业、就业。

除了前述高等师范类学生外,其他一些特殊类别的高校学生在国民政府时期也有着享受优惠待遇与接受就业限制的双重规定。公医学生即是如此。公医制度起源于近代西方国家,是一种主要由政府投资,旨在促进诊疗和防疫的公共化、平民化,提高国民整体健康水平的医疗制度。1940年1月,国民政府颁布《内政部卫生署协助各省推行公医制度设置县卫生院补助办法》,对各省自筹开办的符合条件的县卫生院进行补助,以协助各省推行公医制度。③ 国民政府为谋推行公医制度,正式把公医学生的培养提上了日程。1940年公布的《公医学生待遇暂行办法》,一方面规定"公医学生一律免收学膳费(包括免收体育费、图书费、实验费及其他类似费用)";另一方面又规定"公医学生毕业后,在规定服务期内,不得就公医以外之职务,违者加倍追缴学膳等费,并撤销其医师证书"。④ 这些公医学生在享受官方一定程度优惠政策的同时,毕业后亦要为政府推行的公医事业服务一段时间。他们毕业时不能自主就业,完成服务期后才能自由改换工作。

① 《毕业即失业 北平师院下届毕业生 将罢考要求介绍实习》,《大公报》(天津版)1948年6月11日第3版。

② 《工作问题未解决 师大毕业级罢考》,《大公报》(上海版)1948年6月16日第3版。

③ 《法规:中央法规:内政部卫生署协助各省推行公医制度设置县卫生院补助办法》(二十九年一月二十六日公函公布),《安徽政治》第3卷第4期,1940年3月,第193页。

④ 《公医学生待遇暂行办法》,《国立中正医学院院刊》第1卷第1期,1942年12月,第60页。

第三章 学校、社团与高校学生就业

第一节 高等学校与学生就业

一、高校的学生就业促进组织及其发展状况

在 1934 年以前,国内曾有高校设立过学生就业促进组织。例如,20 世纪 30 年代以前,清华、沪江等高校曾在校内组织过职业指导部,对学生进行择业、就业的指导。[①] 清华在 20 世纪 20 年代初还设立过职业介绍部。[②] 彼时,清华还不是严格意义上的大学。1930 年南开大学组织过职业介绍委员会。[③] 但是就整体而言,中国多数高校对学生的就业问题还缺乏应有的关注。设立学生就业促进组织的高校还很零星,相关举措并属自发行为。

1934 年北平各大学毕业生职业运动发生后,教育部鉴于高等学校设立学生就业机构的重要性,于当年 10 月 24 日发出第 12930 号训令,通令"凡公私立专科以上学校均应组织职业介绍机关",并要求各校的职业介绍机关应与全国学术工作咨询处通力合作,规定"各校职业介绍机关遇有全国学

[①] 庄泽宣:《职业指导部筹备情形及进行计划》,《清华周刊》总第 286 期,1923 年 9 月 20 日,第 30 页;刘湛恩、潘文安:《中国职业指导的近况》,《教育杂志》第 20 卷第 3 号,1928 年 3 月,第 6 页。

[②] 《校闻:职业介绍部》,《清华周刊》总第 208 期,1921 年 1 月 21 日,第 44 页;《校内新闻:清华学生职业介绍部规则》,《清华周刊》总第 212 期,1921 年 3 月 18 日,第 26 页。

[③] 《职业介绍开始进行》(《南大周刊》第 84 期,1930 年 4 月 29 日),出自王文俊、梁吉生、杨珣、张书俭、夏家善选编:《南开大学校史资料选(1919—1949)》,天津:南开大学出版社 1989 年版,第 334 页。

术工作咨询处委托事件,应负责办理"。[①] 在教育部的督促下,截至 1936 年 4 月全国共有 58 所高校设立了职业介绍机构,其中公立(包括国立、省立)高校 33 所,私立高校 25 所,如表 3-1 所示。[②] 在 20 世纪的中国,高等学校第一次大规模地建立起了毕业生就业促进机构。

表 3-1　全国专科以上学校成立职业介绍机关一览表(截至 1936 年 4 月)

学校名称	学生职业介绍组织	成立时间
国立北平大学	职业介绍部	1934 年 9 月 1 日
东北大学	职业介绍委员会	1934 年 6 月 27 日
国立北平师范大学	毕业生事务部	1934 年 9 月
国立暨南大学	职业介绍委员会	1934 年 6 月 8 日
国立音乐专科学校	职业介绍委员会	1934 年 2 月 14 日
私立厦门大学	职业介绍委员会	1930 年
私立武昌华中大学	职业介绍委员会	—
国立北洋工学院	职业介绍委员会	1934 年 12 月 1 日
私立无锡国学专修学校	职业介绍处	
私立铁路学院	职业介绍处	1934 年 10 月 25 日
私立华南女子文理学院	职业介绍委员会	1934 年 12 月 5 日
私立震旦大学	职业介绍部	1934 年 12 月 5 日
河北省立女子师范学院	职业介绍委员会	1934 年 11 月 20 日
湖北省立教育学院	职业介绍部	1934 年 12 月 2 日
河北省立工业学院	职业介绍股	1934 年 8 月
私立大夏大学	职业介绍委员会	1934 年 12 月 4 日
山西省立商业专科学校	职业介绍委员会	1934 年 11 月 18 日
国立广东法科学院	职业介绍委员会	1934 年 11 月 2 日
江西省农业院附设农艺专科学校	职业介绍委员会	1935 年 1 月 5 日
私立武昌中华大学	职业介绍所	1935 年 1 月 1 日
私立广东国民大学	职业介绍委员会	1935 年 2 月 6 日

---

　　① 《教育部训令:第一二九三〇号》(廿三年十月廿四日),《教育部公报》第 6 卷第 43、44 期,1934 年 11 月,第 8—9 页。

　　② 《全国专科以上学校成立职业介绍机关一览表》,《全国学术工作咨询处月刊》第 2 卷第 4 期,1936 年 4 月,第 63—66 页。

续　表

学校名称	学生职业介绍组织	成立时间
私立上海法学院	职业介绍委员会	1935 年 1 月 12 日
国立同济大学	职业介绍委员会	1934 年 12 月 12 日
私立东吴大学	职业介绍所	1935 年 1 月 1 日
私立之江文理学院	职业介绍委员会	1935 年 3 月 7 日备案
国立交通大学	校友服务协助处	—
私立焦作工学院	职业介绍委员会	1934 年 11 月 1 日
国立清华大学	职业介绍部	—
湖南省立湖南大学	学术工作介绍委员会	1935 年 3 月 1 日
河北省立法商学院	职业介绍委员会	1934 年 11 月 21 日
国立山东大学	职业指导委员会	—
国立武汉大学	职业介绍部	1932 年 6 月
私立山西川至医学专科学校	职业介绍处	1934 年 11 月 20 日
广西大学	职业介绍部	1934 年 11 月 7 日
国立四川大学	职业介绍所	1934 年 12 月
私立广州大学	职业介绍委员会	1934 年 11 月
私立华西协合大学	职业介绍所	—
私立岭南大学	职业介绍所	1934 年 11 月 2 日
私立金陵大学	职业介绍委员会	1935 年 1 月
私立沪江大学	职业指导部	—
河南省立水利工程专科学校	职业指导委员会	—
私立燕京大学	教务处校友课	1929 年春
河南省立河南大学	职业介绍委员会	1935 年上学期
私立苏州美术专科学校	职业介绍委员会	1935 年 5 月 1 日
河北省立医学院	保定医学毕业同学职业介绍部	—
江苏省立教育学院	职业指导委员会	1934 年 11 月
安徽省立安徽大学	学术工作指导委员会	1934 年 8 月
山西省立农业专科学校	职业介绍所	1935 年 7 月 1 日
河北省立水产专科学校	职业介绍委员会	1934 年 11 月 1 日
私立福建协和学院	校友部	1930 年 9 月

续 表

学校名称	学生职业介绍组织	成立时间
浙江省立医药专科学校	职业介绍委员会	—
私立中法大学	职业介绍委员会	1935 年 1 月
甘肃省立甘肃学院	职业介绍委员会	1934 年夏
国立北京大学	调查介绍组	1935 年
私立天津工商学院	职业介绍处	1936 年 2 月 15 日
私立福建学院	职业介绍所	1935 年 11 月 15 日
山东省立医学专科学校	职业介绍委员会	—
国立杭附艺术专科学校	艺术工作咨询处	1936 年 5 月

表 3-1 中各高校成立的学生就业促进组织,多数与教育部要求一致,直接以"职业介绍"为名,有的采取委员会制,叫"职业介绍委员会",如国立暨南大学、东北大学、国立同济大学、私立厦门大学、私立大夏大学等;有的附设专门机构,叫"职业介绍部(或处、股)",如国立清华大学、河北省立工业学院、国立北平大学。也有些高校学生就业促进组织,虽不以"职业介绍"为名,但也办理学生职业介绍,如国立山东大学职业指导委员会、江苏省立教育学院职业指导委员会、私立沪江大学职业指导部,在"职业指导"的名义下开展包括职业介绍在内的就业促进活动。还有些高校以毕业生、校友等相关部门名义办理职业介绍,如国立北平师范大学毕业生事务部,国立交通大学校友服务协助处等。此表大致反映了 20 世纪 30 年代中期中国高校学生就业促进组织的设置及名称状况。

全面抗战前,教育部对各高校的学生就业促进组织配合全国学术工作咨询处开展工作有过明确要求。1934 年 10 月 24 日,教育部在给各高校发出的第 12930 号训令中就要求,在工作上,"各校职业介绍机关,得商请全国学术工作咨询处协助办理调查登记介绍等事宜","并将每届毕业生名册,签注有无职业,函送该处","各校职业介绍机关遇有全国学术工作咨询处委托事件,应负责办理";为相互知照,"各校应将职业介绍机关简章、成立日期及委员名单……函知全国学术工作咨询处","各校职业介绍机关应将会议录及工作状况等件随时迳送全国学术工作咨询处"。[①] 各高校的学生就业促进组织一般也在制度上承诺,会与全国学术工作咨询处相配合。

---

① 《教育部训令:第一二九三〇号》(廿三年十月廿四日),《教育部公报》第 6 卷第 43、44 期,1934 年 11 月,第 9 页。

例如,广西大学职业介绍部的规程中就表示"职业介绍部须与全国学术工作咨询处通力合作"①。在实际工作中,各高校的学生就业促进组织与全国学术工作咨询处也确实有过一定的合作,如按要求报送本校毕业学生的统计名单,将一些无法就业的毕业生函请全国学术工作咨询处予以介绍工作等。

从成立时间上来看,许多高校的学生就业促进组织成立于 1934 年 10 月教育部发出第 12930 号训令之后。这不能不说这些学生就业促进组织的成立,与教育部相关训令的要求有很大关系。当然,即使有教育部的训令,也仍有部分高校未设立学生就业促进的专门组织,如表 3-2 所示。其中有些高校让下属其他部门兼管毕业生就业事务,或以其他办法塞责。

表 3-2　全面抗战前部分未设学生就业促进组织的高校

性质	学校名称	学生就业负责及办理情况
国立	中央大学	秘书室(兼办)
国立	警官高等学校	与内政部定毕业生分发实习办法
私立	协和医学院	校长室(兼办)
私立	齐鲁大学	校长与各院长筹办

【资料来源】《中国职业介绍机关概况》,《全国学术工作咨询处月刊》第 1 卷第 4 期,1935 年,第 32—46 页;《中国职业介绍机关概况》(续),《全国学术工作咨询处月刊》第 1 卷第 5 期,1935 年,第 36—41 页;《中国职业介绍机关概况续志》,《全国学术工作咨询处月刊》第 1 卷第 6 期,1935 年,第 51—56 页。

1937 年 7 月日本发动的全面侵华战争,打乱了中国高等教育发展的正常秩序,也破坏了中国高校学生就业促进组织建设的进程。受战争的破坏,加之教育部相关督促力度的下降,中国高校的学生就业促进组织未得进一步发展,反而呈现出 1934 年以前那种自发发展的状态。

全面抗战爆发后,中国高等教育在战争初期受到了很大的破坏,许多高校在颠沛流离之中,其学生就业促进组织或名存实亡,或无形停顿。以厦门大学为例,该校原设有职业介绍委员会,陈灿、朱君毅、孙贵定、林文庆等人先后担任过职业介绍委员会委员长(主席)。② 但全面抗战爆发后,厦门大学在 1939 年度常设委员会名录、1941 年度各种常设委员会一览以及1946 年度各种委员会名单、1948 年度各种委员会名录中,均无职业介绍委

①　《校闻:本校组织职业介绍部新讯》,《广西大学周刊》第 8 卷第 5 期,1935 年,第 16 页。

②　陈营、陈旭华编:《厦门大学校史资料》[第五辑——组织机构沿革暨教职员工名录(1921—1987)],厦门:厦门大学出版社 1990 年版,第 11 页。

员会或类似的组织。① 厦门大学在学校层面的应届毕业生就业促进,转由校长办公室兼管。全面抗战中,厦门大学订定的办法规定,"每年度应届毕业学生得向校长办公室填具就业志愿表申请介绍工作";"本校遇有各机关委托介绍工作人员时,普遍通知已登记之应届毕业学生前来校长办公室面洽(如遇本届无人应征或应征人数不足时,由校长办公室就各届毕业生中征求之)";"应征者经审查合格后由校设法介绍工作"。② 另外,厦大校友总会设有职业介绍部的组织,为毕业生及校友介绍工作。③

1937 年以后,亦有少数高校的学生就业促进组织得以恢复活动,暨南大学即为一例。国立暨南大学在全面抗战前设有职业介绍委员会,后一度停顿。战后,暨南大学成立新的学生就业促进机构——毕业学生职业指导委员会,并于 1947 年 1 月通过《国立暨南大学毕业学生职业指导委员会规程》。暨南大学毕业学生职业指导委员会"以校长、训导长、教务长、总务长、各院院长、各学系主任为委员组织之,并以校长为主任委员,训导长为副主任委员,开会时得通知秘书注册组主任、生活管理组主任列席",其任务包括"应届毕业学生就业志愿之调查事项","各公私机关之联络调查事项","毕业学生职业之介绍、指导事项","与各地校友会联系事项","其他有关职业指导事项"等。④ 暨南大学通过毕业学生职业指导委员会的组织,开展各项活动,以促进学生就业。

二、高校促进学生就业的举措与活动

1934 年大学生职业运动发生后,中国高校对学生就业问题的认识较之前有了明显提高。这一时期,高等学校促进学生就业的举措,大致包括调查摸底、职业指导、职业介绍三个方面。调查摸底是为职业指导和职业介绍提供依据。

调查摸底包括对学生就业意愿的调查和对社会用人需求的调查。

---

① 黄宗实、郑文贞选编:《厦大校史资料》(第二辑 1937—1949),厦门:厦门大学校史编委会刊 1988 年版,第 74、95—96、250—252、261—262 页。

② 《母校注意毕业生出路 订定职业介绍办法六则》,《厦大通讯》第 2 卷第 1/2 期合刊,1940年,第 5 页。

③ 《厦大校友总会职业介绍部启事》(载《厦大通讯》第 3 卷第 4 期,1941 年 5 月 25 日),出自黄宗实、郑文贞选编:《厦大校史资料》(第二辑 1937—1949),厦门:厦门大学校史编委会刊 1988 年版,第 140—141 页。

④ 《国立暨南大学毕业学生职业指导委员会规程》,上海档案馆藏 Q240-1-629-73。

1934 年厦门大学职业介绍委员会就曾经开展毕业生调查,调查内容包括毕业生姓名、院系、擅长学科、毕业论文题目、职业经验、愿就何种职业、愿往地点、希望月薪等项,并制成统计表。① 这样便于学校掌握情况,遇到有就业机会时,可以直接向用人单位介绍合适的人才。铁路学院毕业生职业介绍处 1935 年曾函知该院"各校友会调查青年失业",同时也在调查"各机关应需何项人才"。② 该院职业介绍处对毕业生的调查结果显示,"自十四年(1925 年)至二十三年六月(1934 年 6 月)止,毕业生人数共四百零七人,就业人数三百零九人。至二十四年六月(1935 年 6 月)止,又得毕业生一百零二人,连前共五百零九人(指毕业生人数,引者注)"③。

职业指导在 1934 年以前就有一些高校开展过,1934 年以后部分高校继续开展职业指导,推动学生正确地择业、就业。以大夏大学为例,1937 年 5 月该校举行毕业生升学就业指导会,邀请校董江问渔赴校做职业指导演讲。指导会由副校长欧元怀主持,各院系应届毕业生百余人出席。江问渔演讲的题目为《青年就业应行注意要点》。在演讲中,江问渔分析了青年失业的原因,认为"社会与青年自身,均须担负一半",他指出"青年自身缺乏专业技能与高尚性格,亦是容易遭失业痛苦的要因";他"提'学'与'用'的适合程度的问题来讨论",指出"大概平均每百人中只有四十余人'学''用'均为适合,其余的人都是不合理的",并比较了文法科与理工科学用结合的情况;他指出"青年无论是从哪种办法去谋得职业,个人平时的准备却极为重要";他还指出"同学就业以后,一切须以事业成就为前提,服务社会为归宿"。④江问渔的职业指导演讲,旨在培养学生自强自立的精神,形成正确的就业观。全面抗战时期,中央政治学校、之江文理学院等校也曾开展职业指导,促进学生就业。之江文理学院的职业指导由该校训导处负责,"指示学生选择职业之目标及将来就业时应有之准备,由顾琢人先生主持其

---

① 本校职业介绍委员会调查:《校闻:毕业生职业介绍调查表》,《厦大周刊》第 13 卷第 25 期,1934 年,第 19—21 页。

② 《公牍:本院函全国学术工作咨询处(三月二十三日):为敝院毕业生职业介绍工作之情况及失业青年调查之概况附职业介绍处简章一并函请查照办理由》,《铁路学院月刊》第 21 期,1935 年 4 月,第 28 页。

③ 《函全国学术工作咨询处(十一月二十二日)》,《铁路学院月刊》第 28 期,1935 年 11 月,第 18 页。

④ 《校闻:本届毕业生升学就业指导会 欧副校长主席致开会词 江问渔校董讲"青年就业应行注意要点"》,《大夏周报》第 13 卷第 26 期,1937 年 5 月,第 603—604 页。

事"①。中央政治学校"为使学生各就适当职业,人尽其才,以增进工作效率起见,特于学生将毕业或出校实习一周前,施以就业指导训练"②。该校于1941年对地政、会计两专修科第一期学生施以就业指导训练,内容包括"服务精神之训练","讲述政治家及公务员服务上应具有之精神";"服务经验之讲述","请实际有经验人员,将服务经验作有系统之讲述";"实习事项之指导","实习时注意要点及报告作法";"服务指导","由指导部主任讲解公务员服务规程","聘请与学生将来拟任职务有关之主管机关人员,讲解业务现况及发展机会";"业余进修方法指导","由研究部主任讲演学生出校后,继续研究学术之方法",等等。③ 中央政治学校的性质,虽难免让人想到该校会借就业指导之机灌输国民党的意识形态,但前述"服务经验之讲述""实习事项之指导""业余进修方法指导"等就业指导项目,客观上对毕业生实习、就业后尽快适应工作岗位以及在工作中求上进,也有较大的益处。

各高校的学生就业促进组织也接收社会用人机构对人才的征求,并推荐学生投考或应聘。以浙江省立医药专科学校为例,该校职业介绍委员会自1935年秋成立以后,"业经介绍校友多人就职",1936年又列出一些新的需求岗位推荐给毕业校友,如"宁波华美医院外科医师一人,又实习生二人","交通兵校战营军医一人","宪兵司令部军医院上中尉军医八人","上海某公司需用药剂师一人"等。④ 再以武昌中华大学为例,1937年上半年该校职业介绍部"接湖北省银行及中华职业教育社武汉办事处代军委会资源委员会机器制造厂来函,为招收练习生",请介绍学生投考,该校职业介绍部即"布告周知",并分别函介愿意投考学生,让其如期投考;"此外,尚有某校函请物色文史数理等科教员",该校职业介绍部则依照"毕业生成绩标准,及其失业状况,遴选数人函介",并有数人就业成功。⑤

张贴布告、校刊发表等,是各高校向学生公开就业信息的途径。而各高校校刊成为向学生提供人才需求消息、就业信息的重要途径。同济大学即为一例。同济大学编辑出版的《国立同济大学旬刊》从1933年10月创刊

---

① 《训导处消息:本学期重要工作概况·职业指导》,《之大通讯》1940年第6号,1940年10月,第7页。

② 《校闻:地政、会计两专修科第一期学生将施就业指导训练 办法大纲行政会议通过》,《中央政治学校校刊》第191期,1941年6月,第6页。

③ 同上,第6—7页。

④ 《职业介绍委员会消息》,《浙江省立医药专科学校校刊》第6期,1936年3月15日,第5页。

⑤ 《本大学职业介绍部工作近况》,《中华周刊》第577期,1937年4月3日,第1页。

后积极刊登社会用人单位征聘人才的消息，为学生提供就业信息，并在1935—1936 年达到了高潮，如表 3-3 所示。

表 3-3　1935—1936 年间《国立同济大学旬刊》刊载的人才需求信息

公布的人才需求信息	期　　数
校闻:馥亚电机公司向本校征聘人员	1935 年第 46 期
国立编译馆向本校征聘工、医两项人员	1935 年第 48 期
校闻:本校受托征聘生理学教授一员	1935 年第 49 期
校闻:南昌航空委会第二修理工厂征聘航空机械人员	1935 年第 50 期
校闻:上海中和灯泡厂托本校征聘职员	1935 年第 51 期
校闻:武进分诊所托本校征聘医师	1935 年第 59 期
布告:本校职业介绍委员会布告征聘留学德奥或精通德文之机械学人才一员	1935 年第 61 期
通讯:寰球中国学生会总干事函为北方某工学院及本埠某机关征聘人员事	1935 年第 61 期
校闻:新通贸易公司向本校征聘工程师	1935 年第 62 期
校闻:金陵兵工厂向本校征聘人员	1935 年第 63 期
校闻:南京资源委员会及实业部地质调查所向本校征聘机械工程师各一员	1935 年第 66 期
校闻:江西南昌军医院请本校代征聘外科医师及普通医师各一员	1935 年第 66 期
校闻:某校向本校征聘物理专任教授	1935 年第 66 期
校闻:某省立医院托本校征聘外科主任及医务主任各一员	1935 年第 69 期
校闻:本校受托征聘医院院长一员	1935 年第 79 期
校闻:上海义成公司托本校征聘土木工程人才	1935 年第 80 期
布告:布告征聘配制干电池工程师一员	1936 年第 82 期
校闻:本校受托征聘药物学教官、解剖助教、细菌助教各一员	1936 年第 82 期
校闻:本校附设工厂征聘管理员一人	1936 年第 83 期
校闻:浙赣铁路局上饶诊所托本校征聘医师	1936 年第 85 期
校闻:本校征聘起重机学及应用力学助教一员	1936 年第 87 期
校闻:外埠某洋灰工厂征聘机械技术人员	1936 年第 90 期
校闻:全国学术工作咨询处托本校代为征聘德文及解剖兼生物教员各一员	1936 年第 91 期

续　表

公布的人才需求信息	期　数
校闻:广西军医院托本校征聘内科主任一员	1936 年第 92 期
校闻:浙赣铁路医务所托本校征聘医师二名	1936 年第 92 期
校闻:某机关函托本校征聘办理文书会计事务人员一名	1936 年第 94 期
校闻:上海某医院托本校征聘医生一人	1936 年第 95 期
校闻:某机关函托本校征聘工程师一员	1936 年第 95 期
附表:征聘土木建筑工程师一员	1936 年第 96 期
校闻:某机关函托征聘德文教官一员	1936 年第 99 期
校闻:四川某大学函托征聘校医及工学院讲师各一员	1936 年第 99 期
校闻:征聘机构原动机设计图等专门课程并兼授德文人员一名	1936 年第 100 期
校闻:济南陆大工厂函托征聘设计及训练绘图生工作人员一名	1936 年第 100 期
校闻:某工厂函托征聘工学院毕业同学一名,机师科或附职校毕业同学一名	1936 年第 100 期
校闻:为莫干山疗养院征聘医师一人	1936 年第 100 期
校闻:清华大学向本校征聘对于金工工作有经验与特殊成绩者前往服务	1936 年第 101/102 期
校闻:国府军委会资源委员会函请本校介绍本年度电机系毕业生四员前往练习	1936 年第 103 期
校闻:征聘物理及药物学教授各一人	1936 年第 105 期
校闻:上海中央机器厂托本校推荐设计及划样管理工务人才	1936 年第 106 期
校闻:征聘英译华文翻译人员	1936 年第 107 期
校闻:征聘本校电工系毕业同学	1936 年第 111 期
校闻:汉口某大工厂拟征聘本校毕业同学二员	1936 年第 112 期
校闻:欧亚航空公司向本校征聘绘图员	1936 年第 115 期
校闻:西北农林专校向本校征聘测量助教	1936 年第 116 期
校闻:广州市立医院曾院长向本校征聘外科主任及内科同学二人	1936 年第 117 期

　　注:《国立同济大学旬刊》1933 年创刊,由该校秘书处出版课编行,创刊后期号是连续的,从 1936 年第 94 期起改名《同济旬刊》,编行者改为同济大学旬刊社。

　　其他一些高校校刊上也有刊登人才需求信息的,如《国立浙江大学校刊》在 1947 年复刊第 151 期、第 157 期、第 164 期的"校闻"一栏中就曾分别刊登《海军青岛造船所向本校征聘技术人员》《台湾电力公司征聘本校毕业生》《联合国人事局向本校征聘人员》等消息,向本校学生报告就业信息。

　　布告栏、布告箱及张贴布告,也是一些高校向学生发布人才需求信息的途径。前述同济大学除了通过校刊发布人才需求信息外,还"鉴于向来各方托请特色人材介绍职业之函件,至为拥挤,特将大礼堂楼下东首之布告箱改辟为职业介绍布告箱,以便需求职业之同学,得一目了然云"①。同济大学通过职业介绍布告箱来陈列各方托请介绍人才的函件,让学生直接了解一些社会单位的人才需求信息。

　　各高校通过布告栏、校刊公布的就业信息,是社会用人单位向学校征聘或学校通过不同途径打听到的。当然,这些就业信息通常也不能完全满足高校学生的就业需求。这样,许多高校还需要把毕业生向用人单位推荐。以四川大学为例,1935 年该校就将"第四届毕业学生姓名,造册函送各军政机关,请酌予录用",并在函件中写道"查本大学(该校自称,引者注)第四届毕业学生,计分中文,英文,史学,教育,数学,物理,化学,生物,法律,政治,经济等十一系,俱应服务社会,借资历练,兹特将各系学生姓名籍贯,依照毕业成绩次序,印制清单,检同函达,即请查照,酌予录用,至为感荷!"②后来,该校得到四川地区军政负责人刘湘的回复,表示"将毕业学生名册提存,俟有相当职务,再行酌办"③。再以铁路学院为例,该院 1935 年2 月曾为毕业生萧联昌、熊仲南二人函请全国学术工作咨询处,"照填规定之表式","请求转为委托介绍工作"。④ 1935 年 11 月铁路学院毕业生职业介绍处,曾函同蒲铁路管理局介绍该院毕业生李伯海,函北宁铁路管理局介绍该院毕业生汪冠东、国振裕,请予录用。⑤ 1936 年 1 月该院毕业生职介处曾致函平绥铁路管理局推荐铁路管理系会计门毕业生刘毅民,2 月又分

---

　　① 《校闻:本校辟职业介绍布告箱》,《国立同济大学旬刊》总第 51 期,1935 年 2 月 21 日,第 10 页。

　　② 《纪事:本校职业介绍所函军政机关录用毕业生》,《国立四川大学周刊》第 4 卷第 2 期,1935 年 9 月,第 4 页。

　　③ 同上,第 5 页。

　　④ 《公牍:本院函全国学术工作咨询处(三月二十三日):为敝院毕业生职业介绍工作之情况及失业青年调查之概况并附职业介绍处简章一并函请查照办理由》,《铁路学院月刊》第 21 期,1935 年 4 月,第 27—28 页。

　　⑤ 《公牍:函同蒲路局(十一月六日):介绍本院毕业生李伯海请予录用》,《铁路学院月刊》第 28 期,1935 年 11 月,第 12 页;《公牍:公函北宁铁路管理局(十一月二十二日):介绍毕业生汪冠东、国振裕请酌予录用》,《铁路学院月刊》第 28 期,1935 年 11 月,第 18 页。

别致函中央银行总行介绍毕业生林家辉、致函北宁铁路管理局介绍毕业生王濂、致函津浦铁路管理局介绍毕业生秦惟新等。[①] 再以抗战时期的立信会计专科学校为例,该校1937年正式开办,前身是1928年创办的立信会计补习学校。抗战期间,立信会计专科学校坚持推荐毕业生就业,如1940年曾介绍毕业生毛竹书至益丰公司任会计、介绍毕业生吴喆人至中兴纸号任会计、介绍毕业生吴伯益至元泰公司任会计、介绍毕业生高根发至汇丰银号任会计、介绍毕业生胡伯祥至某毛织厂任会计等。[②]

三、高校解决学生就业问题的助推器——校友会

校友会、同学会等组织是近代学校教育发展过程中的产物。高等学校的校友会、同学会,一般由已毕业、走上社会的校友或同学组成,并开展一定的活动。这种校友会、同学会等组织,一般多与母校保持一定的联系。近代中国高校校友联谊组织的名称、形式虽有不同,但宗旨大致接近,不外是联络感情、互通声气、相互提携并赞助母校发展等。

早在1934年以前,高等学校校友联谊组织为校友介绍工作的活动就已经出现。民国北京政府时期,金陵大学同学会设有职业介绍部。作为金陵大学同学会会长兼职业介绍部委员,陶行知在1917年圣诞节的金大同学恳亲会上曾指出:"职业介绍部,以地点言,或甲地才乏,而乙地事简;以人才言,精于农者,每不宜于西北,精于矿者,每不宜于东南。则量才器使,全恃各地介绍部之支配得宜耳。况有此部,消息益灵,机缘亦不至坐失矣。"[③]

1934年大学生职业运动之后,高校毕业生就业问题引起了广泛的社会

① 《公牍:发文摘录:本院致平绥铁路局函(一月六日):介绍毕业生刘毅民请录用由》,《铁路学院月刊》第30期,1936年1月,第10页;《公牍:本院致上海中央银行总行函(二月二十一日):函上海中央银行:介绍毕业生林家辉请酌予录用由》,《铁路学院月刊》第31期,1936年2月,第17页;《公牍:本院介绍处致北宁铁路管理局公函(二月廿七日):函北宁路局:介绍毕业生王濂请酌予录用由》,《铁路学院月刊》第31期,1936年2月,第19页;《公牍:本院致津浦铁路管理局函(二月二十八日):函津浦路局:介绍毕业生秦惟新请酌予录用由》,《铁路学院月刊》第31期,1936年2月,第19—20页。

② 《母校消息:职业介绍》,《友讯》第41期,1940年11月15日,第9页。

③ 陶行知:《在金陵大学同学恳亲会上的讲话》,出自方明主编:《陶行知全集》(第1卷),成都:四川教育出版社2005年版,第206页。

关注。关注同学就业问题的高校校友联谊组织也开始逐渐增多。① 1934 年东吴大学同学会组织的东吴俱乐部添设职业介绍部，"同学中凡欲该部介绍职业者，可先至会所登记"②。另据《全国学术咨询处月刊》1935 年报道，当时清华大学毕业生职业介绍部为毕业生介绍工作的办法有三种，分别是"以学校名义作普遍之介绍""由校长及私人分别设法介绍"和"由该校毕业同学会留意介绍"。③ 让毕业同学会想办法为学弟学妹们介绍工作，是清华大学促进毕业生就业的重要途径之一。

全面抗战期间，立信会计专科学校的同学会对校友职业介绍问题非常关注。立信同学会成立于 1931 年，1934 年创办会刊《友讯》。立信同学会出版部主编的《友讯》刊物设有"职业介绍消息"一栏，对母校职业介绍进行报道。"职业介绍消息"栏目中，既有职业介绍成功的案例，也有暂时还在征求人才的岗位。而后者则有助于有求职需求的校友在看到消息后前往应聘，有助于推动校友就业。以下是《友讯》杂志 1939 年第 36 期刊登的几则征求人才的消息：

> 浙江省政府现需熟悉成本会计并富有经验之会计员二人，月薪约五六十元。同学中如有上项人才而愿至浙省服务者，希尽速向母校登记。
>
> 本埠（指上海，引者注）某钢窗公司需用有经验之成本会计员一人，年龄须在三十岁以上，月薪在百元左右，现正由母校物色中。
>
> 福建建设厅需用有经验之会计一人，月薪五六十元。同学中如具有经验而读过成本会计，而成绩列入优等者，希赶速向母校登记。④

同样是在全面抗战时期，厦门大学校友会总会则设有职业介绍部开展活动。厦门大学校友会总会成立于 1940 年 5 月，并在重庆、福州、桂林及新

---

① 如前所述，当 1934 年 10 月教育部通令各高校设立学生职业介绍机关时，少数高校曾用校友服务机构来代替通令中的职介机关，如私立燕京大学上报了 1929 年春成立的教务处校友课、私立福建协和学院上报了 1930 年 9 月成立的校友部以及国立交通大学上报了校友服务协助处。不过，这些校友服务机构，在组织隶属、业务宗旨上与校友会及同学会还是有区别的。

② 《东吴俱乐部设立职业介绍部及法律指导部》，《老少年》第 11 卷第 4 期，1934 年 6 月，第 9 页。

③ 《中国职业介绍机关概况》，《全国学术工作咨询处月刊》第 1 卷第 4 期，1935 年 4 月，第 36 页。

④ 《职业介绍消息》，《友讯》第 36 期，1939 年 12 月，第 7 页。

加坡、香港、宿务等地设有分会。厦门大学校友会总会职业介绍部接受各地用人单位和校友的人才需求登记,并向其推荐母校毕业生及相关人才。为规范征聘手续,厦门大学校友会总会职业介绍部曾发启事,内称"各机关各学校以及各地校友时因工作人员缺乏,函向本校友会征求工作人员或教职员,惟其来函对于拟聘工作人员之待遇、津贴、资历、擅长学科等,多未详细说明。兹为便利介绍起见,特印就征求工作人员委托书一种。嗣后各机关学校及各地校友如欲征求工作人员,请照此表填明送下,以便统筹介绍为荷"①。厦门大学校友会总会并在《厦大通讯》杂志上配发了征求工作人员委托书的样式。

抗战胜利后,部分高校的校友会组织仍然有职业介绍的活动。以武汉大学校友会为例,1947 年 5 月该校友会上海分会就曾在会刊上刊登职业介绍消息,内称"前工学院长谭声乙现任甘肃建设厅长,顷由兰州来电征求大批人员,待遇从优。有意前往西北服务各校友,请迳向上海戈登路底西光复路二号叶自伟校友洽谈"②。北平中国学院校友会为推动校友就业问题的解决,曾于 1946 年呈请国民政府行政院"以毕业同学四百余人请分发各机关录用"③。

校友会、同学会等校友联谊组织,是各高校毕业生职业介绍重要的助推器。部分高校有些毕业生正是通过校友会、同学会等校友联谊组织提供的就业信息或是直接推荐,才获得了就业机会。

20 世纪 30、40 年代,部分高校在帮助毕业生就业方面开展了活动,有些高校还有校友联谊组织的"助攻"。不过,也需要指出的是,高校依靠自身或校友的力量推动毕业生就业,其作用仍不可夸大。从高校本身来看,不同高校在推动毕业生就业方面的成效并不相同。著名大学或是热门专业的专科学校,一般比较受到用人单位的青睐,得到人才征求的机会较多,向用人单位推荐毕业生的面子也大。但是普通高校的情况则要差很多,甚至相反。实际情况却是普通高校才是当时高校的主体。所以更多的高校在推广毕业生出路方面,还不能做到完全依靠自己的力量。再看高校推动毕业生就业的助推器——校友联谊组织,理论上讲,已毕业并就业的校友在各自工作单位或相关行业领域中,能够获知第一手的人才需求信息;已

---

① 《厦大校友会总会职业介绍部启事》,《厦大通讯》第 3 卷第 4 期,1941 年 5 月,第 32 页。

② 《职业介绍》,《国立武汉大学校友会上海分会会刊》第 5 期,1947 年 5 月,第 4 页。

③ 沈岚选辑:《行政院各部会商解决大中学生毕业后失业问题史料一组》,《民国档案》第 2 期,2009 年,第 47 页。

毕业并就业的校友在工作一定时间、积攒一定人脉关系后,有些也能够利用人脉关系为母校推荐后续的毕业生。所以,同学会、校友会这样的组织,既可以成为母校了解人才需求消息的重要来源,也可以直接为母校向用人单位推荐毕业生。但是,并不是每个高校的校友会都组织完善,也有不少高校的校友会组织只是徒有其名,甚至有的高校根本就没有校友会组织。另外,普通高校与著名大学或热门专科学校的校友,整体上在就业单位、人脉资源上也有一定差异,这种就业资源届际传递的"马太效应"也是不可忽视的一个方面。著名大学或热门专科学校的校友荣誉感较强,校友会组织得多;校友的就业单位及人脉关系整体上要好一些,所能传递给后来毕业生的就业资源相对也要多一些、好一些。这种传递过程中的累积效果,常会让普通高校感觉望尘莫及。

第二节　社团就业服务机构与高校学生就业

民国时期,社会上有不同类型的非官方就业服务组织。一类是民间的荐头店、荐人馆、中人行等组织,主要为富裕家庭介绍佣工、奶妈、保姆,或为店铺介绍学徒、帮工等,层次较低,高校学生极少会去问津。另一类是中华职业教育社、基督教青年会、寰球中国学生会等社团创办的职业指导所、职业介绍所等机构,层次较高,虽然也宣称不限受众,但由于有一定的登记、面洽手续,接受征求人才的用人单位多为企事业机关,所以实际向其求助的多为受过一定教育的人,其中也包括高校学生。

一、全面抗战前社团就业服务机构与高校学生就业

民国时期国内曾出现过一批面向社会服务的职业指导所,如全面抗战前的上海职业指导所、南京职业指导所、无锡职业指导所、广州职业指导所、厦门职业指导所、吴县职业指导所、嘉定职业指导所、江苏民众教育馆职业指导所、上海市职业指导所等,再如全面抗战时期大后方的重庆职业指导所、四川职业指导所、贵阳职业指导所、昆明职业指导所、桂林职业指导所、长沙战时职业指导所等。① 创办这些职业指导所的,以中华职业教育

---

① 上海职业指导所由中华职业教育社创办,而上海市职业指导所由上海市社会局创办,两者是不同的机构。

社、基督教青年会这样的社团为主,而南京市教育局、上海市社会局及江苏省立民众教育馆这些政府机构则是重要的参与力量。这些职业指导所除职业指导外,一般也兼办职业介绍、职业培训等其他就业促进服务,是民国时期社会就业的重要促进力量。[①] 在这些职业指导所中,以上海职业指导所成立最早、持续时间最长、知名度最大。

上海职业指导所早在1927年就成立了。它是中华职业教育社成立的第一家社会化的职业指导所,也是后来其他职业指导所效仿的榜样。抗战前上海职业指导所的负责人有刘湛恩、潘文安、何清儒,工作人员有杨崇皋、吴宗文、甘叔钧、王介文、朱远荣、吴拭尘、柳大经等。[②] 在当时来说,它算是比较大的社会就业服务机构了。上海职业指导所除了在择业、就业、改业等方面提供职业指导服务外,还开展职业介绍、代办招考等服务。对于个人求助者,上海职业指导所坚持公益性的原则,其所提供的职业指导、职业介绍等服务都是免费的;对于机关单位要求的代办招考业务,上海职业指导所才会酌情收费。该所秉承的是当时欧美流行的人职匹配理念。上门请求职业指导、职业介绍者,要先行登记、填写表格;有时还需要接受心理测试、技能测验,以考察心理素质、职业技能。职业介绍成功后,上海职业指导所还会提供续行的服务指导,以确保就业者与用人单位互相满意。这些规定在当时中国算是要求比较高的。这样的一种运作模式,自然是一般私营的荐头店所不能比的,即使是同时期其他公共职业介绍组织也以上海职业指导所为榜样。因上海职业指导所服务规范、讲求科学,既让它在中华人民共和国成立前上海地区的就业服务机构中享有较高的信誉度,又让许多文盲半文盲的底层社会群众对之望而却步。该所自己也承认向其求助者以受过一定教育者为主。这当然也包括一定数量的高校毕业生。

在1934年大学生职业运动发生的前一年,该所已经感受到高校毕业生就业的危机。"暑假到了,便见成千累万的大学毕业生,到上海职业指导所来,登记求职,学教育的当然要找一个教员或校长的位置;学经济商业的,当然要在银行公司里得一个职员;就是学其他科学的,也得要谋一个相当事儿,用以解决个人生活问题。在职业指导所的先生们,总是疾首蹙额

---

① 关于民国时期这些职业指导所的详细情况,参见拙作《社会事业视角下的民国职业指导研究》,北京:中国社会科学出版社2014年版。

② 潘文安、何清儒、杨崇皋、吴宗文:《十年来之上海职业指导所》,《教与学》第2卷第11期,1937年5月,第236页。

的说：'不得了，不得了，大学毕业生，谋事的大学毕业生这样多，不得了，不得了。'"①

20世纪30、40年代，上海职业指导所面对高校学生的就业问题也进行过一些努力，如配合参与全国学术工作咨询处的就业促进活动，对高校学生就业问题进行研究，派人赴一些高校对学生做职业演讲，为一些上门求助的高校学生提供职业指导、职业介绍服务，等等。

全国学术工作咨询处是全面抗战前国民政府设立的关于高校毕业生与专业技术人员的就业协调机构。该处设有就业指导委员会，主要负责职业介绍的规划、职介机关的联络、人才调剂的建议、就业指导的开展等方面事务，全国学术工作咨询处的主任、副主任是当然委员，其余委员则由该处在社会上聘请一些专家、名流担任。② 1935年3月9日，全国学术工作咨询处就业指导委员会在上海召开成立大会暨第一次会议，出席会议的外聘委员有黎照寰、刘湛恩、欧元怀、潘仰尧（即潘文安）、戴志骞、何清儒、叶恭绰、王志莘等人。③ 其中，刘湛恩、潘仰尧、何清儒等同时又是上海职业指导所的负责人。并且，全国学术工作咨询处"为便利国内专科以上学校毕业生登记介绍工作起见，委托国内各大城市之相当教育学术机关团体，设立代办所"④。到1936年，已经成立代办所的有上海、北平、云南、湖北、安徽五处。其中，上海地区就由上海职业指导所代办。据全面抗战爆发前《十年来之上海职业指导所》一文记载："教育部暨全国经济委员会合办之全国学术工作咨询处，为调剂专门人才以谋供求适合起见，须有相当联络，对于上海方法（面）之登记、介绍、调查等事项，完全委本所（指上海职业指导所，引者注，下同）代办，以期便捷。最近该处成立小工业贷款委员会，邀请本所派员参加，共同办理。"⑤作为全国学术工作咨询处在上海地区的代办组织，上海职业指导所曾分函沪上各大学机关团体，函称"自廿四年（指1935年，引者注）九月一日起，关于代办全国学术工作咨询处事宜，改用上海代办所名义，一面继续本所原有之全部工作及对外一切关系"⑥。上海职业指导所

---

① 问渔：《毕业与失业》，《教育与职业》总第148期，1933年9月，第602页。

② 《全国学术工作咨询处就业指导委员会章程》，《全国学术工作咨询处月刊》第1卷第2期，1935年2月，第9页。

③ 《全国学术工作咨询处昨招待新闻界》，《申报》1935年3月10日第15版。

④ 《全国学术工作咨询处委托各机关团体设立代办所规约》，《全国学术工作咨询处月刊》第1卷第6期，1935年6月，第19页。

⑤ 潘文安、何清儒、杨崇皋、吴宗文：《十年来之上海职业指导所》，《教与学》第2卷第11期，1937年5月，第272—273页。

⑥ 《沪代办所函各大学》，《全国学术工作咨询处月刊》第1卷第9期，1935年9月，第47页。

与全国学术工作咨询处合作内容有，"咨询处委托调查事项""收发咨询处调查登记表""介绍著名工厂与咨询处商订介绍实习办法""答复关于咨询处询问事件""办理咨询处登记人员上海方面介绍事宜"。①

上海职业指导所在高校学生就业方面进行了一些调查研究。何清儒是其中的积极参与者。何清儒早年毕业于清华学校，后赴美留学，就读于哥伦比亚大学，获得博士学位；回国后，曾一度任职齐鲁大学、清华大学，后加入中华职业教育社和上海职业指导所。何清儒曾任中华职业教育社研究股股长，1934 年起开始参与上海职业指导所活动，抗战前曾任上海职业指导所副主任。② 何清儒留学时的博士论文是关于美国科学家职业生涯的，回国后还曾被推举为中国人事管理学会的理事长，是当时国内著名的职业问题专家。1934 年以后，何清儒针对高校学生就业问题曾发表了一系列文章：《职业运动同盟》《大学毕业生寻求机会的途径》《大学生学与用的关系》（《教育与职业》1934 年总第 157 期），《大学毕业生的报酬》（《教育与职业》1934 年总第 158 期），《大学毕业生对拟入大学者的忠告》（《教育与职业》1935 年总第 162 期），《救济失业毕业大学生》（《教育与职业》1936 年总第 176 期），等等。例如，他的《职业运动同盟》一文是针对当时大学生职业运动的评论，文中指出"人才统制是解决大学生问题根本的彻底的办法"，"如果人才的培养是根据实际上质度、量度的需要，所造就的人才，就没有出路问题"。③ 作为职业问题专家，何清儒的一些研究和建议，对于当时解决高校学生就业问题是有积极意义的。

上海职业指导所经常为一些高校提供派出的职业指导演讲服务。1935 年 10 月，何清儒赴兼课的光华大学演讲"大学生出路问题"，向同学指出"自己的目光，不要专放在空的位置上，要创造新的机会出来，或是经营社会上尚未举办的事业，眼光应该放入人家所未做的事业"；告诫学生"用人的机关，在选用人才的时候，并不专注意资格文凭，要看对机关有何用处。谋事者必须有特别才能，方容易录用。"④1936 年 4 月何清儒应北平师范大学之约，赴该校演讲四次，其中有两次即为"职业指导的意义""职业指

---

① 《沪代办所函各大学》，《全国学术工作咨询处月刊》第 1 卷第 9 期，1935 年 9 月，第 47 页。

② 1934 年上海职业指导所致函同济大学时，已见何清儒的署名，参见刘湛恩、何清儒、潘文安：《公牍：上海职业指导所函致附送规章表格及告各校同学书》（《国立同济大学旬刊》第 39 期，1934 年 10 月 21 日，第 3 页）。

③ 何清儒：《职业运动同盟》，《教育与职业》总第 157 期，1934 年 8 月，第 410 页。

④ 何清儒讲、张令杭记：《大学生出路问题》，《光华大学半月刊》第 4 卷第 3 期，1935 年 11 月，第 70 页。

导的方法"；"除师大外，并在北大演讲职业指导一次"。①

　　上海职业指导所也接受高校学生的求职登记，甚至主动与一些高校联络进行合作。1934年，上海职业指导所曾致函一些高校，希望在人才供求方面加强沟通。其中，上海职业指导所在致同济大学的函中称，该所成立以来"一面为青年介绍职业，一面与职业界时常联络，盖直接为学生辟出路，间接为社会谋发展"，表示愿意与同济大学有关部门合作，"遇有人才之供求，彼此随时通讯，俾便合作进行"。② 在上海职业指导所的求职者中，有相当一部分是高校毕业生。表3-4和表3-5所示是1934年和1935年两年度上海职业指导所登记的国内外专科以上学校毕业生求职者及为其介绍就业情况。

表3-4　1934年和1935年上海职业指导所登记求职者中的高校毕业生及其所占比例

教育程度	人　数		百分比	
	1934年	1935年	1934年	1935年
国外大学	51	30	2.5%	1.1%
国内大学	472	381	22.2%	13.3%
专科学校	155	177	7.4%	6.7%

【资料来源】潘文安、何清儒、杨崇皋、吴宗文：《十年来之上海职业指导所》，《教与学》第2卷第11期，1937年，第277页。

表3-5　1934年和1935年上海职业指导所介绍就业者中的高校毕业生及其所占比例

教育程度	人　数		百分比	
	1934年	1935年	1934年	1935年
国外大学	11	4	5.0%	2.0%
国内大学	51	26	24.5%	13.6%
专科学校	19	18	10.5%	10.0%

【资料来源】潘文安、何清儒、杨崇皋、吴宗文：《十年来之上海职业指导所》，《教与学》第2卷第11期，1937年，第282—283页。

　　从表3-4和表3-5可以看出，1934年和1935年两年度上海职业指导所登记求职者中，毕业于国外大学、国内大学及专科学校等国内外专科以上

---

　　① 《何清儒博士赴平演讲》，《中华职业教育社社务月报》4月期，1936年，第1页。
　　② 刘湛恩、何清儒、潘文安：《公牍：上海职业指导所函致附送规章表格及告各校同学书》，《国立同济大学旬刊》第39期，1934年10月21日，第3页。

学校者,合计分别占求职者总数的 32.1%、21.1%。上海职业指导所的求职者中有相当一部分是高校毕业生。① 高校毕业生对上海职业指导所还是比较信赖的。1934 年 10 月全国学术工作咨询处在南京成立,受此影响,次年向上海职业指导所直接求职的高校毕业生总人数有所下降。1934 年和1935 年两年度上海职业指导所介绍就业者中,毕业于国内外专科以上学校者分别占就业者总数的 40%、25.6%。上海职业指导所介绍就业者中高校毕业生比例,比登记求职者中高校毕业生所占的比例要高。这一方面说明上海职业指导所在促进高校毕业生就业方面没少进行努力,另一方面也说明高校毕业生在就业领域比其他层次学历的求职者更有优势。

除了中华职业教育社的上海职业指导所外,基督教青年会、寰球中国学生会等社团也有就业服务机构,全面抗战前它们在促进高校学生就业方面也发挥了一定作用。

青年会(Young Men's Christian Association)是基督教的外围组织,一个受基督教指引的国际性青年联谊和社会服务组织。该组织最早出现在英国,后传遍世界。基督教青年会组织在近代也传入了中国,在一些中国城市和学校建立了青年会组织(即"市会"和"校会")。基督教青年会的会训是"非以役人,乃役于人",强调社会服务精神。一些地方青年会组织曾开展过文体、旅行、社会服务等活动,联络青年感情,借以赢得青年对基督教的好感。20 世纪 30 年代上海青年会曾设有职业辅导部的组织,为青年就业提供服务。上海青年会职业辅导部,"一方面指导青年择业之途径,及为失业青年代谋栖止,一方面为各机关物色人才,完全服务性质,概不取酬"②。从 1936 年 9 月至 1937 年 8 月,上海青年会职业辅导部接受求职登记 311 人,经过介绍获得就业者有 107 人。③ 这其中也有一部分高校毕业生,具体情况如表 3-6 所示。

---

① 据上海职业指导所统计,1934 年登记求职者中 21—30 岁年龄段占总数的 62%,31 岁以上者占 16.7%(其中 31—35 岁者占 8.6%);1935 年登记求职者中 21—30 岁年龄段占总数的 57.3%,31 岁以上者占 19.2%(其中 31—35 岁者占 7.6%);而 1934 年经介绍就业者中 21—30 岁年龄段占总数的 66.7%,31 岁以上经介绍就业者仅占 15%(其中 31—35 岁者占 9.2%);1935 年经介绍就业者中 21—30 岁年龄段占总数的 62.1%,31 岁以上经介绍就业者仅占 12.1%(其中 31—35 岁者占 8.4%)(参见潘文安、何清儒、杨崇皋、吴宗文:《十年来之上海职业指导所》,《教与学》第 2 卷第 11 期,1937 年,第 276—277、282 页;另注,原文中比例计算有误,引用时笔者进行了重新计算)。一般来说,高校毕业年龄当在 21—30 岁之间。从前述统计结果大致可以推断,在上海职业指导所登记求职的和经介绍就业的高校学历者,大多数是应届毕业或毕业不久者。

②③ 《国内劳工消息·就业·职业介绍:上海青年会职业介绍统计》,《国际劳工通讯》第 5 卷第 3 期,1938 年 3 月,第 85 页。

表 3-6　1936 年 9 月至 1937 年 8 月上海青年会职业辅导部登记求职者教育程度

教育程度	大学程度	高中程度	初中程度	小学程度	其他	西人	总数
人数	90	106	56	23	35	1	311

注：表中"西人"指外国人。

【资料来源】《国内劳工消息·就业·职业介绍：上海青年会职业介绍统计》，《国际劳工通讯》第 5 卷第 3 期，1938 年，第 86 页。

寰球中国学生会成立于 1905 年，其初衷在于促进留学、加强留学生联谊，后扩大到其他一些社会服务。为服务社会，该机构设有职业指导部，开展升学指导、职业指导、职业介绍等活动。寰球中国学生会职业指导部"逐年经会介绍而有成就者，人数颇众"，截至 1937 年 4 月，"一年来经介绍得业者计有一百五十八人"，除了工学、社会学、国文、英文教授 48 人外，还有"工程师八人，中等教师二十九人，小学教师四十五人，家庭教师十六人"，"代办招考练习生计有四起，共十二人"。[①] 这些经过介绍就业成功者，也不乏高校毕业生，尤其是获就中等学校教师、工程师等职者。

二、全面抗战时期社团就业服务机构与高校学生就业

全面抗战爆发后，中华职业教育社、基督教青年会等组织在内地创办了一系列的就业促进机构，如中华职业教育社与基督教青年会在陪都重庆创办的重庆职业指导所，基督教长沙青年会设立的战时职业指导所，以及中华职业教育社在昆明、贵阳、桂林、成都等地设立的职业指导所等。这些职业指导所在高校学生就业方面也发挥了一定作用。

重庆职业指导所位于大后方的陪都，是中华职业教育社与基督教重庆青年会于 1938 年合作成立的。该所设于重庆青年会内，"青年会除供给办公房屋外，并派一职员驻所工作"，其余费用及工作人员则由中华职业教育社提供。[②] 成立一年中，重庆职业指导所"登记求业的有七四〇二人"，其中"国内外大学五八一人，专门学校六五八人"。[③] 专科以上学校毕业登记求职者共 1239 人，约占求职者总数的 17%。其中，从 1938 年 10 月至 12 月

---

　　① 朱少屏：《寰球中国学生会职业指导部概况》，《教与学》第 2 卷第 11 期，1937 年 5 月，第286 页。

　　② 《介绍本社事业之一——重庆职业指导所》，《社讯》第 3 期，1941 年 5 月，第 1 版。

　　③ 《国内劳工消息·职业介绍：重庆职业指导所一年来工作之回顾》，《国际劳工通讯》第 7 卷第 2 期，1940 年 2 月，第 123 页。

这三个月,经重庆职业指导所介绍就业者 501 人。[1] 这里面就包括一部分国内外大学及专门学校毕业者。

昆明职业指导所是中华职教社云南办事处于 1939 年 5 月成立的。该所成立后服务对象中也包括一部分高校毕业生。该所工作人员苏健文曾记录一个高校毕业求职者的案例:这位女性求职者毕业于北京大学外语系,因失业至昆明职业指导所"请设法介绍至任何机关任职",该所先"告以目前在此登记求英文教员职位者已有数十位,均未有觅得工作,如你对于粉笔生涯不感兴趣,可就平日翻译些有关抗战建国合于时代性的文章,继续投寄一报社杂志作为进身该报社或杂志社服务之媒介",然后又告知她"如此项未能做到,则目前社会(民国廿八、廿九年间)比较需要而工作具体,适合女子的工作,厥为会计,待遇亦甚高",建议她"可进职业补习学校学习会计,改业会计或英文打字"。[2] 该所还对求职者进行了职业指导,帮助其分析就业形势,了解就业信息。

淞沪会战后,上海华界沦陷。"孤岛"时期的中华职业教育社上海职业指导所、基督教上海青年会职业辅导部,仍然在租界里坚持开展活动。上海华界沦陷后,基督教上海青年会在法租界敏体尼荫路八仙桥会所继续活动。上海青年会职业辅导部的组织也在为青年就业提供服务。1939 年该会接受求职登记 533 人,其中专科以上学校毕业生 233 人(见表 3-7),经过介绍,登记求职者就业成功的有 189 人。[3]

表 3-7 1939 年上海青年会登记求职人学历

学　历	留学国外	大学毕业	专门或技术学校毕业	中学毕业	初中程度	小学程度
人　数	9	39	185	111	105	84

【资料来源】《国内劳工消息·职业介绍:上海青年会职业介绍成绩》,《国际劳工通讯》第 7 卷第 3 期,1940 年,第 72 页。

三、抗战胜利后社团就业服务机构与高校学生就业

抗战胜利后,中华职业教育社上海职业指导所于 1946 年年初恢复了太平

---

[1]　张雪澄:《重庆职业指导所概况》,出自中华职业教育社编:《社史资料选辑》(第四辑　职业指导),编者刊 1988 年版,第 325 页。

[2]　苏健文:《实验的职业指导》,昆明:世界书局 1947 年版,第 18 页。

[3]　《国内劳工消息·职业介绍:上海青年会职业介绍成绩》,《国际劳工通讯》第 7 卷第 3 期,1940 年 3 月,第 72 页。

洋战争爆发后一度中断的所务。恢复后的上海职业指导所,在高校学生就业促进领域继续发挥作用。1946年向上海职业指导所求职的国内外专科学校以上毕业者人数为1022人(见表3-8),约占当年在该所登记求职者总数的37％。

表 3-8　上海职业指导所1946年求职者教育程度

教育程度	国外大学	国内大学	专门学校	职业学校	中学	师范学校	补习学校	小学	其他	总计
人　数	18	722	282	176	1110	201	53	81	86	2729

【资料来源】《上海职业指导所近讯》,《社讯》第35期,1947年,第3版。

　　1946年上海职业指导所介绍就业者共380人,其中进入学校工作者最多,达126人;进入机关工作者次之,为51人。[1]从这些单位的属性来看,就业者中当有相当一部分是高校毕业生。

　　在上海职业指导所登记求职并经该所帮助获得就业者中,有相当一部分毕业于国内外专科以上学校。这一点从表3-9中可以得到更直观的反映。由表39-可知,1949年到上海职业指导所登记求职者3987人中,有917人毕业于国内外专科以上学校;经介绍获得就业者共606人,其中330人毕业于国内外专科以上学校。这再次说明,一方面上海职业指导所在促进高校毕业者就业方面没少付出努力,另一方面高校毕业者在就业方面比其他学历层次求职者更具有竞争力。

表 3-9　1949年上海职业指导所介绍求职、需才及就业成功者的教育程度统计

教育程度	国外大学	国内大学	专科学校	职业学校	中学	师范学校	补习学校	小学	其他	合计
求职人数	25	597	295	351	2146	180	74	282	37	3987
需才人数	8	208	217	148	55	94	—	77	9	816
就业人数	3	166	161	180	24	22	15	31	4	606

【资料来源】吴宗文、黄仲友:《上海职业指导所一九四九年度求才求职统计报告》,《教育与职业》总第208期,1949年,第32—33页。

---

[1]　《上海职业指导所近讯》,《社讯》第35期,1947年4月,第3版。

　　1949 年是中国大陆政权更迭之年。1949 年 4 月 23 日原国民党政权首都南京解放,5 月 27 日上海解放,10 月 1 日中华人民共和国宣告成立。

　　表 3-10 反映出 1949 年政权更迭之际,上海职业指导所各月的求职、需才及就业情况。5 月份上海解放以后,上海职业指导所登记的人才需求数和就业成功人数在波动中明显增加。这说明,社会稳定对于就业来说,是环境上的重要影响因素。高校毕业者就业同样也受环境因素影响。

表 3-10　1949 年上海职业指导所求职、需才及就业人数按月统计

月　份	1	2	3	4	5	6	7	8	9	10	11	12
求　职	215	351	319	143	406	184	366	224	367	506	508	398
需　才	54	33	28	13	19	37	70	60	169	82	109	142
就　业	27	30	19	9	33	25	57	45	113	82	70	96

【资料来源】吴宗文、黄仲友:《上海职业指导所一九四九年度求才求职统计报告》,《教育与职业》总第 208 期,1949 年,第 32 页。

　　中华职业教育社、基督教青年会、寰球中国学生会等社团创办的职业指导所、职业介绍所等社会就业服务机构,根据近代社会发展需要,跳出了传统荐头店、中人行、老妈店的局限,站在现代化的立场上,扩大了职业介绍范围,增加了就业服务项目,提高了就业服务层次,赢得了新式用人机关单位的信任。这些进步使它们在高校毕业生就业促进方面也能发挥作用。20 世纪 30、40 年代,社团就业服务机构是官方之外促进高校毕业生就业的重要力量。

第四章　中国共产党局部执政地区高校学生的工作安排

第一节　抗战时期中共根据地高校学生的工作安排

一、抗战时期根据地的人才需求状况

陕甘宁边区建立以前，当地的教育文化发展十分落后。有文章指出："一般的县份 100 人中难找到两个识字的，有些县 200 人中，只能找到一个识字的，文化素质极为低下。"①这种状况在红军干部中也有所反映。中央红军长征到达陕北前，原陕甘边特委、军委和政府为了提高红军干部的素质，于 1934 年在南梁开办了红军干部学校，但"因为入校学员文化程度较低，文化课以扫盲为主"②。

红军长征到达陕甘边后，带来了一部分中央机关内的知识分子干部。西安事变和平解决、国共内战大体停止后，大批知识青年奔赴延安。在此背景下，陕甘宁根据地的文化环境及干部素质曾有了一定程度的提高。但随着抗战时期敌后抗日根据地的陆续开辟，知识分子干部及知识青年被抽调到新的根据地，陕甘宁边区党员干部的整体文化素质又有所下降。根据 1939 年 10 月 27 日陕甘宁边区党委组织部关于边区党员干部情况统计表显示（见表 4-1），分区、县、区乡在职干部文化程度，大学学历仅占 0.23%，

---

① 牛昉、康喜平：《陕甘宁边区人口概述》，《延安大学学报（社会科学版）》第 3 期，1992 年，第 40 页。

② 巩世锋：《陕甘边苏区红军干部学校始末》，出自中国人民政治协商会议甘肃省委员会文史资料研究委员会编：《甘肃文史资料选辑》（第 12 辑），兰州：甘肃人民出版社 1982 年版，第 199 页。

高中占0.42％,初中占2.07％,小学占10.42％,能识字看报者占45.6％,文盲者则高达41.26％。[①] 机关总支党员文化程度相对较高一些,专门以上学校及大学学历者占4.17％,高中学历者占3.92％,初中学历者占11.67％,小学学历者占15.51％,能识字看报者占54.17％,文盲率仍有10.56％。[②] 这一数据反映出,直至1939年陕甘宁边区人才缺乏,尤其是基层单位人才缺乏的情况,仍然很突出。

表4-1　1939年陕甘宁边区党员干部文化程度统计

文化程度	机关总支党员	分区、县、区乡在职干部
专门以上	1.02％	—
大学	3.15％	0.23％
高中	3.92％	0.42％
初中	11.67％	2.07％
小学	15.51％	10.42％
识字看报	54.17％	45.6％
文盲	10.56％	41.26％

陕甘宁边区以外,抗战时期中共领导下的其他根据地人才供求情况也比较突出。抗战时期,中国共产党领导的八路军、新四军等抗日武装在敌后实施战略展开,曾开辟了晋察冀、晋西北、晋冀豫、山东、豫皖苏、苏北等根据地。这些身处敌后的抗日根据地也存在着不同程度的人才供求问题。以晋西北根据地为例,"晋西北是文化落后地区,是中国文化荒原之一,文盲占人口总数的百分之九十左右,(如临县占百分之九十五。保德占百分之八十三等)"[③]。晋西北根据地"知识分子少,所以文化教育干部人数少,而且质量较差,以行署两个专署十六个县的统计,现在教育行政干部县级以上干部还短少四十三人","并且在不少的地方,都表现了小学教员非常

---

① 《陕甘宁边区党委组织部关于边区党员、干部情况统计表(1939年10月27日)》,中央档案馆、陕西省档案馆编《中共陕甘宁边区党委文件汇集(1937年—1939年)》,北京:中央档案馆,西安:陕西省档案馆1994年版,第326页。

② 同上,第332页。

③ 杜心源:《民国二十九年度教育工作总结——在三科长联席会议上的报告》,解玉田主编:《晋绥革命根据地教育史资料选编(一)》,山西省教育史晋绥辖区编写组、内蒙古自治区教育史志办公室刊1987年版,第185页。

缺的现象"。①再以冀鲁豫边区为例,据边区对下辖部分地委党员文化程度的调查,在总数 11771 名受调查者中,中等以上学历者仅有 163 人,仅占1.39％,而文盲者则高达 65％,有 7662 人。②

抗战时期各根据地知识型干部、专业技术型人才缺乏现象是普遍存在的。而且根据地干部文化水平结构表明,越是高层次人才,人才缺乏的状况越明显。据李维汉回忆,"抗战开始后,我们边区和前线可说是什么都缺,但最缺的是干部、人才。当时各地方请求党中央支援的主要不是钱和物,而是干部"③。

干部文化水平有限,影响到了根据地工作尤其是根据地基层工作的开展。在陕甘宁边区的吴堡县,县长王恩惠曾呈报陕甘宁边区政府:"该县政府工作干部亟感缺乏,以致做了工作,却没有时间写报告,请将该县编制上应有之秘书一员,速予委派。"陕甘宁边区政府在核实情况时发现"该县因缺乏干部,影响工作极巨",要求相关部门"将该县干部加以充实,以利工作进展为要"。④ 在陕甘宁边区整风运动期间,就曾经出现过一些县、区级干部"学不懂"的情况,"许多干部文化程度低,看不懂文件",有些只好采取"请文化程度高的同志给大家上大课、讲文件等办法进行整风文件学习"。⑤在冀鲁豫边区,边区在妇女工作总结中就指出,妇女干部"一般说,文化程度低","工作积极性有,但办法少","感情用事,政治开展慢","边区妇女干部量少质差,各级领导机关不健全,教育工作薄弱,干部能力提高慢","感到干部不够用,来源少"。⑥ 在豫皖苏边区,彭雪枫在一次给中央的电文中指出:"豫皖苏边区财政经济,如善于经营整理开发,则收入之丰必甚可观。""可惜此间缺乏财政经济之经营设计人才,我们全是外行,仅暗中摸

① 杜心源:《民国二十九年度教育工作总结——在三科长联席会议上的报告》,出自解玉田主编:《晋绥革命根据地教育史资料选编(一)》,山西省教育史晋绥辖区编写组、内蒙古自治区教育史志办公室刊 1987 年版,第 185 页。

② 《冀鲁豫边区(各地区)党员及党组织情况统计(一九四四年一月二十九日)》之《边区党员文化程度统计表》,出自常连霆主编:《山东党史资料文库》(第 12 卷),济南:山东人民出版社 2015 年版,第 67 页。

③ 李维汉:《回忆陕北公学》,出自刘一丁主编:《红色往事:党史人物忆党史》(第 6 册·文化卷),济南:济南出版社 2012 年版,第 59 页。

④ 《陕甘宁边区政府关于充实吴堡县府干部的训令〔持字第 505 号〕》,出自关保英主编:《陕甘宁边区行政组织法典汇编》,济南:山东人民出版社 2016 年版,第 133 页。

⑤ 马文瑞:《抗战时期陕甘宁边区党的建设回顾》,出自曲青山、高永中主编:《抗日战争回忆录(2)》,北京:党建读物出版社 2015 年版,第 12 页。

⑥ 《冀鲁豫边区第二期妇女工作总结(一九四一年三月)》,出自常连霆主编:《山东党史资料文库》(第 8 卷),济南:山东人民出版社 2015 年版,第 135 页。

索,费力大而收效微。"①

　　虽然以农村为主的抗日根据地的一些工作,干部在文化水平较低的情况下也可以做,但是在教育、医疗、司法、军工、邮电及理论研究等领域,从业者教育水平高低对相关工作的影响还是比较大的,这些领域对高端人才的需求也比较迫切。以司法人才为例,陕甘宁边区《刑事诉讼条例草案》规定原告、被告可以选任有法律知识之辩护人到庭辩护,但自行辩护仍是根据地最主要的辩护方式,其中重要原因之一就是"根据地法律专业人才的缺乏"②。在山东的抗日根据地,许多地方司法机构都没有依据司法条例建立起来,重要原因之一即为"由于司法干部的缺乏,司法人员很难配置"③。再以医生的缺乏情况为例,抗战爆发后来华采访的英国女记者阿特丽(Freda Utley),在她的《扬子前线》(*China at War*)一书中曾记述道:"在西北的八路军,把日本人弄到日暮途穷,苦战了这么长久,医药和医生的缺乏是更加明显了。这'旧红军'的队伍救护伤兵是其他军队的模范,他们把伤兵抬开战场。放在担架上,通过路途艰难的乡村,一抬就抬了好几里路。农民自动起来帮助军队抬伤兵,把伤兵住到他们的家里,给东西他们吃。可是在这些遥远的省份里,有资格的医生和护士是非常少的。"④她的书中选录了一个自发赴山西岚县贺龙率领的八路军 120 师的加拿大青年传教士——布朗医师于 1938 年 6 月写给史沫特莱的一封信,信中记录了八路军由于缺乏专业医生的悲惨境遇,信中说道:"千万,千万请你能够帮助这些可怜的人们吧,尤其是伤兵。只是这一区域,周围七里内就有一千四百个病人和伤兵——没有医生,没有必需品。""每天需要一百个好医生来帮助这批病人;也需要有大批的钱。""我们已经施行了许多外科手术,那已经说过。每天早晨,一早就有伤兵和病人来拉你的被褥,不得不醒过来。"⑤

　　中国共产党领导下的抗日根据地在一定范围内存在着对高端人才的需求,甚至有些领域对高端人才的需求,因抗战及根据地发展需要还比较迫切。

---

　　① 《彭雪枫关于豫皖苏边区财政经济状况报中共中央电(1940 年 2 月 26 日)》,出自中共商丘地委党史资料征集编纂委员会编:《中共商丘党史资料选(新民主主义革命时期)·第一卷 文献(上卷)》,郑州:河南人民出版社 1989 年版,第 318 页。

　　② 张晋藩主编:《中国法制史》(第 2 版),北京:中国政法大学出版社 2014 年版,第 335—336 页。

　　③ 王成波主编:《山东抗日根据地的人民检察制度》,上海:中国检察出版社 2014 年版,第 145 页。

　　④ 阿特丽:《扬子前线》,石梅林译,尊闻校,上海:慧星书社 1940 年版,第 132 页。

　　⑤ 同上,第 133—134 页。

二、根据地高校学生的来源

（一）投奔根据地的知识青年及其中的高校学生

奔赴根据地的知识青年，是抗战时期根据地人才的重要来源。其中那些受过高等教育者，也是根据地大学生的重要组成部分。

知识青年较大规模地奔赴中共领导下的抗日根据地，主要发生在 1937 年以后。在国共关系缓和的背景下，受革命事业的感召，加之抗大、陕北公学招生宣传，1937 年以后一度出现了大规模的知识青年奔赴陕北等根据地的热潮。南京八路军办事处在 1937 年 10—11 月间两次致函邹韬奋，告知邹主编的《抵抗》杂志在公布抗日军政大学、陕北公学招生消息后，许多知识青年纷纷写信到八路军办事处问询相关事宜，以致办事处人员无法应付，要求在邹办的杂志上刊登总的答复，以腾出时间、精力处理其他公务。[①] 西安八路军办事处是多数知识青年奔赴延安的中转站。"为保证这些青年顺利去延安，'西办'秘书科于 1937 年年初设立了学生股"，"1938 年上半年前，由于国共合作的形势好，各地青年来西安的特别多，'西办'接待工作非常繁忙而紧张，处长伍云甫不得不亲自坐在门口接待"。[②] 据后来归纳，当时"要去延安的青年有以下五种情况：一是已经参加革命工作，持有当地中共地下党介绍信的；二是持有当地救亡团体介绍证件的；三是社会著名人士推荐的，不少人就是斯诺介绍的；四是南京、武汉、重庆等地八路军办事处介绍来的；五是什么介绍都没有，自己跑来的。"[③]另据曾任延安自然科学院总务处处长的杨作材回忆："当时有大批的知识分子从全国各地涌到边区，特别是在'双十二事变'以后，一直到七七事变以前，已经陆陆续续地到达边区。1938 年上半年一直到秋天可以说是一个高潮。那时的国民党对这一情况并未引起注意，所以对边区也没有产生什么阻碍，像 1938 年夏秋之间奔赴延安的有志之士可以说是摩肩接踵，络绎不绝的。每天都有百八十人到达延安。我本人就是在 1938 年的春天，从广西桂林、经过武汉，由

---

① 《第八路军驻京办事处来信——关于抗日大学》《第八路军驻京办事处又来信——又是关于陕北公学》，出自中共南京市委党史办公室八路军南京办事处纪念馆编：《抗战初期的八路军驻南京办事处》，南京：南京大学出版社 1987 年版，第 32—35 页。

②③ 八路军驻西安办事处纪念馆：《八路军驻西安办事处》，出自中共中央党史资料征集委员会征集研究室：《中共党史资料专题研究集·抗日战争时期》（二），北京：中共党史资料出版社 1989 年版，第 15—16 页。

武汉办事处董老开介绍信,陈家康同志介绍我到延安的。"[①]需要指出的是,杨作材 1936 年毕业于武汉大学,也是一名大学毕业生。

此外,还有一些原来已经入党或与党组织有联系的高校学生,如黄敬、姚依林、刘导生、陆璀、吴祖贻、唐守愚、李昌、杨学诚、凌则之、蒋南翔等人,在抗战期间也通过不同途径到达延安等根据地。以黄敬(原名俞启威)为例,早在 1932 年他就加入了中国共产党,1935 年考入北京大学数学系,当年他参与领导了"一二·九"爱国学生的游行示威。1936 年 4 月黄敬任中共北平市委宣传部部长、学委书记,后又受党组织的派遣到上海参与筹建全国学生救国联合会和全国各界救国联合会。抗战爆发后,黄敬进入了根据地。再以陆璀为例,1932 年她考入清华大学社会系,1935 年参加了"一二·九"运动。著名报人邹韬奋主编的《大众生活》1935 年 12 月 21 日在第一卷第六期的封面上,用了一幅在"一二·九"运动中手持大号筒正在宣讲的女学生照片,而这个女学生就是陆璀。那天,她在北京西直门外正向群众及学生进行宣传鼓动。当陆璀在"一二·九"运动中被捕后,埃德加·斯诺曾对她进行采访,并以《中国的贞德被捕了》为题刊发文章,引起了国外社会的震动。1936 年陆璀成为中国共产党党员。1936 年和 1938 年陆璀两次出席世界青年大会,还被派往欧美国家为中国抗战宣传、募捐。1940 年回国后,陆璀进入了根据地。

抗战时期投奔根据地的知识青年到底有多少?任弼时在 1943 年 12 月 22 日中共中央书记处会议上的一次讲话中指出:"到延安的(包括到抗大学习的)知识分子共四万余人(西北局系统除外)。"[②]这个数字在胡乔木的回忆录中得到印证:"在会议讨论中,弼时同志专门就如何看待来延安的新知识分子问题做了发言。他说:战后到延安的知识分子总共 4 万余人,就文化程度言,初中以上 71%(其中高中以上 19%,高中 21%,初中 31%),初中以下约 30%。"[③]任弼时是中共高层,做事又非常细致、务实,有"党内骆驼"之称。他掌握的这个数字是可信的。投奔延安的知识青年,主要集中于1937—1938 年,以后由于国民党实行反共政策、对根据地进行封锁,加之根据地审干运动的冲击,到延安的知识青年减少。任弼时在 1943 年年底所提的这个数字也能反映抗战时期到延安知识青年的主体部分。其中,高中

①　杨作材:《自然科学院建院初期的情况》,出自《延安自然科学院史料》编辑委员会编:《延安自然科学院史料》,北京:中共党史资料出版社、北京工业学院出版社 1986 年版,第 384 页。
②　中央文献研究室编:《任弼时年谱》,北京:中央文献出版社 2004 年版,第 454 页。
③　胡乔木:《胡乔木回忆延安整风》(下),出自任文主编:《我所亲历的延安整风》(下册),西安:陕西师范大学出版社总社有限公司 2014 年版,第 10 页。

以上文化程度者，大致可以看作是高校学生。

（二）根据地高等教育发展与学生培养

　　红军长征以前，中国共产党在南方苏区就已经办有一些冠以高校名称的学校组织，如苏维埃大学、工农红军大学等，另外还有属于中央苏区党校的马克思共产主义学校。红军长征到达陕北以后，为了培养人才，一方面在原马克思共产主义学校、红军大学的基础上，建立了中央党校、中国人民抗日军政大学，另一方面又陆续在根据地创办了陕北公学、华北联合大学、延安大学等院校。这些院校在根据地一般被划入高等教育的范畴。[①]表4-2所示的是位于或曾经位于抗战时期中共中央所在地——延安的高校。

表 4-2　陕甘宁边区延安高等院校

校　名	成立时间	校　址	备　注
中央党校	1935年11月	延安桥儿沟	前身为 1933 年 3 月在江西瑞金成立的"马克思共产主义学校"，长征到达陕北后恢复，1937 年 2 月迁延安
中国人民抗日军政大学	1937年1月	延安大东门	前身是"红军大学"。抗大后在晋冀鲁豫、晋察冀、山东、华中等根据地创办了 12 所分校
陕北公学	1937年7月	延安清凉山	1939 年 6 月，党中央决定将陕北公学与鲁迅艺术学院、安吴堡青训班、延安工人学校四校联合，组成华北联合大学，开赴晋察冀边区。1939 年 12 月，党中央决定恢复陕北公学，在延安重新招生，人们称为"后期陕公"。1941 年 9 月，陕北公学又与中国女子大学、泽东青年干部学校合并，成立延安大学
鲁迅艺术学院	1938年4月	延安桥儿沟	1939 年 6 月，党中央决定将鲁迅艺术学院与陕北公学、安吴堡青训班、延安工人学校四校联合组成华北联合大学。11 月，根据中央的决定，留在延安的鲁艺部分师生恢复鲁艺。1943 年 4 月，鲁艺并入延安大学。后更名为鲁迅文艺学院

---

　　① 根据地高等教育与国统区有所不同，关于前者的特征，本书后面将会讨论。

续 表

校 名	成立时间	校 址	备 注
马列学院	1938年5月	延安兰家坪	1941年7月改为马列研究院，8月改为中共中央研究院，1943年并入中央党校
自然科学院	1940年1月	延安马家湾	由1939年5月成立的自然科学研究院改成，1940年9月正式开学。1943年自然科学院大学部及预科并入延安大学，补习班并入延安大学附属中学
华北联合大学	1939年7月7日	延安	由陕北公学、鲁迅艺术学院、延安工人学校、安吴堡战时青年训练班等四校合并成立，同年7月12日离延赴晋察冀边区
中国女子大学	1939年7月	延安文化沟口	1941年9月并入延安大学
陕甘宁边区行政学院	1940年7月	延安南关	1944年4月并入延安大学
八路军军政学院	1940年8月	延安文化沟	1941年1月开学典礼。1941年12月中央决定将八路军军政学院与抗大三分校合并成军事学院。1942年5月军政学院结束工作，其第二队（文化队）划归军事学院
八路军医科大学	1940年9月	延安柳树店	前身为八路军军医学校，军医大于1945年11月离延赴东北。后称中国医科大学
延安大学	1941年7月	延安	1941年7月，中共中央决定将陕北公学（后期陕公）、中国女子大学、泽东青年干部学校合并成立延安大学。9月正式开学。1943年4月，延安自然科学院、鲁迅艺术学院、民族学院、新文字干部学校并入延大。1944年，行政学院亦并入
民族学院	1941年9月	延安文化沟	前身为陕北公学民族部。1943年4月并入延安大学，保留建制。1944年迁定边，与三边师范合成三边公学

校　名	成立时间	校　址	备　注
军事学院	1942年1月	延安王家坪	由八路军军政学院与抗大三分校合并成立，1943年3月该院并入抗大总校。军事学院部分学员并入步兵学校及俄文学校

注：本表笔者参照宋荐戈、张腾霄著《简明中国革命根据地教育史》(中国文史出版社2016年版)，张静如、梁志祥、谭德山主编《中国共产党通志》(第2卷)(中央文献出版社2001年版)等其他材料有所增补、修正。

【资料来源】范忾、折正千：《陕甘宁边区时期延安校名录·高等院校》，出自中国人民政治协商会议延安市委员会文史资料委员会编《延安文史资料》(第6辑)，编者刊1992年版，第13—16页。

表4-2中的中国人民抗日军政大学和陕北公学，是全面抗战爆发前后在左翼知识青年中影响较大的两所学校。中国人民抗日军政大学是当时在延安创办的，唯一经国民政府正式审批的一所大学。[1] 中国人民抗日军政大学是由1936年6月在瓦窑堡成立的西北抗日红军大学于1937年年初更名而来，该校可追溯至长征前的红军大学。至1938年4月，抗大已有学生4个大队，第1、2大队是以前的红军干部，第3、4大队是外来的知识青年，"全校学生有一千五百人"[2]。第1大队是军事大队，目的在于培养团级军事干部，学制8个月。第2大队是政治大队，目的在于培养师团级政工人员，学制6个月。第3大队是短期速成班，培养游击战及军队下层政治工作干部，毕业后可以继续深造，带有预科性质。第4大队从抗大3大队及陕北公学的毕业生中录取，目的在于造就连排长，经见习后可为正式军官。抗大后在晋冀鲁豫、晋察冀、山东、华中等根据地创办了12所分校。在抗战中，抗大"共培训抗日军政干部10万多人"[3]。陕北公学从1937年7月到1939年6月、1939年12月到1941年9月，经历了两次创办、两次被合并。陕北公学创办初期不分系，只分普通队、高级队，普通队学制为3—4个月，

[1] 李庚辰主编：《走向辉煌：中国共产党党史学习资料》(第三卷)，成都：四川人民出版社2002年版，第1736页。
[2] 舒湮：《边区实录：中国抗日军政大学》，《抗战》三日刊第65号，1938年4月23日出版，转见于王政编：《抗战呐喊——民国珍稀史料中的抗日战争》，北京：人民文学出版社2016年版，第180页。
[3] 宋荐戈、张腾霄：《简明中国革命根据地教育史》，北京：中国文史出版社2016年版，第231页。

为根据地培养急需的民众运动干部;高级队学制一年,为包括陕北公学在内的延安各干部学校培养师资。因为各根据地急需民运干部,初期重点是办好普通队。1939 年以后,陕北公学曾集中力量办大学部。时任陕北公学校长的成仿吾在 1939 年 5 月指出:"现在陕公主要的就是大学部","它的主要任务是……培养行政的、民运的及文化工作的较高级的干部"。① 重建后的后期陕公改变了学制,于 1940 年 9 月设立师范部和社会科学部,各分本科和预科。师范部为根据地培养教员及教育行政干部,本科学制 2 年,预科学制 1 年。社会科学部为根据地培训民众运动干部,本科学制一年半,预科学制半年。"陕公创办后的近四年中,共培训了一万一千多名学员。"② 毛泽东的秘书田家英,就曾是陕北公学枸邑分校高级队的学员。

华北联合大学是由陕北公学、鲁迅艺术学院、延安工人学校、安吴堡战时青年训练班等校在 1939 年 7 月合并成立的。成立后不久,华北联大就离开延安奔赴晋察冀边区。成立初期,华北联大内分设社科部、文艺部、工人部、青年部。后来华北联大还增设了师范部。初期各部属短期训练班性质,学制 4—6 个月。"一九四〇年十月,联大提出向正规化方向发展,就逐渐准备过渡到新型的正规大学,因而将各部改为院。社会科学院设财政、法政两系。文艺学院设文学、音乐、美术、戏剧四系。教育学院有教育系。学习时间延长为一年至两年。"③1941 年 3 月,晋察冀边区的抗战建国学院和群众干部学校亦合并于华北联大。华北联大的社会科学院与抗战建国学院合编为法政学院,并增设了群众工作部。华北联大"到一九四一年夏,教职学员共达四千余人"④。

延安大学是共产党在陕甘宁边区创办的第一所综合性大学。1941 年 7 月,中共中央决定将陕北公学(后期陕公)、中国女子大学、泽东青年干部学校合并成立延安大学。9 月延安大学正式开学。1943 年 4 月,延安自然科学院、鲁迅艺术学院、民族学院、新文字干部学校并入延大。1944 年 4 月,行政学院亦并入。延安大学有比较细的专业设置。至 1944 年 6 月,延安大学下设行政学院(内有行政系、司法系、财经系、教育系),鲁迅文艺学院(内有文学系、戏剧系、音乐系、美术系),自然科学院(内有农业系、机械

① 成仿吾:《陕北公学的新阶段》(节录),出自中央教育科学研究所编:《老解放区教育资料(二)抗日战争时期》(上册),北京:教育科学出版社 1986 年版,第 359 页。

② 李维汉:《回忆陕北公学》,出自刘一丁主编:《红色往事:党史人物忆党史》(第 6 册·文化卷),济南:济南出版社 2012 年版,第 57 页。

③④ 《在斗争中成长的华北联合大学》,出自中央教育科学研究所编:《老解放区教育资料(二)抗日战争时期》(上册),北京:教育科学出版社 1986 年版,第 417 页。

工程系、化学工程系），以及医学系等。有些系还下设专业班，如行政系下设行政班、警政班，财经系下设经建班、财政班，医学系下设医生班、司药班、助产班、护士班、中医班、兽医班等。1944 年 6 月延安大学共有在校学生 1302 人，其中男生 982 人，女生 320 人。①

全面抗战时期，以延安为代表根据地的高等教育，在总体上具有干部性（培养目标方面）、实用性（课程设置方面）、速成性（培养周期方面）等特征。这些办学的特征，在抗大、陕公等校表现得比较明显，在根据地其他高校身上也有不同程度的表现。华北联合大学、后期陕北公学、延安大学等校曾经有过正规化的尝试。由于根据地对知识干部需求迫切、根据地师资条件相对不足等原因，根据地高等院校在正规化方面，与国统区高校有一定的差距。但是，脱离战争环境和根据地实际，孤立地只用正规化标准来衡量根据地高等院校，也是不公平的。

三、服务于革命事业的工作安排：根据地的就业认识视角及人才政策

"就业"，不是一个抗战时期根据地党和政府经常提到的名词。与之相关的另一个名词"工作"，则在中国共产党及其领导下的根据地政府的表述中经常出现。抗战时期，一些中共人士对于就业问题虽然有过一些表述，但多限于批评国统区的失业状况。例如，李维汉在回忆知识青年奔赴陕北公学时述及："知识分子在国统区常常因失学、失业、政治上没有出路而苦闷，但他们一进陕公就朝气蓬勃，不仅是有用之材，而且有用武之地，刻苦地为祖国学习、为革命献身。"②再如，董必武在论及大后方社会状况时指出："因为经济不景气，减产停产的工厂很多，又因战事损失，不能生产，于是有大批的工人失业。失业工人的困苦，是大家可以想见的。有些技术工人在大后方无法谋生，就转到沦陷区去；另一部分改业，但百业萧条，改业也无业可改。"③全面抗战时期，党和政府对包括根据地高校学生在内的知识青年的工作问题，并不是从就业的视角来认识的。1927 年以后中共逐渐

---

① 《延安大学概况》，出自中央教育科学研究所编《老解放区教育资料（二）·抗日战争时期》（上册），北京：教育科学出版社 1986 年版，第 405 页。

② 李维汉：《回忆陕北公学》，出自刘一丁主编：《红色往事：党史人物忆党史》（第 6 册·文化卷），济南：济南出版社 2012 年版，第 59 页。

③ 董必武：《大后方的一般概况（一九四四年十二月八日）》，出自董必武文集编辑组编：《董必武统一战线文集》，北京：法律出版社 1990 年版，第 265 页。

走上农村包围城市的革命道路。土地革命战争时期及抗日战争时期中共控制下的根据地均位于农村地区,而且大多远离中心城市,自然条件相对不好。这些农村根据地内盛行以家庭为单位的种植业、手工业,而商品经济、社会分工及雇佣关系的发展水平则相对有限。在这样的环境中,那种基于社会化生产及雇佣劳动制的典型意义上的就业问题,并不算很突出的社会问题。新民主主义革命时期,对于知识青年就业,中国共产党人主要从革命事业需求角度来考虑他们的工作安排、效能发挥,而非从知识青年个人谋生需要来看待他们的就业问题。

根据地的党和政府承认知识青年在革命事业中的重要性,在总体上对知识青年持欢迎的态度。这种认识不是仅始于全面抗战时期,而是在长征前的南方苏区时期就已经出现了。早在 1929 红军第四军军党部发布的《告商人及知识分子》布告中就曾发出呼吁:"知识分子若肯参加革命,工农阶级均可收容他们,依照他们才干的大小,分派他们相当的工作。红军政治部正须招收大批政治工作人员,那些能够刻苦耐劳勇敢奋斗的革命的学生们教职员们,均可加入红军来做政治工作。"[1]

红军长征到达陕北后,经过长征的洗礼,中国共产党在接下来新根据地创建、发展的过程中,对于人才的缺乏有着更切实的体会和认识。全面抗战时期,根据地的党和政府在总体上对包括大学生在内的知识青年持欢迎态度。1937 年以后,根据地的党和政府通过创办抗日军政大学、陕北公学等学校招揽各地的知识青年。毛泽东更是在 1939 年为中共中央起草《大量吸收知识分子》的决定,并指出,"共产党必须善于吸收知识分子","没有知识分子的参加,革命的胜利是不可能的","一切战区的党和一切党的军队,应该大量吸收知识分子加入我们的军队,加入我们的学校,加入政府工作"。[2] 1941 年 9 月,《晋冀鲁豫边区政府施政纲领》中也指出:"欢迎一切文化工作者、专家、科学家、学者来根据地共同建立抗战文化教育,并予以优待。""欢迎与培养医务人才,并给予优待。""欢迎敌占区青年到根据地

① 红军第四军军党部发布:《告商人及知识分子》(1929),出自中共龙岩地委党史资料征集领导小组、龙岩地区行政公署文物管理委员会编:《闽西革命史文献资料》(第二辑),龙岩:编者刊1982 年版,第 374 页。

② 毛泽东:《大量吸收知识分子》(1939 年 12 月 1 日),出自中共中央宣传部办公厅、中央档案馆编研部编:《中国共产党宣传工作文献选编:1937—1949》,北京:学习出版社 1996 年版,第 91—92 页。

学习,并给予优待及适当工作。"①

对于知识青年的工作安排和任用,毛泽东在 1939 年曾指出:"对于一切多少有用的比较忠实的知识分子,应该分配适当的工作。""对于一部分反对知识分子参加工作的干部,尤其是主力部队中的某些干部,则应该切实地说服他们,使他们懂得吸收知识分子参加工作的必要。"②1939 年 12 月6 日,《军委关于军队吸收知识分子及教育工农干部的指示》中要求:"就地尽一切努力吸收知识分子及半知识分子参加我们的军队。最好先参加教导队受一短时期训练。""对知识分子的新干部,应当适时加以提拔,不应长久的令其当文化教员和干事。"③前述这些要求,都在强调对知识分子的提拔和重用。

在对外招生的过程中,根据地高校一般承诺,不限制学生毕业时是由学校介绍分配工作还是自谋职业。1938 年《抗日军政大学招生简章》中规定:"毕业后之工作——由学校分配前线工作;自己能觅得工作者,学校不加限制。"④1940 年抗日军政大学第四分校在招生广告中也公开承诺"学习毕业时:发给毕业证书,由本校分配工作。但,愿自行寻找工作者听便"⑤。但由于根据地人才缺乏,许多地区和部门正值用人之际,所以根据地党和政府还是希望高校学生能够服从上级组织的工作分配。1941 年 5 月《中共中央书记处关于党员参加经济和技术工作的决定》中要求:"每个党员必须无条件地服从党对于他的工作的分配。"⑥1942 年 9 月《总政治部关于部队中知识分子干部问题的指示》中要求:"在分配知识分子工作时,对知识分

---

①　《晋冀鲁豫边区政府施政纲领》,出自晋冀鲁豫边区财政经济史编辑组,山西、河北、山东、河南省档案馆编:《抗日战争时期晋冀鲁豫边区财政经济史资料选编》(第一辑),北京:中国财政经济出版社 1990 年版,第 178—179 页。

②　毛泽东:《大量吸收知识分子》(1939 年 12 月 1 日),出自中共中央宣传部办公厅、中央档案馆编研部编:《中国共产党宣传工作文献选编:1937—1949》,北京:学习出版社 1996 年版,第 92 页。

③　《军委关于军队吸收知识分子及教育工农干部的指示》,出自中央档案馆编:《中共中央文件选集 第十二册(1939—1940)》,北京:中共中央党校出版社 1991 年版,第 213 页。

④　《抗日军政大学招生简章》,《解放》第 47 期,1938 年 8 月 1 日,第 24 页。

⑤　《中国人民抗日军政大学第四分校招生广告》,出自中共商丘地委党史资料征集编纂委员会编:《中共商丘党史资料选(新民主主义革命时期)·第一卷 文献(上卷)》,郑州:河南人民出版社 1989 年版,第 319 页。

⑥　《中共中央书记处关于党员参加经济和技术工作的决定》(一九四一年五月一日),出自中共中央文献研究室、中央档案馆编:《建党以来重要文献选编(1921—1949)》(第十八册),北京:中央文献出版社 2011 年版,第 245 页。

子本人,应当强调服从组织分配、个人服从组织。"①以上级统一分配安排工作为主,允许少数个人自谋职业,成为根据地高校学生就业政策的重要特色。据曾在抗日军政大学学习的王飞霄回忆:"1940 年 2 月,我们从抗大毕业了,正式分配工作。那时的抗大毕业生,全部由党中央统一分配。"②

但是根据地对包括高校学生在内知识青年的任用有个前提,就是其政治思想的可靠性。根据地的党和政府,一方面积极推动知识青年参加工作、提高干部队伍的素质,另一方面也注意其政治思想的可靠性。毛泽东在起草《大量吸收知识分子》的决定中指出:"在这种大量吸收政策之下,毫无疑义应该充分注意拒绝敌人和资产阶级政党派遣进来的分子,拒绝不忠实的分子。"③安排外来知识青年接受再教育、根据地学校重视思想政治教育等,都是根据地对包括大学生在内的知识青年以其政治思想的可靠性为任用前提的重要表现。这一时期,除了事先已经接受考验并加入了中国共产党党团组织的部分知识青年外,其他知识青年到达根据地以后大多需要先进入抗大、陕公等校接受再教育,然后再进行工作分配和安排,而直接任用的较少。根据地高校也普遍重视学生的思想教育,抗日军政大学、陕北公学乃至延安大学这样的学校,其学生在走上工作岗位前所接受的在校教育中,有相当一部分内容是思想政治教育。据担任过陕北公学副校长、党组书记的李维汉回忆,陕北公学大学部开设的课程有政治经济学、科学社会主义、中国革命运动史、中国革命的基本问题等。④ 抗战时期延安大学的"课程分为全校共同课与各院系专修课两种","全校共同课之内容,为中国革命历史与现状之研究,及革命人生观与思想方法之修养"。⑤ 延大学生"在校内学习的全部时间中,全校共同课占百分之二十至三十"⑥。并且,根据地各高等学校在给毕业生分配工作时,也注意其政治思想的可靠性。例

---

① 《总政治部关于部队中知识分子干部问题的指示》(1942 年 9 月 17 日),出自中共中央文献研究室中央档案馆编:《建党以来重要文献选编(1921—1949)》(第十九册),北京:中央文献出版社2011 年版,第 459 页。

② 王飞霄:《王飞霄回忆录》,出自商丘市政协学习文史委员会编:《商丘文史资料》(第三辑),商丘:编者刊 2004 年版,第 18 页。

③ 毛泽东:《大量吸收知识分子》(1939 年 12 月 1 日),出自中共中央宣传部办公厅、中央档案馆编研部:《中国共产党宣传工作文献选编:1937—1949》,北京:学习出版社 1996 年版,第 92 页。

④ 李维汉:《回忆陕北公学》,出自刘一丁主编:《红色往事:党史人物忆党史》(第 6 册·文化卷),济南:济南出版社 2012 年版,第 54 页。

⑤ 《延安大学教育方针暨暂行方案》,出自章咸、张援编:《中国近现代艺术教育法规汇编》,北京:教育科学出版社 1997 年版,第 540 页。

⑥ 《延安大学概况》,出自中央教育科学研究所编:《老解放区教育资料(二)抗日战争时期》(上册),北京:教育科学出版社 1986 年版,第 397 页。

如,陕北公学"毕业学生工作之分配与介绍由政治部负责"①。再如,抗大"学员毕业时,分别由政治部和训练部做出政治鉴定和能力鉴定,然后由组织分配工作"②。

1942 年 9 月《总政治部关于部队中知识分子干部问题的指示》集中反映了全面抗战时期中国共产党领导下的根据地对知识分子的政策。该文件指出:"军队中对待知识分子的政策有三个方面:'容'、'化'、'用'。所谓'容'者,就是争取知识分子加入我们军队,能够容纳他们,使他们成为我们的优秀干部。所谓'化'者,就是转变知识分子的小资产阶级思想意识,使他们革命化,无产阶级化。所谓'用'者,就是正确的分配他们的工作,使他们有适当的发展前途。"③前面这些表述虽然是针对部队说的,但是也能反映根据地其他部门对于知识分子、知识青年的政策。

抗战时期根据地对包括高校学生在内知识分子、知识青年采取"容、化、用"的政策,把思想政治的可靠性作为用人前提,在第二次国共合作既团结又斗争的大背景下,是完全必要的。但需要指出的是,受"左"倾思想的影响,对知识青年的政治思想过于敏感,也会影响一些知识青年的工作分配安排。据李维汉回忆:"陕公创办之初,几个从国统区来的青年学生组织了一个'卡尔学会',其目的和主要活动是学习马克思主义。""我们一些干部仍然不理解,加上这些青年在一起,有时也难免发表一些批评性的言论,于是断言'卡尔学会'是一个近似托派性质的反动组织。""最后将为首七八个学员开除出校,受牵连的其他几十个学员毕业时,也不给分配工作。"④李维汉时任陕北公学党组书记,参与了此案的处理。李维汉后来回忆时指出:"我听了汇报,未深入调查研究就处理此事,损害了同志……深以为疚。"⑤毛泽东对前述这种问题曾有所警觉,他指出:"对于这类分子(指有可能是敌人派来的知识分子,引者注)的拒绝,应取严肃的态度。这类分子已经混进我们的党、我们的军队和政府者,则应依靠真凭实据,坚决地有

---

① 《陕北公学》,出自中央教育科学研究所编:《老解放区教育资料(二)抗日战争时期》(上册),北京:教育科学出版社 1986 年版,第 329 页。

② 《小资料:抗日军政大学第十分校》,出自中国人民政治协商会议湖北省襄樊市委员会文史资料委员会编:《襄樊文史资料》(第九辑),襄樊:编者刊 2006 年版,第 115 页。

③ 《总政治部关于部队中知识分子干部问题的指示》(1942 年 9 月 17 日),出自中共中央文献研究室、中央档案馆编:《建党以来重要文献选编(1921—1949)》(第十九册),北京:中央文献出版社 2011 年版,第 456 页。

④ 李维汉:《回忆陕北公学》,出自刘一丁主编:《红色往事:党史人物忆党史》(第 6 册·文化卷),济南:济南出版社 2012 年版,第 59 页。

⑤ 同上,第 60 页。

分别地洗刷出去。但不要因此而怀疑那些比较忠实的知识分子;要严防反革命分子陷害好人。"①但在实际操作过程中,仍不免有所失误,如1943年康生一度发动的抢救失足者运动,也对包括高校学生在内的知识青年的工作安排造成了一定消极影响。

四、抗战时期根据地高校学生的工作去向

抗战时期根据地各高等院校有为党、政、军、群培养干部的任务。不同类型的院校培养不同类型的干部。1941年12月17日,中共中央政治局对一些学校的人才培养目标进行了明确,规定中央党校要"培养地委以上及团级以上具有相当独立工作能力的党的实际工作干部及军队政治工作干部",军事学院要"培养团级以上具有相当独立工作能力的军事工作的干部",延大、鲁艺、自然科学院要培养"专门的政治、文化、科学及技术人才"。②

根据地高等院校的办学定位,决定了其大部分毕业生或肄业生的工作去向。根据地各高等院校的毕业生或肄业生,除少部分自谋出路外,绝大多数服从上级组织工作分配。而服从组织分配的同学,基本上被分配到根据地党政军群各部门担任干部或从事具有干部身份的专业技术工作。

抗战时期,华北联合大学自成立以后,"整整六年在残酷的战争环境里,先后在联大毕业的共八十余个班(或队),学生达八千人,连同经过联大培养一个时期即分配工作的干部,人数近万"③。在抗战时期华北联合大学的毕业生中,大约有一千余人成为文艺工作的干部,近两千人成为教育工作干部,工业建设及工运干部二百余人,其他一般行政干部约三四千人。④"一九四〇年边区发展中等教育,由联大(指华北联合大学,引者注)配备了七个中学的主要干部。至一九四一年六月底,由研究室培养出本校教员达六十余人,部分地解决了边区中小学教员缺乏的现象。"⑤晋察冀根据地"许

---

① 毛泽东:《大量吸收知识分子》(1939年12月1日),出自中共中央宣传部办公厅、中央档案馆编研部编:《中国共产党宣传工作文献选编:1937—1949》,北京:学习出版社1996年版,第92页。

② 《中共中央关于延安干部学校的决定》,出自中共中央文献研究室、中央档案馆编:《建党以来重要文献选编(1921—1949)》(第十八册),北京:中央文献出版社2011年版,第762页。

③ 《在斗争中成长的华北联合大学》,出自中央教育科学研究所编:《老解放区教育资料(二)抗日战争时期》(上册),北京:教育科学出版社1986年版,第418页。

④ 同上,第418—419页。

⑤ 同上,第419页。

多兵工厂的骨干力量,多是从华北联合大学分配来的几批学员"①。抗战胜利前夕,华北联大还有一部分学生被分配参加了晋察冀根据地交通邮政队伍。②

后来被合并于延安大学的鲁迅艺术学院(时被更名鲁迅文艺学院),曾设有戏剧、音乐、美术、文学 4 个系,"总计鲁艺在这七年当中,毕业同志已有四期,毕业生五百零二人,其中分发八路军新四军工作者一百一十六人,分发各抗日根据地工作者一百四十六人,去友军友区工作者五十五人,转学他校者二十八人,留校研究或工作者一百五十七人"③。

曾称八路军医科大学的中国医科大学,其专业技术性较根据地一般高等院校要更强。在抗战时期,该校毕业生大多被分配至根据地各医院担任医生,一部分留校做教员。医科第十四期学员是 1940 年该校改名升格为医大后的第一期毕业生。"医科十四期的组建,是在三八年秋调入知识青年后,经过考试,按照文化程度及考试成绩进行编队编期的。"④1939 年 9 月第十四期预科学习结束,该期大部分学员与第十五期少数学员被抽调到晋察冀边区,以充实当地的卫生学校及开展敌后卫生工作。剩下的第十四、十五期学员合编为新十四期。一年后,学校奉命由八路军卫生学校改名为医科大学,并从第十四期起,学制改为 4 年,其中理论基础学习 3 年,临床实习 1 年。"一九四一年七月底,中国医科大学(即八路军医科大学,引者注)十四期六十一名同学,分配到延安白求恩国际和平医院、中央医院、国际学生疗养院、留守兵团野战医院、拐峁医院、甘谷驿二兵站医院、陕甘宁边区政府门诊部等九个大的医疗单位进行临床实习。"⑤作为医大的首届毕业生,第十四期 61 人毕业后,"多数同学留在原实习单位任职,少数同学也有所调动,有的调往前方以加强战地医疗卫生工作"⑥。医大(新)第十五期同学于 1942 年春赴国际和平医院和延安中央医院进行临床实习。"一年实

---

① 河北省地方志编纂委员会编:《河北省志·国防科技工业志》,北京:中国书籍出版社 1995 年版,第 218 页。

② 《晋察冀边区交通邮政职工队伍的建设》,出自成安玉主编:《华北解放区交通邮政史料汇编·晋察冀边区卷》,北京:人民邮电出版社 1991 年版,第 368 页。

③ 《鲁迅文艺学院概况(1945 年)》,出自谷音、石振铎编:《东北现代音乐史料(第二辑)·鲁迅文艺学院历史文献》,沈阳音乐学院《东北现代音乐史》编委会刊(内部资料)1952 年版,第 216 页。本处是截至 1945 年情况,鲁艺第四期学生实际上是 1943 年年底毕业的。

④ 十四期期史编写小组:《中国医科大学第十四期期史》,出自刘民安、钟振赛主编:《中国医科大学校史(1931—1991)》,沈阳:辽宁科学技术出版社 1991 年版,第 190 页。

⑤ 同上,第 204 页。

⑥ 同上,第 192 页。

习完毕之后,一部分同学留校做教学工作,一部分分配到和平医院和中央医院担任住院医生,个别的还担任主治医生或教员。""有的同学分配到了机关门诊部,一部分同学分配到前方,到野战部队的同学,很快成为那里的医疗骨干。"①

至于那些以培养干部为主、内部层次不尽相同的抗大、陕公等校,其学生的出路相对复杂一些,或是有一小部分留校工作,或是转入专业学校继续深造,或是赴友军友区工作,而大多则奔赴抗日前线,成为那里党、政、军、群等领域干部的新生力量。学生因就读的班级、层次不同,后来的出路也不同。在抗大 12 所分校中创办最早、历时最长、培养干部最多的抗大第一分校,"一九三九年九月,第一期学员毕业,除少数毕业学员因工作需要留校工作外,大多数学员积极要求上前线,分配到一二九师部队工作"②。据曾先后担任过陕北公学副校长兼党组书记、分校校长、后期总校校长等职务的李维汉回忆,陕北公学的"学员毕业后,响应学校提出的'到抗战前线去! 到民众中去! 到困难的地方去!'的号召,愉快地奔赴战斗岗位。他们有的分到各敌后根据地,有的分到国统区或敌占区,也有一部分留在边区工作,少数转到抗大、中央党校、马列学院或通讯学校、卫生学校等继续学习","陕公学员奔赴各地,许多人一走上工作岗位,就担任游击队长、县长、科长等职,工作中勤勤恳恳、英勇战斗、历尽艰辛……其中不少同志在战争年代就贡献了自己的宝贵生命。"③

从以上可以看出根据地一些主要高等院校毕业生或肄业生工作的主要去向。除了少部分自谋职业及一部分转入他校学习者外,多数学生服从组织工作分配。他们多数留在了根据地,一部分则去了国统区、沦陷区。留在根据地者,担任的职务有党政军机关干部、教员、医生、文艺工作者、工程技术人员等。少数去了国统区、沦陷区的,除了自谋职业者外,则成了地下工作者。

为了更好地反映抗战时期根据地高等院校学生的出路情况及工作去向,以下再以籍贯为视角,以贵州遵义籍青年为例,认识这一青年群体奔赴延安后就读情况、工作分配情况(见表 4-3)。

---

① 涂通今、王良、葛正达、郝哲生、薛沁冰:《中国医科大学第十五期期史》,出自刘民安、钟振寰主编:《中国医科大学校史(1931—1991)》,沈阳:辽宁科学技术出版社 1991 年版,第 215 页。

② 抗大一分校校史研究会编:《中国人民抗日军政大学第一分校组织史》,编者刊 1989 年版,第 5 页。

③ 李维汉:《回忆陕北公学》,出自刘一丁主编:《红色往事:党史人物忆党史》(第 6 册·文化卷),济南:济南出版社 2012 年版,第 57—58 页。

表 4-3　抗战时期奔赴延安的遵义籍青年的学习及工作分配情况

姓　名	就读学校	分配工作
胡畏	中国人民抗日军政大学	《晋察冀日报》编辑
陈淑容	中国人民抗日军政大学	抗大二分校警卫连文书
胡正文	中国人民抗日军政大学	华北敌后根据地工作
彭镇贤	中国人民抗日军政大学	连指导员
罗红	中国人民抗日军政大学	留校进政治干部训练队，后任抗大营政治干事
李坚屏	中国人民抗日军政大学	留校进区队长训练队，后任抗大区队长
孙玺常	中国人民抗日军政大学（一说是陕北公学）	敌后文化工作
肖健	中国人民抗日军政大学	连指导员、游击支队政委
杜淳	中国人民抗日军政大学、八路军医科大学	延安中央医院医生
曾明霞	中国人民抗日军政大学、八路军医科大学	延安中央医院医生
余红	中国女子大学	延安市政府工作
徐沛澜	中国女子大学	陕甘宁边区政府
潘俐	—	延安中央医院护理工作
尹维	中国人民抗日军政大学	八路军总部后勤部门做连队政治工作
罗茜	中国人民抗日军政大学	八路军总部后勤部门
田英	山西民族革命大学、中国女子大学	边区政府财政厅
梅松	鲁迅文学艺术学院	边区部队
伍良素	山西民族大学、中国女子大学	边区银行
詹俊	山西民族革命艺术学院、中国女子大学	中央军委三局报务工作
文晓征	中国女子大学	延安贸易局工作，先去延安，后去东北工作
周声	八路军随营军校、陕北公学	中央办公厅
杜琦	山西民族革命艺术学院、中国女子大学	保育工作

续　表

姓　名	就读学校	分配工作
伍嘉谟	国民党中央军校	后去延安,在边区联防司令部政治部工作
张忠启	中国人民抗日军政大学	先到山西任新军(决死队)团政治处主任,后到延安抗大学习,再后又回山西新军工作
张忠仁	山西民族革命大学	后赴延安,1946年去东北做群众工作
黎以宁	山西民族革命大学	后赴延安,在边区政府工作
江成刚	1937年国民党中央军校、1940年延安鲁艺	战地采访
黄颖	山西民族革命大学	后赴延安,到边区师范教书
徐矩	—	晋察冀抗大工作
田汝华	陕北公学	回贵州做地下工作
陈鲁	中央党校	先去山西任汾城抗日游击队政治部主任,后去延安学习,再被分配去中央政治研究室工作
骆科良	中国人民抗日军政大学	边区警卫部队
王宪堂	—	先去延安,后去新疆工作
马甲	赴延安学习	后回遵义玉锡小学补习班教书
谢树中	—	去延安后转晋西北,任晋西支联干事和晋西一中教员
周济	—	去延安后,在边区政府工作
余正邦	中国大学(20年代末)	1939年到延安,1940在吕梁剧团工作
雍文涛	中央马列学院	中央政策研究室工作
廖志	—	1940到延安

　　注:笔者除了对谢树中的《抗日时期奔赴延安的遵义青年》一文进行整理外,还参照唐承德的《贵州近现代人物资料》(中国近现代史史料学学会贵阳市会员联络处1997年版)、侯清泉的《贵州近现代人物资料续集》(中国近现代史史料学学会贵阳市会员联络处2001年版)及其他一些资料进行了校正,从而形成本表。

　　【资料来源】谢树中:《抗日时期奔赴延安的遵义青年》,出自中国人民政治协商会议遵义市委员会文史资料委员会编《遵义文史资料·第14辑(关于遵义人物)[2]——纪念中华人民共和国建国四十周年》,编者刊1989年版,第33—45页。

　　表4-3提供了认识抗战时期知识青年奔赴延安入学就读及工作分配的

又一视角。这批贵州遵义籍知识青年到了延安后，少数直接参加了工作，大多数进入了抗大、陕公、鲁艺、八路军医科大学、中央马列学院等根据地院校学习。在根据地院校毕业或肄业后，这批遵义籍青年除极个别人回原籍自谋生路外，绝大部分服从了组织的工作分配。这些进入根据地院校学习，毕业或肄业后又服从组织工作分配的遵义籍青年，被分配的工作单位或领域有政府、军队、报社、医院、学校、银行等，担任的工作有编辑、文书、连指导员、营政治干事、区队长、游击支队政委、医生、教员、报务以及敌后文化工作等。

从就业的视角看，抗战时期根据地高等院校培养出的学生，就业形式以上级组织分配工作为主，个人参加工作强调服从及奉献精神，所就职业主要在根据地党政军群部门，有些职业因革命战争的关系与平时有所不同，在根据地参加工作后多有相应的干部身份。这些是中共局部执政地区高校学生就业的特征，与国民党统治区有一定的差异。

尽管根据地高等院校培养了一批人才，但这些毕业生或肄业生总体上仍是供不应求。一方面新根据地的开辟和扩展需要大量干部，另一方面干部队伍素质的整体提高也需要大量像高校毕业生这样的人才。西安事变前红军控制的区域，主要是陕北的部分地区以及南方留守部队的游击区。根据官方教科书说法，全面抗战爆发后红军接受改编，改编后八路军 4.6 万人，新四军仅 1.03 万人；1937 年 11 月后，八路军、新四军各部队陆续在敌后实施战略展开，开辟敌后抗日根据地；到 1940 年年末，中国共产党除陕甘宁边区外，又创建了晋察冀、晋冀豫、晋绥、冀鲁豫、豫鄂边、山东、皖东北、皖东、皖中、皖南、苏南、苏中、苏北、豫皖苏、东江、琼崖等 16 块抗日根据地，抗日武装部队发展到 50 万人；到 1945 年 8 月反攻阶段到来前夕，中共军队已发展到 120 万人、民兵扩充至 220 万人，根据地达 19 块。[①] 以陕甘宁边区为例，按 1937 年 10 月国民政府行政院通过的陕甘宁边区管辖范围包括八路军募补区共有 26 县，"计有：陕西的绥德、米脂、佳县、吴堡、清涧、神府（神木，府谷各一部分）、延川、延长、肤施（延安）、甘泉、富县、枸邑、淳化、靖边、定边、安边、安塞、保安，甘肃的庆阳、合水、镇原、宁县、正宁、环县，宁夏的盐池、豫旺等，总面积 12.96 余万平方公里，人口 200 万"[②]。1939 年后，陕甘宁边区虽在反共摩擦中被国民党军队先后占去 6 个县及村

①　《中国近现代史纲要》，北京：高等教育出版社 2018 年版，第 156、163—164 页。

②③　杨圣清：《新中国的雏形——抗日根据地政权》，桂林：广西师范大学出版社 1994 年版，第 12 页。

镇数处,但总面积仍有9.89余万平方千米,人口仍有150万人。③再以敌后的山东根据地为例,1940年底山东抗日根据地总面积约3.6万平方千米,包括鲁西、湖西、鲁南、滨海、胶东等地区,拥有1200余万人口,建立各级政权95个,14个专员公署,1个行政主任公署,主力部队及地方武装共12万余人。①根据地开辟和发展,对干部的需求是非常明显的。陕北公学"由于前方后方各地各军需要无数的抗战工作干部,所以每期毕业的学生均感供不应求。毕业即失业的现象在这个学校是绝对没有的"②。

第二节 1945—1949年解放区高校学生的工作安排及就业处理

一、老解放区高校学生的工作安排

(一)抗战胜利后解放区高等教育的发展

在抗日战争的最后关头,中国共产党的革命武装转入了全面大反攻。1945年8月9日,毛泽东发表《对日寇的最后一战》的声明,要求"八路军、新四军及其他人民军队,应在一切可能条件下,对于一切不愿意投降的侵略者及其走狗实行广泛的进攻,歼灭这些敌人的力量,夺取其武器和资财,猛烈地扩大解放区,缩小沦陷区"③。"敌后军民的大反攻取得巨大胜利,共毙伤俘日伪军35万多人,收复县级以上城市250多座,收复国土31.5万多平方公里,解放人口1800万。"④同时,中共革命武装还向东北地区挺进,先后从各解放区抽调2万名干部及11万军队开赴东北。

日本战败投降后,在中国国内和平呼声的推动下,包括国共两党在内的政治力量,虽然曾取得过《双十协定》、政协协议这样的和谈成果,但是随着1946年6月国民党军队围攻中共的中原解放区,国共内战还是不可避免

---

① 沙健孙主编:《中国共产党与抗日战争》(上册),北京:中央文献出版社2005年版,第341页。
② 《陕北公学》(录自《陕甘宁边区实录》),出自中央教育科学研究所编:《老解放区教育资料(二)抗日战争时期》(上册),北京:教育科学出版社1986年版,第329页。
③ 毛泽东:《对日寇的最后一战》,出自中共中央文献研究室、新华通讯社编:《毛泽东新闻作品集》,北京:新华出版社2014年版,第362页。
④ 王文泉、刘天路主编:《中国近代史(1840—1949)》,北京:高等教育出版社2001年版,第518页。

地全面爆发了。

战争初期,国民党军队对解放区发动了全面进攻。解放军处于战略防御状态。早在 1946 年 7 月,毛泽东在为中共中央起草的对党内的指示中就指出:"战胜蒋介石的作战方法,一般地是运动战。因此,若干地方,若干城市的暂时放弃,不但是不可避免的,而且是必要的。暂时放弃若干地方若干城市,是为了取得最后胜利,否则就不能取得最后胜利。"①各解放区的中共革命武装不计较一城一地的得失,而把重点放在歼灭国民党的有生力量上。"截止到 1947 年 2 月底,人民解放军经过 8 个月作战,共歼敌 71 万人,粉碎了国民党军对解放区的全面进攻。"②国民党军队凭借优势的数量和先进的装备,虽然占领了解放区的许多城市,但是伤亡代价巨大,而且还需驻兵所占地区。从 1947 年 3 月起,国民党军队被迫放弃全面进攻,改为重点进攻中共的陕甘宁和山东两个解放区。在陕甘宁解放区,中共中央撤离延安,但其所领导的西北野战军先后取得青化砭、羊马河、蟠龙、沙家店等战役的胜利,打败了国民党军队对陕北的重点进攻。在山东,中共华东野战军先后取得了泰蒙之战、孟良崮战役的胜利,特别是后者全歼国民党王牌主力之一——整编七十四师,最后将国民党军队对山东的重点进攻也打败了。1947 年 6 月,解放军转入了战略反攻阶段。刘伯承、邓小平率晋冀鲁豫野战军挺进至鄂豫皖边的大别山地区,陈赓、谢富治率太岳兵团挺进至豫陕鄂边区,而陈毅、粟裕率华东野战军主力则挺进到豫皖苏边区。在前述三支部队转入外线作战的同时,担任内线作战任务的其他解放军部队,如西北野战军在陕北、晋察冀野战军在华北、东北民主联军在东北,也陆续转入了反攻。1947 年 9 月,东北民主联军发动秋季攻势和冬季攻势,解放东北大片土地,最后将国民党军队包围在长春、沈阳、锦州一带。

抗战胜利以后,在国共谈判及内战的过程中,中国共产党领导下的解放区高等教育又有了一定的发展。

从日本投降至内战全面爆发,这段时间国内局势相对比较安定,解放区的高等学校发展也比较快。在晋察冀边区,抗战胜利后,华北联合大学随军进入张家口。抗战后期曾一度仅保留教育学院的华北联合大学,此时恢复原来的三个学院,分设教育学院、法政学院、文艺学院,1946 年 6 月又

---

① 毛泽东:《以自卫战争粉碎蒋介石的进攻》,出自中共中央文献研究室中央档案馆编:《建党以来重要文献选编(1921—1949)》(第二十三册),北京:中央文献出版社 2011 年版,第 378 页。

② 吴开杰、李元明、曹治平主编:《简明中国近代史》,武汉:华中科技大学出版社 2003 年版,第 243 页。

成立了外国语学院。在苏皖边区,原 1945 年 5 月在中共华中局党校基础上创办的华中建设大学,抗战胜利后由盱眙迁至淮阴。1946 年上半年,华中建设大学分设工学院、农学院、文学院、师范学院、社会科学院及大学预科等。[①] 在山东解放区,1945 年 8 月,山东抗日人民政府决定在解放区临沂创办山东大学(不同于抗战时一度停办、战后又复校的国民政府所属的国立山东大学),10 月开始招生。1946 年 1 月,山东大学正式开学。"山大设政治、经济、文艺(包括文学、艺术、英语、新闻专业)、教育、医学 5 个系,另有 4 个预科队(362 人),并将会计、合作、文化、邮政训练班合并为专科部,设 4 个班(322 人)。"[②]在晋冀鲁豫边区,边区政府于 1946 年 1 月在邢台正式成立了北方大学。"不久,即成立大学预科及财经、行政两个学院,共有学生550 余人,教干 30 多人。"[③]著名历史学者范文澜出任北方大学校长。在东北解放区,中共革命武装在进入东北以后,于 1946 年 2 月在本溪创办了东北大学(不同于当时国民政府教育部领导的国立东北大学)。该校的前身为东北公学。前身为八路军医科大学的中国医科大学于 1945 年 11 月离开延安奔赴东北,1946 年迁至兴山,改称东北医科大学。1945 年 10 月,抗大总校奉命迁往东北,于次年 2 月进驻通化,改称东北军政大学。而陕甘宁边区原来的高等学校,抗战胜利后为支援其他解放区的发展,则经历了一个走向全国的过程。为支援其他解放区的发展,原属延安大学的鲁迅文艺学院于 1945 年冬迁往东北,后并入新成立的东北大学;原属延安大学的自然科学院迁至张家口,改称晋察冀边区工业专门学校。据在延安大学工作过的吕夷回忆,"一九四六年一月,延大在边区招生,全校已不设院系,只设教育、司法、农业、文艺、会计五个班"[④]。除了前述的大学外,各解放区还有一些专门学院,如 1945 年 9 月在河北玉田成立的冀热辽区建国学院、1946 年2 月在江苏淮阴成立的华中新闻专科学校、1946 年 4 月在山东菏泽成立的冀鲁豫建国学院等。从抗战胜利到全面内战爆发,除陕甘宁边区外其他一些解放区的高校发展较快,不仅原有高校规模有了扩张,还新建了一些高校;并且,各解放区高校做了新的布局,改变了抗战时期多集中于延安的状况。

---

① 李亚农、夏征农:《华中建设大学概况》,出自中央教育科学研究所编:《老解放区教育资料(三)解放战争时期》,北京:教育科学出版社 1991 年版,第 264 页。

② 常连霆主编:《中共山东编年史》(第五卷),济南:山东人民出版社 2015 年版,第 377 页。

③ 高翔、赵子真:《解放区第一所综合大学》,出自韩辛茹主编:《回忆北方大学》,北方大学校友会、长治市地方志办公室刊 1991 年版,第 17 页。

④ 吕夷:《解放战争中的延安大学》,出自中国人民政治协商会议陕西省委员会文史资料研究委员会编:《陕西文史资料》(第 19 辑),西安:陕西人民出版社 1986 年版,第 3 页。

　　1946 年 6 月全面内战爆发后的一段时间内,由于国民党军队对解放区的大举进攻,又由于中共中央采取运动战的作战方法,解放区不少地方在退进之间经常易手,各解放区高校一边奉命转移,一边继续办学。全面内战爆发后,1946 年 8 月山东大学撤离临沂,转移到莒南县汀水镇,10 月转移到日照县坪上,后又转移到海阳、阳信等地。受国民党军队进攻的影响,1946 年 10 月华中建设大学由江苏淮阴地区迁至山东南部的汀水,次年又向胶东半岛地区转移,并最终停办。为了躲避国民党军队的兵锋,北方大学于 1946 年 10 月奉命从河北邢台迁至山西潞城。华北联合大学从张家口撤出,转移到了河北中部平原。由于胡宗南部队的进攻,延安大学 1947 年 3 月撤离延安,8 月渡过黄河进入晋绥边区。受战争影响,解放区许多高校在辗转中求生存、求发展。

　　1947 年下半年各解放区陆续转入反攻以后,解放区高校发展环境趋于好转。1948 年 8 月,晋冀鲁豫边区的北方大学与晋察冀边区的华北联合大学合并,在河北正定成立了华北大学。1948 年 12 月,原苏北公学和江海公学合并成立的华中公学,在盐城改组为华中大学(该校不同于教会办的华中大学)。东北解放区经过三年的发展,“有高等学校 28 所,学生 35097 名,比‘九一八’前学校增加了 254%(即 17 所),学生增加了 707%(即 30133 人)”,“在此 35000 学生中约有 8000 余是大学生,仍然超过了‘九一八’以前,伪满和国民党统治时期”。[1]

　　抗战胜利后及全面内战爆发后的一段时间内,解放区的高校仍然存在着学生(员)水平参差不齐、机关化军队化倾向明显等一些特征。如前身为华中公学的解放区华中大学,“华大共分三部:第一部是吸收外来知识青年;第二部是华公的学员,区乡干部;第三部则为十八岁左右的初中程度学生,培养了学习技术工作的”,“华大第一部程度也不齐的,有的是大学毕业生,有的是大学肄业生,也有的高中刚毕业或还在高中肄业”。[2] 再如东北解放区,当时地方党媒在社论中也承认,“现有的高等学校,一般的都还不够正规,一般的都还未脱离或未完全脱离训练班形式”,“现在学校的组织方面,一般还带有很大的机关化、军队化的情形。现在高等学校人员的统计是教职员工的人数占学生总数的 40% 以上(这中间教员仅占 6.5%)”。[3]

　　① 《三年来东北教育工作的初步总结和今后的方针任务》,出自中央教育科学研究所编:《老解放区教育资料(三)解放战争时期》,北京:教育科学出版社 1991 年版,第 216 页。
　　② 周裔:《苏北解放区教育史料》,《中华教育界》复刊第 3 卷第 12 期,1949 年 12 月,第 36 页。
　　③ 《把高等教育提高一步》(1948 年 8 月 10 日《东北日报》社论),出自中央教育科学研究所编:《老解放区教育资料(三)解放战争时期》,北京:教育科学出版社 1991 年版,第 301—303 页。

这些特征与当时解放区所处的社会环境有很大关系。

1948 年以后,一些解放区也认识到了不足,又提出了高等教育正规化的要求。东北全部解放以后,中共中央东北局、东北行政委员会发出《关于整顿高等教育的决定》,在文件中指出"今天形势起了根本变化,东北已成为一局部和平建设环境,今后的中心任务,已由战争、土地改革转为以全力进行经济建设与文化建设","这就要求我们办好高等学校,从事培养大批专门人材,特别是经济建设人材";文件要求"建立正规教育制度:确定学制,工、农、医等学院 4 年毕业;社会科学及文艺学院,3 年至 4 年毕业;专修科 2 年毕业","大学本科及专科一年级新生必须具有高中毕业程度,经入学考试合格者。"①山东省人民政府在 1949 年 7 月《关于整理专科学校的几项具体决定》中,也要求"各专科学校整理,必须按精简整编精神,实行编制学校化,改变过去搬用部队、机关或短期训练班的一套,实行教导合一,减少勤杂人员,克服非学校作风";"以上学校必须建立正规之教育制度,改变短期训练班状态"。②

(二)解放区的发展及其人才需求

从抗战胜利到中华人民共和国成立,这段时期是中国共产党控制区域快速发展的时期。抗战胜利后,中共革命武装进入东北地区,"东北地区(当时包括热河及内蒙古地区)总面积为 130 万平方公里,约占全国总面积的 9.2%"③。全面内战爆发后,一段时间内解放区曾遭到国民党军队的进攻和侵占。但随着 1947 年下半年解放军陆续转入反攻,解放区又有了发展。"1948 年秋,人民解放战争进入夺取全国胜利的决定性阶段。敌我力量对比及战争形势出现了重大变化。当时,人民解放军由战争初期的 127 万人发展到 280 万人,其中野战军 149 万人。""解放区的面积扩展到 235 万平方公里,人口达 1.68 亿。"④解放区面积的扩大、人口的增加及军队的发展,也产生了巨大的干部及专业人才的需求。

---

① 《中共中央东北局、东北行政委员会关于整顿高等教育的决定》(1949 年 8 月 1 日),出自中央教育科学研究所编:《老解放区教育资料(三)解放战争时期》,北京:教育科学出版社 1991 年版,第 309—311 页。

② 《山东省人民政府关于整理专科学校的几项具体决定》(1949 年 7 月),出自中央教育科学研究所编:《老解放区教育资料(三)解放战争时期》,北京:教育科学出版社 1991 年版,第 262 页。

③ 朱建华:《东北解放战争史》,哈尔滨:黑龙江人民出版社 1987 年版,第 10 页。

④ 钟俊生、杜志明、金万成:《中国近现代史专题研究》,沈阳:东北大学出版社 2014 年版,第 121 页。

全面内战爆发前,中共在进军东北的过程中,已感觉到对专业技术人才的需求。1946 年 2 月,中共中央在给华东局、华中分局、冀晋鲁豫中局、冀察晋中局、晋绥分局并告东北局的《中央关于为培养党的技术干部抽调知识青年去东北的指示》中就指出:"我们在东北所占有之长春路两侧广大地区内,有许多铁路和轻重工业须要大批培养自己的技术干部(工程师技师等),才能掌握和发展这些企业,同时中苏合办的长春路及其附属企业及举办之技术干部学校也可能打入许多人进去(这很重要),为着应付上述需要,更重要的为着培养大批党的技术干部(这方面我们很弱),以适合于建设新中国的需要。"①为此,中共中央决定从华北、华中的解放区抽调 1000 名知识青年派送东北,于半年之内到达满洲,由东北局负责分配培养。

1948 年 11 月,中共华北局在一个文件中指出:"自从日本投降以来,我们党虽在提高党内理论水平与政治水平方面进行过一些工作,但仍落后于客观革命形势对党员和干部的迫切要求之后,仍不能令人满意,以致在执行中央总路线与总政策时,常常发生偏差而使工作受到损害。""现在由于人民解放军的胜利进军,华北解放区已处于巩固的地位,可以而且必须比较有计划地有步骤地进行新民主主义国家建设的工作。这就要求我们党能供给更多有能力的在政治上和思想上有较高知识的干部,才能担负目前的工作。又由于人民解放军继续向全国范围推进,革命日益接近全国的胜利,也要求华北党的组织供给更多的有能力的在政治上和理论上有较高知识的干部,到其他各地去工作。"②1948 年 12 月,太岳行政公署在给下属各专员、县长、市长发出的指示中指出,"全国形势在迅速猛烈的发展,解放区在日益扩大,摆在我们面前的,不仅要求加强老区的各种建设工作,而且要求我们能有相当数量及质量的干部调赴新区","感到干部异常缺乏,无法适应当前形势需要",为此,该公署甚至提出"把散居各地之乡间知识分子中能争取其为民服务者,施以短期训练,吸收他们参加工作"。③

内战期间,解放区为了应对国民党军队的进攻,虽一度做出过精简机

① 《中央关于为培养党的技术干部抽调知识青年去东北的指示》(1946 年 2 月 7 日),出自中共中央组织部、中共中央党史研究室、中央档案馆编:《中国共产党组织史资料·第八卷 文献选编(上)(1921.7—1949.9)》,北京:中共党史出版社 2000 年版,第 640 页。
② 《中共中央华北局关于在职干部教育的决定》(选自 1948 年 11 月 26 日《人民日报》),出自中央教育科学研究所编:《老解放区教育资料(三)解放战争时期》,北京:教育科学出版社 1991 年版,第 238 页。
③ 《太岳行政公署关于迅速培养大批干部的指示》(1948 年 12 月 19 日),出自中央教育科学研究所编:《老解放区教育资料(三)解放战争时期》,北京:教育科学出版社 1991 年版,第 243—244 页。

构的决定,出现过一部分编余干部,但是在总体上,随着后期解放战争的发展和解放军向全国进军,解放区对干部尤其是知识文化水平较高干部的需求还是在不断增长的。同时,出于经济建设的需要,解放区对于专业技术人才的需求也在不断增加。

(三)1945—1949 年间老解放区高校学生的工作分配

抗战胜利以后,中国共产党及其领导的解放区在一段时间内仍然延续了之前的人才培养及任用观念,重视人才的政治思想觉悟,引导人才满足革命需要、为革命事业服务。这种人才培养及使用观,继续影响着解放区高校学生的工作安排与工作分配。

在毕业生就业政策方面,华北联合大学"学生毕业后,可以自谋职业,如果愿意请求学校介绍工作时,学校当根据学生知识、才能,介绍到各种岗位上去"[1]。北方大学承诺,"本校根据边区施政纲领,允许思想信仰自由,学术研究自由与毕业后选择职业之自由"[2]。东北大学则明确规定,"修业期满由学校介绍到各省市分配工作"[3]。不同高校的规定虽有所不同,但绝大多数解放区高校学生最后仍然由上级部门来分配工作。这与解放区高校把思想政治教育摆在重要地位有很大关系。绝大多数解放区高校学生通过思想政治学习,都能提高自己的思想觉悟,表现在就业方面,即他们在就业时考虑的是组织上的需要而非个人利益的需要。

满足革命事业的需要,是解放区高校办学和人才培养的主要目标。培养周期短、重视思想觉悟、追求实用性,都是革命战争年代老解放区高等教育发展的特征。特别是全面内战爆发后,因战争的环境,许多解放区高校存在着学生随时需要被抽调、提前毕业参加工作的现象。延安大学在撤离延安转移的过程中,既有学生毕业被分配工作,也有学生被抽调临时参与一些工作。1947 年 3 月 14 日延大从延安撤离,3 月底就有 30 余名学生被抽调至中共陕甘宁晋绥五省联防司令部及后方委员会工作,5 月司法班也全部分配工作,此外还有同学被临时抽调去参加土地工作、担任敌情侦察、

---

①　《华北联合大学介绍》,《解放》第 1 号,1946 年 4 月,第 23 页。

②　《北方大学招生广告》(1946 年 1 月),出自王步峥、杨湉主编:中国农业大学档案馆编:《中国农业大学史料汇编(1905—1949)》,北京:中国农业大学出版社 2005 年版,第 980 页。

③　《东北大学招生简章》(原载《合江日报》1947 年 9 月 11 日),出自武衡主编:《东北区科学技术发展史资料·解放战争时期和建国初期》(综合卷),北京:中国学术出版社,1984 年版,第 281 页。

做减租反霸工作等。① 冀鲁豫建国学院"根据战争和实际工作需要,采取随到随收,随调随走,流水似的招收、分配办法","1947 年秋,刘邓大军渡黄河,'建院'有 80 名优秀师生参军参战;1948 年底,大部分干部、学员分配参政"。② 再比如北方大学,"随着解放战争的发展,行政学院绝大多数学生集体参军。刘邓大军渡黄河时,大批学生随军南下,挺进中原,开辟大别山根据地。各学院先后毕业并调出参加工作的有 620 多人(行政学院学生及临时调出的不计在内)",行政学院"1947 年抽调大批干部南下时,绝大多数学生集体参军或离校工作,该院即告结束"。③ 再如华中建设大学,学校 1946 年 10 月因战事从苏北迁至鲁南,1947 年 1 月"时事政治教育尚未结束,学生已大批抽调前线服务"④。

　　解放区高校的办学宗旨,仍然是以培养干部以及一部分专业技术人才为主。这样一种办学宗旨,不仅决定了解放区高校的培养目标,而且也决定了解放区高校学生的就业方向。以北方大学为例,该校"工学院主要培养中级工程技术干部";医学院"学生来自部队的医护人员和地方中学生,共 400 多人","学院重点是培养前线医护人员";财经学院"培养目标是一般财政干部";文教学院"为适应形势需要,培养大量文教干部"。⑤ 该校的培养目标很大程度地影响了毕业生的就业去向,例如北方大学工学院"第一班于 1947 年初毕业,大部分配到军工部各工厂工作"⑥。再以华北联合大学为例,"从一九四六年复校(指联大恢复原来三个学院的建制,引者注)以来的两年半中,已有一千八百五十名毕业同学参加工作","这一千八百五十名同学中,由各级党委分配工作的有四百十三名,占总人数百分之廿二强,到军事部门工作的有四百八十八名,占总人数百分之廿六强,到政权机关工作的有二百七十八名,占总人数百分之十五,到文化教育团体,或继续深造的,有五百七十六名,占总人数百分之卅一。其他去少数民族和经济部门分配工作的有九十五人,

　　① 吕夷:《解放战争中的延安大学》,中国人民政治协商会议陕西省委员会文史资料研究委员会编:《陕西文史资料》(第 19 辑),西安:陕西人民出版社 1986 年版,第 9、14、16 页。
　　② 郑芷华执笔:《关于冀鲁豫建国学院》(原载《冀鲁豫日报》第 562 期),出自中央教育科学研究所编:《老解放区教育资料(三)解放战争时期》,北京:教育科学出版社 1991 年版,第 233 页。
　　③ 高翔、赵子真:《解放区第一所综合大学》,出自韩辛茹主编:《回忆北方大学》,北方大学校友会、长治市地方志办公室刊 1991 年版,第 18—20 页。
　　④ 李亚农、夏征农:《华中建设大学概况》(1947 年 4 月),中央教育科学研究所编:《老解放区教育资料(三)解放战争时期》,北京:教育科学出版社 1991 年版,第 270 页。
　　⑤ 高翔、赵子真:《解放区第一所综合大学》,出自韩辛茹主编:《回忆北方大学》,北方大学校友会、长治市地方志办公室刊 1991 年版,第 20—22 页。
　　⑥ 同上,第 21 页。

占总人数百分之五"。① 从前述引文大致可以看出,抗战胜利以后华北联合大学毕业生的就业去向及所占比例。华北联合大学的毕业生走上的工作岗位有"团队政治委员、中学校长、县长、法院院长、报社总编辑、记者、翻译、演员、音乐家、美术工作者,以及许许多多埋头苦干的教员、工厂职员、军队上的参谋、报务员、群众团体干部等"②。以中学教师为例,"石家庄解放前,桥东鹿泉中学仅有教职工 10 余人",石家庄解放后,为发展当地教育,党和政府就"从华北联合大学分配一批学生到中学任教"。③

解放战争后期,老解放区高校培养出的学生在工作分配中又有了新的任务,即作为革命种子、先进分子,去教育、引领新解放区被吸收参加革命工作的知识分子。1949 年 3 月,中共中央在给华北局发出的《关于华北大学毕业生的分配和在学生中进行忠诚老实教育问题给华北局的指示》中指出:"华北大学寅初毕业的一千三百多学员,不应该分配他们到各区党委及石、保、张诸城市的实际工作中去,而主要地应分配他们到各种学校及训练班中去担负教育参加我们工作的大批知识分子及旧职员与工人的工作,和随军南下到南京、上海、武汉等大城市去组织华大式的学校,招收南方大批学生及旧职员,照华大一样加以训练。就是说,凡适宜充当教员及班长队长与支部等工作者,一律派遣他们去作教育工作,而不适宜作这些工作者,或个别作其他工作有特殊作用者,方可派他们作其他工作。因为目前大革命高潮,参加我党我军工作的青年知识分子及旧职员,将有数万至数十万人,而对他们必须给以如华北大学那样的初步的政治教育,因此必须准备进行这种教育工作的干部,华大毕业学生即大部可作为这种干部。除对这些学生的具体分配另行电告外,望你们即令华北大学再订二三星期的教育计划,告诉他们如何去办训练班,如何当教员、助教、班长、队长,如何作支部工作,如何开会讨论改造思想等。并将华大讲义及组织章程等给他们,以便他们能够去作教育工作。"④

相比较 20 世纪 40 年代后期高校毕业生就业问题日益突出的国统区,解放区因发展需要,其高校学生的就业问题还是很容易解决的。内战期间,解放区的延安大学曾不无自豪地宣称:"他们(指延安大学的学生,引者

---

① 《人民的大学——华北联大介绍》,哈尔滨:东北书店(印行)1948 年版,第30—31 页。

② 同上,第 31 页。

③ 河北省石家庄市桥东区地方志编纂委员会编:《桥东区志》,北京:中国社会出版社 1993 年版,第 638 页。

④ 《中央关于华北大学毕业生的分配和在学生中进行忠诚老实教育问题给华北局的指示》(1949 年 3 月 2 日),出自中央档案馆编:《中共中央文件选集》第十八册(1949 年 1 月至 9 月),北京:中共中央党校出版社 1992 年版,第 160—161 页。

注)毕业以后马上就有了职业,甚至于还没有等到毕业,由于工作的需要就分配了工作。因此'毕业即失业'的苦恼在这里是绝对不会有的。"①

二、新解放区高校学生的工作及就业处理

(一)解放战争的发展与中共对原国统区高校的接收

解放战争后期,各地的解放军转入反攻状态。在此过程中,哈尔滨(1946 年 4 月 28 日)、石家庄(1947 年 11 月 12 日)、济南(1948 年 9 月 24 日)、长春(1948 年 10 月 21 日)、郑州(1948 年 10 月 22 日)、沈阳(1948 年 11 月 2 日)、天津(1949 年 1 月 15 日)、合肥(1949 年 1 月 21 日)、北平(1949 年 1 月 31 日)、南京(1949 年 4 月 23 日)、无锡(1949 年 4 月 23 日)、太原(1949 年 4 月 24 日)、苏州(1949 年 4 月 27 日)、杭州(1949 年 5 月 3 日)、武汉(1949 年 5 月 16 日)、西安(1949 年 5 月 20 日)、南昌(1949 年 5 月 22 日)、上海(1949 年 5 月 27 日)、青岛(1949 年 6 月 2 日)、长沙(1949 年 8 月 4 日)、福州(1949 年 8 月 17 日)、兰州(1949 年 8 月 26 日)等一些大城市陆续被解放军所解放。②

国民党政府也曾试图在这些城市被解放军解放前将部分重要高校迁离,但未能完全如愿。少数高校虽在国民党政府的强令下进行过迁移,但并未跟国民党政府一再逃跑,而是在迁移地一直滞留到中华人民共和国成立。例如,国立东北大学在 1948 年 6 月被国民党当局强令迁至北平,后来华北局势吃紧后,国民党当局又想让东北大学再迁福建长汀,但遭到了该校多数师生的抵制。最后该校一直滞留到北平解放。再如,山西大学的学生于 1948 年 7 月、12 月分批迁抵北平,迁北平后国民党当局一度还想让该校迁往当时国民党军队占据下的张家口或离平南下,均遭到师生抵制,该校也像东北大学一样一直滞留到北平解放。又如河南大学虽在 1948 年 6 月在国民党当局的强令下由开封迁苏州,但迁苏州后再无力继续南迁,后留在苏州迎接解放。受师生厌战心理和中共地下党鼓动双重因素的影响,大多数高校的师生选择留下,在原地接受新政权的接管。只有部分校长和少数教授被国民党当局用飞机接走。时移世异,解放战争时期并未像全面

---

① 《1947 年的延安大学》(选自"新文化新教育",新民主出版社 1949 年版),出自中央教育科学研究所编:《老解放区教育资料(三)解放战争时期》,北京:教育科学出版社 1991 年版,第 225 页。

② 括号内为当地被解放的时间。

抗战时期那样出现大规模的高校迁移潮。败退到台湾后,国民党当局也承认:"嗣局势演变,各校纷纷沦陷(指被中共方面解放,引者注),原指定少数重要学校迁移安全地区,或以内部困难,未能迁移,或仅迁移一部分,或以战局转变,陷区扩大,虽一再迁动,终于未能迁出。"[①]

哈尔滨是抗战胜利后中共革命武装较早进入的大城市。早在 1946 年 4 月,哈尔滨就被中共领导的东北民主联军解放,而哈尔滨大学则成为中共正式接管的第一所正规大学。该校的前身是日本占领东北时期的"王道学院",日本战败投降后,一度改为"国学院",后又改为"私立哈尔滨大学"。1946 年 9 月,东北行政委员会派人接管了这所学校,改为公立大学。东北行政委员会教育委员会主任车向忱、中央青委干部部科长何礼被任命为哈尔滨大学的正副校长。据何礼回忆,学校当时设有文学艺术学院(下设文学系、俄文系、音乐戏剧系和美术系)、社会科学院(下设政治系、经济系和教育系)、自然科学院(下设电气机械系、理工系、化学系),后来还增设过医学系。[②] 1948 年 5 月,哈尔滨大学与东北行政学院合并,组成东北科学院。

北平和平解放后,中国共产党又接管了更多的高校。1949 年 1 月 31 日,北平和平解放。当时在北平属于国民党当局国立的高校有清华大学、北京大学、北平师范大学、铁路管理学院等,私立的高校有中国大学、朝阳学院、华北文法学院、中法大学、铁路专科学校、燕京大学、辅仁大学、协和医学院等。另外,当时北平还有一部分应国民党当局要求从外地流亡过来的高校,如国立东北大学、长春大学、长白师范学院、沈阳医学院、山西大学等。北平解放后,流亡北平的外地高校陆续被接管并迁回原来区域。例如,原国立东北大学先是被北平军管会教育组接管,其文、法、理、商、教育学院迁长春,与解放区东北大学合并,一度仍称东北大学,后改为东北师范大学;其工学院、农学院迁沈阳,农学院多数学生分别转入沈阳农学院、哈尔滨的东北农学院,而在其工学院的基础上则成立了沈阳工学院。[③] 再如,流亡北平的山西大学于 1949 年 2 月 22 日被北平军管会派人接管,5 月被

---

① 教育年鉴编纂委员会:《第三次中国教育年鉴》,台北:正中书局 1957 年版,第 3 页。

② 何礼:《解放战争时期的哈尔滨大学》,出自郭永泽主编:《哈尔滨青运史资料汇编》(第一辑青春的足迹),哈尔滨:共青团哈尔滨市委员会、哈尔滨青运史研究会刊 1990 年版,第 395 页。

③ 王振乾、丘琴、姜克夫编著:《东北大学史稿》,长春:东北师范大学出版社 1988 年版,第 180 页;杨佩祯、王国钧、张五昌主编:《东北大学八十年:1923—2002》,沈阳:东北大学出版社 2003 年版,第 162 页。

全部迁回太原。① 中共革命政权对北平当地的高校也陆续进行了接管。例如,清华大学于 1948 年 12 月 15 日即有解放军进驻,得到解放。1949 年 1 月 10 日,北平市军事管制委员会派文化接管委员会主任钱俊瑞至清华大学宣布接管,并公布了接管方针:"第一,今后清华大学应实行新民主主义文化教育;第二,现在的机构与制度,除立即取消国民党反动训导制度,停止国民党三青团的反革命活动外,其他一律暂时照旧;第三,学校经费由军管会供给,教职员一般均原职原薪。"②再如,北京大学则于 1949 年 2 月 28 日正式被北平市军事管制委员会文管会派人接管。文管会主任钱俊瑞在会上"宣布了新的教育方针,并且宣布立即解散国民党、三青团等组织,停止他们一切公开、秘密的活动,取消国民党时期沿用的训导制度,取消了诸如党义一类的课程"③。

解放军在发动渡江战役以后,1949 年 4—5 月又相继解放了南京、上海。这两个城市中由原国民党当局控制的高等学校也陆续被中共革命政权接收,如表 4-4 所示。

表 4-4　1949 年 10 月前原国统区一些主要高校被接管的地点、时间

高校名称	接管地	接管时间	高校名称	接管地	接管时间
清华大学	北平	1949 年 1 月 10 日	北京大学	北平	1949 年 2 月 28 日
北平师大	北平	1949 年 2 月 17 日	东北大学	北平	1949 年 2 月
南开大学	天津	1949 年 1 月 17 日	山西大学	北平	1949 年 2 月 22 日
北洋大学	天津	1949 年 3 月	中央大学	南京	1949 年 5 月 7 日
西北大学	西安	1949 年 5 月 28 日	山东大学	青岛	1949 年 6 月 2 日
交通大学	上海	1949 年 6 月 15 日	复旦大学	上海	1949 年 6 月 20 日
暨南大学	上海	1949 年 6 月 24 日	同济大学	上海	1949 年 6 月 25 日
浙江大学	杭州	1949 年 6 月 6 日	武汉大学	武汉	1949 年 6 月 10 日
河南大学	苏州	1949 年 4 月	安徽大学	安庆	1949 年 6 月中旬

【资料来源】贺崇铃主编:《清华大学九十年》,清华大学出版社 2001 年版,第 160 页;北京师范大学校史编写组编:《北京师范大学校史》,北京师范大学出版社 1982 年版,第 132 页;王振乾、丘琴、姜克夫编著:《东北大学史稿》,东北师范大学出版社 1988 年版,第 179 页;山西大学校史编纂委员会编:《山西大学史稿(1902—1984)》,山西人民出版社 1987 年版,第 48 页;龚克主编:《南开大学史话》,北京时代华文书局 2016 年版,第 56 页;北洋大学—天津大学校

① 山西大学校史编纂委员会编:《山西大学史稿(1902—1984)》,太原:山西人民出版社 1987 年版,第 48—49 页。

② 贺崇铃主编:《清华大学九十年》,北京:清华大学出版社 2001 年版,第 160 页。

③ 吕林:《世界著名学府——北京大学》,长沙:湖南教育出版社 1989 年版,第 85 页。

史编辑室编:《北洋大学——天津大学校史》(第二卷 1949 年 1 月—1985 年 12 月),天津大学出版社 1995 年版,第 4 页;《西安军管会接管西北大学》,出自中共西安市委党史资料征集研究办公室、西安市档案局编:《西安解放》,编者刊 1989 年版,第 249 页;张晓辉、夏泉主编:《暨南大学史(1906—2016)》,暨南大学出版社 2016 年版,第 194 页;吴贻谷主编:《武汉大学校史(1893—1993)》,武汉大学出版社 1993 年版,第 218 页;李经洲、许绍康主编:《河南大学百年纪事》,河南大学出版社 2012 年版,第 68 页;《安徽大学简史》编写组编:《安徽大学简史》,安徽大学出版社 2008 年版,第 61 页。

(二)新解放区高校学生参加革命工作及就业状况

如前所述,1948 年以后革命形势迅速发展,解放区高校培养的学生已不敷需要。解放军在进军东南、华南、西南等地区的时候,需要动用大量干部尤其是有一定知识文化的文职干部,跟随解放军来接管这些地方。这样,大量吸收先期解放的原国统区城市高校学生参加革命工作便不可避免。

北平、天津解放后,解放军东北野战军被中央军委赋予进军中南的任务,以解放湖北、湖南、江西、广东、广西等五省。为解决南下后干部不足的问题,相关各方经过磋商,最后决定以南下工作团的名义招收知识青年和技术人员随军南下。出于跨区域作战的需要,3 月东北野战军改称第四野战军。在中共党组织、学生组织的宣传动员下,北平、天津等地高校许多学生积极报名参加南下工作团。"清华大学从 2 月 24 日到 3 月 1 日,仅仅一周时间,便有 1000 多名同学报名,约占在校学生的三分之一。""由于理工科学生需要留校继续学习,清华大学最后录取了本科生 198 名。""北京大学、师范大学、辅仁大学、燕京大学、朝阳学院、华北学院、北平铁道管理学院、中国大学、中法大学、铁路专科学校、北平艺术专科学校等院校,报名同学也是争先恐后,热火朝天。"[1]四野南下工作团后下设三个分团,其中第一、三分团在北平,而第二分团则在天津。当时南下工作团第一分团第一大队主要由在平高校学生组成。南下工作团二分团"共接收 3500 名学生",其中"大学 1022 人"。[2] 完成招募后,四野南下工作团进行了集训,对团员进行了思想教育、政策教育,确保他们对中国共产党忠诚和了解党的政策。1949 年下半年,四野南下工作团分批陆续南下。南下工作团一分

[1] 那启贤、孙景瑞主编:《南下工作团团史》,北京:南下工作团团史编辑委员会刊 1995 年版,第 7 页。

[2] 曹诚:《回忆南下工作团第二分团》,出自四野南下工作团团史广东文献资料征集委员会编委会编:《战士指看南粤——四野南工团团员在广东》,广州:广东高等教育出版社 1993 年版,第 2 页。

团,"分配到部队工作的南工团员,开始多数在基层担任宣传、教育、文化等
工作","少数分配到四野领导机关及所属兵团、军、师司令部、政治部、后勤
部,以及军事政治院校工作";"分配到地方工作的南工团员,和南下老干
部、与当地游击队地下党同志一道,参加了南方新解放区城市接管和农村
开辟新区,建立人民政权,剿匪反霸,土地改革等一系列工作"。① 南下工作
团在团员工作分配完成后,也就结束了它的使命。南下工作团中的那部分
高校学生,也从此走上了工作岗位,实际参加了革命工作。

　　南京、上海等地解放以后,解放军第二野战军部队为了解决进军、解放
大西南的干部不足问题,组织了"西南服务团"。1949 年 6 月 20 日和 25
日,在上海、南京两地分别成立了各自的西南服务团;7 月 25 日,上海西南
服务团迁宁,与南京西南服务团合并组成了西南服务团总团部。另外,为
解决解放福建后政权接管中的干部不足问题,中共中央华东局决定成立华
东随军服务团,宣传发动上海地区的文化青年及在校学生随解放军南下服
务。1949 年 6 月 12 日,华东随军服务团(即"南下服务团")在上海成立。
在党组织、学联组织的动员号召下,在学运骨干的示范引领下,南京、上海
等地许多青年学生报名参加西南服务团和南下服务团,这其中也包括不少
在校大学生。仅复旦大学就有 780 名学生响应号召,参加南下服务团和西
南服务团。② 在西南服务团方面,1949 年 6 月 27 日上午 8 时至下午 5 日,
南京中央大学报名参加西南服务团的学生就有 78 名;金陵大学 27 日午后
1 时报名参加西南服务团的同学已有 20 余人。③ 暨南大学学生 100 多人参
加了西南服务团。④ 在南下服务团方面,上海各高校学生报名也十分踊跃。
"在短短的时间内,被批准参加南下服务团的上海各界青年就达 2000 余
人,其中有大学生 1000 余人。"⑤西南服务团在南京集训两个多月后,于 10
月初离宁向四川、贵州、云南一带进发。他们到达指定区域后,陆续被分配
工作,投入新解放区的接管和重建中。南下服务团经集训后则于 7 月 19 日

---

　　① 那启贤、孙景瑞主编:《南下工作团团史》,北京:四野南下工作团团史北京文献资料征集委
员会编委会刊 1995 年版,第 55—56 页。
　　② 秦绍德:《弘扬复旦精神,再创新的辉煌——秦绍德在庆祝复旦大学建校九十九周年大会
上的讲话(2004 年 5 月 27 日)》,出自本书编委会编:《复旦百年、燕曦流芳——复旦大学百年庆典
纪念集锦》,上海:复旦大学出版社 2006 年版,第 53 页。
　　③ 《中大、金大掀起参加西南服务团热潮(1949)》,出自南京大学校庆办公室校史资料编辑
组、学报编辑部编:《南京大学校史资料选辑》,南京:编者刊 1982 年版,第 546 页。
　　④ 张晓辉、夏泉主编:《暨南大学史(1906—2016)》,广州:暨南大学出版社 2016 年版,第 193 页。
　　⑤ 张静如、梁志祥主编:《中国共产党通志》(第三卷),北京:中央文献出版社 2001 年版,第
486 页。

离沪奔赴福建,并于 9 月 25 日抵达福州。"10 月 8 日,南下服务团团部宣布分配去向:财经系统 300 人,文教系统 150 人,公安、司法部门 150 人,省级机关 150 人,青年部 250 人,福建人民革命大学 150 人,10 兵团司令部机要人员训练队 90 人,各地、市委计 1000 余人。"①参加西南服务团、南下服务团的高校学生,通过这样一种方式参加了革命工作,实现了就业。

　　除了参加四野南下工作团、二野西南服务团、三野南下服务团,随解放军参与中南、西南、福建地区的接管外,原国统区(即新解放区)高校还有部分学生继续留校学习。这部分高校学生有些在学校所在地被新政权分配了工作,还有些则在毕业后自谋职业。

　　1949 年 6 月 17 日《人民日报》第二版报道:"华北高等教育委员会为使平津各大学本届毕业生适应新社会建设的需要,确立为人民服务的观念,及便于统一分配工作,成立平津各大学本届毕业生暑期学习团","团址借用清华大学,学习时期为七月十日至八月九日,计一个月","学生由各校在自愿的原则下于七月八、九两日到该团报到。学员伙食完全由该团供给。结业后,由华北高等教育委员会本着自愿与需要的原则,统一分配工作"。②这个平津各大学本届毕业生暑期学习团聘请了吴晗、蒋南翔等 9 人为学习团委员会委员。1949 年平津高校有不少应届毕业生就是通过这个暑期学习团学习后被分配工作的,化学家、药学家谢毓元院士当年就是其中一员。谢毓元于 1949 年 7 月以年级第一的成绩从清华大学化学系毕业,7—8 月间他参加了华北高等教育委员会在清华校园内举办的平津各大学应届毕业生的暑期学习班,进行政治理论学习,9 月留校担任化学系助教。③ 北平解放后,有不少高校学生就地参加了革命工作,例如"北平新办的《北平解放报》又调了不少新闻系同学去工作,这里成了燕大(指燕京大学,引者注)新闻系同学最密集的一处新闻机构(其中还有北大、清华学生)"④。

　　东北大学农学院从流亡的北平被迁回沈阳后,一部分学生被分配到东北农业部工作。⑤ 曾流亡北平的山西大学在被迁回太原前,"毕业班学生

---

　　①　中共上海市委党史研究室编:《上海社会主义建设 50 年》,上海:上海人民出版社 1999 年版,第 14 页。

　　②　《人民日报》1949 年 6 月 17 日第 2 版,转见于习之编著:《吴晗年谱·政务篇》,北京:群言出版社 2014 年版,第 18—19 页。

　　③　李明辉、毛汝倩、杨春皓:《本然化成:谢毓元传》,北京:中国科学技术出版社 2014 年版,第 187 页。

　　④　张玮瑛、王百强等主编:《燕京大学史稿》,北京:人民中国出版社 1999 年版,第 535 页。

　　⑤　杨佩祯、王国钧、张五昌主编:《东北大学八十年:1923—2002》,沈阳:东北大学出版社 2003 年版,第 162 页。

131 人和其他年级少数同学，为响应党的号召，根据革命工作需要和个人志愿，一部分参加北平市的革命和建设工作"[1]。

　　在新解放区，中国共产党及其领导的教育部门、学生团体虽然积极引导高校学生为党所用，但并不是强制性的，加之中国人民共和国成立前夕政治环境相对宽松，所以也有部分 1949 届高校毕业生选择自主就业，甚至还有少数高校毕业生因有疑惧心理而流向境外，部分圣约翰大学的毕业生即为一例。圣约翰大学是老牌的教会大学，上海解放后，尽管也有许多 1949 届约大学生报名参加中共中央华东局创办的华东人民革命大学，经短期培训后成为革命干部，但"一些对新政权有所顾虑的 1949 届毕业生则选择了离开，由于当时的政治控制相对较松，他们中不少人通过种种路线辗转到了香港、澳门或去了台湾，有的则远赴东南亚和美国。到达香港的约大学生，受益于他们熟练的英语语言，及那些在香港发展多年的高年级学长的帮助，在谋职方面占得不少先机，很多人选择从事新闻行业，有的则进入了政府机关"[2]。

---

　　① 山西大学校史编纂委员会编：《山西大学史稿（1902—1984）》，太原：山西人民出版社 1987 年版，第 49 页。

　　② 熊月之、周武主编：《圣约翰大学史》，上海：上海人民出版社 2007 年版，第 387 页。

第五章　1934—1949 年高校学生就业及其应对的特征与启示

第一节　官方处理高校学生就业的时代特征

一、技术与理工:官方立场上的人才偏好

民国时期高等教育基本上是一种专业型教育。高等学校培养的人才,也基本上是专业型人才而不是通识型人才。高校毕业生属于当时社会的知识精英,位于中国教育系统的金字塔顶端。那么,中国社会到底需要哪些专业类别的人才?文法类还是理工类?这是国民政府时期伴随着高校毕业生就业问题认识应对的一场人才需求讨论。20 世纪 30 年代在高校毕业生求职请愿运动发生前,这场人才需求讨论就已经开始了。岭南大学教授陈序经、中央大学教授罗廷光及中央研究院的傅斯年等一些学者曾反对削弱高校的文法科。例如,罗廷光曾指出:"大学教育,关系全国文化隆替,其影响不只一端,亦不只一代;若只顾其一,而忽略其他,其中遗害必有不可胜言者";"只办少数农、工、医专门学校而已,非但固有文化无从保存,即高深学术亦无研究机关","而文化学术,日益低落,危险孰甚乎?"①

不过,国民政府官方主政者可不这么想。他们从教育统计中感觉到中国高等教育发展文理失调的畸形。20 世纪 30 年代,陈果夫曾在国民党中央政治会议上提议,全国各大学及专门学院"一律停止招收文法艺术等科

---

① 　罗廷光:《对"陈委员果夫提改革教育初步方案"的讨论——并答陈果夫先生》,《时代公论》第 13 号,1932 年 6 月 24 日,第 29 页。

学生,暂定以十年为限"①。他认为,当时中国文法艺术类高校学生过剩。虽然不属同一派系,教育部部长王世杰在高校人才培养结构上却也有同感。1933年5月王世杰在主政教育部之初,在日记中就记录道:"到部后调阅二十年度(1931年度,引者注)各大学统计,全国文科(文、法、商、教育等科)大学生数额,占大学生总额约百分之七十,共约二万三千人;实科(理、农、医、工)生仅占百分之三十,约九千余人。因于五月廿日详订限制全国各大学(包括各独立学院)招生办法,务使各校自本年起招收文科新生严守一定之限制。"②高校毕业生求职请愿运动爆发以后,教育部在1936年5月对国内84所高校1933年和1934年两年度毕业生就业情况的统计结果又显示,文科类(含文、法、商、教育)高校毕业生失业率16.6%,明显高于实科类(含理、工、农、医)的5.7%。③这一失业统计结果,也坚定了国民政府教育部等相关部门对文科类人才过剩的原先判断。全面抗战爆发后,1938年国民党临时全国代表大会通过的《战时各级教育实施方案纲要》中强调,"对于自然科学,依据需要,迎头赶上,以应国防与生产之急需";而"对于社会科学,取人之长,补己之短,对其原则整理"。④这是当时国民政府所提的教育方针。对于包括理工科的自然科学,官方认为是"急需",要"迎头赶上";对于包括文法科的社会科学,官方只是"原则整理""取长补短"即可。文理之间,官方态度差别明显。

20世纪30、40年代,对于高校人才培养虽有争论,但国民政府官方相关主事者总体上是倾向于理工科人才的。王世杰、陈立夫主政教育部时期,对高校招生结构进行了持续调整。高校毕业生的人才结构也确实发生了一些变化。总体而言,文法科高校毕业生人数在下降,而理工科高校毕业生人数在上升。高校毕业生中理、工、农、医专业的毕业生1933年度仅占总数的29.6%,1947年度达到39%,抗战期间(1941年度)甚至一度超过了50%。相关情况如表5-1所示。

表5-1　全国专科以上学校之毕业生科别

年　度	总人数	文	法	商	教　育	理	工	农	医	师　范
1933年度	8665	1156	3175	583	1189	698	1008	473	383	—

① 《陈果夫提案原文》,《大公报》(天津版)1932年6月19日第3版。
② 王世杰:《王世杰日记》(手稿本)(第一册:民国二十二年五月—民国二十七年十二月),台北:台北"中央研究院"近代史研究所1990年版,第1—2页。
③ 龚征桃:《专科以上学校毕业生失业问题》,《教育杂志》第27卷第1号,1937年1月,第88页。
④ 《战时各级教育实施方案纲要》,《教育通讯》第4期,1938年4月16日,第9页。

续 表

年 度	总 数	文	法	商	教 育	理	工	农	医	师 范
1934 年度	9622	1267	3478	697	1374	924	1163	410	309	—
1935 年度	8673	1741	2596	707	792	996	1037	416	388	—
1936 年度	9154	2014	2667	719	718	935	1322	361	418	—
1937 年度	5137	797	1059	324	512	794	969	282	400	—
1938 年度	5085	583	1182	387	460	737	1083	303	350	—
1939 年度	5622	725	1312	389	374	799	1208	435	336	44
1940 年度	7710	855	1685	753	466	881	1773	632	546	119
1941 年度	8035	781	1831	798	364	856	1783	820	649	153
1942 年度	9056	716	1913	1051	383	735	1949	840	621	848
1943 年度	10514	921	2511	1471	284	723	1886	1016	669	1033
1944 年度	12078	1311	2579	1703	396	903	2197	1064	582	1343
1945 年度	14463*	1582	3403	2027	519	892	2643	1263	748	1386
1946 年度	20185	2230	4769	2630	567	1419	3900	1663	1035	1972
1947 年度	25098	2736	6350	2969	1004	1701	4792	2064	1236	2246

注:①三十四(1945)学年度特设各临时大学补习班毕业生未计入。

②《第二次中国教育年鉴》总第1414页表"全国专科以上学校之毕业生数(二十一至三十五年度)"中,1933年度商为561人,农为495人;1934年度商为669人,农为438人,与本表相关位置数字抵触。因合计数相同,笔者采用了本表的数据。本表中1944年度商为1743,合计总数就为12118,应为本表误,此处也根据前表进行了修正。本表指的是《第二次中国教育年鉴》总第527—528页"十七年度至三十六年度专科以上学校毕业生数与科别表"。

【资料来源】教育部教育年鉴编纂委员会编:《第二次中国教育年鉴》,商务印书馆1948年版,总第527—528页,表"十七年度至三十六年度专科以上学校毕业生数与科别表"。

不过,也需要指出的是,尽管国民党官方花了较大力气对高校招生结构进行了调整,却仍然不能避免国统区一部分理工科高校毕业生的失业。这种情况在20世纪40年代后期,也就是国民党官方在招生结构调整已经收到部分成效的时期,表现得仍比较明显。在当时高校毕业生的失业者中也包括了许多理工科人才。上海交通大学、北平清华大学工学院毕业生就业难情况已见前述。① 甚至《申报》《大公报》等媒体上还报道过工程师、工科学生因失业而自杀的极端案例。② 这种情况又说明，近代中国社会虽然在整体上是需要理工科专业技术人才的，但是理工科专业技术人才就业状况又不仅仅由社会长时段的整体需求决定。社会治乱、经济兴衰、人事更替等，都会影响社会包括理工科人才在内的各种人才的需求。并且，社会在不断发展，长时段整体需求在具体阶段又是有变化的，不同阶段对具体学科的需求也有所不同。全面内战时期的国统区，显然主要属于前一种情况。许多理工科人才也出现了失业，和当时国统区的社会经济状况有很大关系。《大公报》(上海版)1946 年 10 月 22 日第 11 版刊出《重视工业技术人材！惨绝人寰的悲剧再不容许发生了！政府不能再坐视他们转业或无法生活而死！》一文，指出："胜利后，台湾、东北收复了，这些工业建设成功的地方正需学习了工业技术的青年前去接替工作，不想政治纠纷，接收混乱，一切的一切都弄得一团糟，工厂不但开不了工，而且大半工厂的设备器材也因饱私而残缺不全，致使满成希望的有志工程建设的青年们，再度大失所望。"③

　　至于中国共产党领导下的根据地，由于原属经济技术相对落后的地区，所以对于理工类人才的欢迎程度、给予待遇，一般要好于文科类人才及一般干部。全面抗战期间，中央军委于 1941 年 4 月颁布《关于军队中吸收和对待专门家政策的指示》，文件强调："一个军队没有大量的专门家(军事家、工程师、技师、医生等等)参加，是不可能成为一个有力量的组织的。中央去年十二月二十五日的指示已强调的指出应该大量吸收同情分子参加我军工作。吸收这些专门家参加我军，便是吸收同情分子的重要的一环。我军各级军事政治机关，必须深刻认识中央这一指示的严重意义，而切实执行之。""要坚决反对狭隘，反对不科学及反科学的落后现象，反对脱离社会的孤高自赏。只有我军尊重科学，并与科学结合起来，才能更进一步提高我军的军事建设。"④在物质待遇方面，文件指出："对于上述各项人才，一

---

　　① 参见本书第二章第三节。

　　② 参见《重视工业技术人材！惨绝人寰的悲剧再不容许发生了！政府不能再坐视他们转业或无法生活而死！》，《大公报》(上海版)1946 年 10 月 22 日第 11 版；《投江遇救马博士 怀才不遇唤奈何》，《申报》1947 年 11 月 27 日第 4 版。

　　③ 《重视工业技术人材！惨绝人寰的悲剧再不容许发生了！政府不能再坐视他们转业或无法生活而死！》，《大公报》(上海版)1946 年 10 月 22 日第 11 版。

　　④ 《中央军委关于军队中吸收和对待专门家政策的指示》(1941 年 4 月 23 日)，出自中共中央文献研究室、中央档案馆编：《建党以来重要文献选编(1921—1949)》(第十八册)，北京：中央文献出版社 2011 年版，第 223、225 页。

律依照中央指示,物质上给以特别优待。物质优待的标准依照其能力学识的程度规定之,要使他们及其家属能无生活顾虑,专心工作。对于特殊的人才,不惜重价延聘。要尽可能购置他们所需要的科学设备,在战时要尽力保证他们的安全。"①在政治上,文件对这些以理工科为主的专家要求也相对宽松一些,"对于上述各种人才一律以他们的专门学识为标准,给以充分的负责工作,如工厂厂长、医院院长等等,而不是以他们的政治认识为标准。对他们应有充分的信任。一般的说,专门家愈有学识和能力,则其为国民党特务利用的可能性愈小。随便怀疑这些专门家是错误的。""对非党的专门人才,只要求他们服从我军纪律与各种规章条例,不强迫他们作政治学习,不强迫过政治生活,不强迫他们上政治课,参加政治集会及测验等。对于政治学习和政治生活,他们可以自由参加或不参加。履历表只填他的学历及工作历史,不填政治历史(包括社会出身经济地位等),对于他们一些生活习惯不应干涉。"②1941 年 5 月中共中央书记处还做出了《关于党员参加经济和技术工作的决定》,该文件指出:"应纠正某些党的组织和党员对革命工作抽象的狭隘的了解,以至轻视经济工作和技术工作,认为这些工作没有严重政治意义的错误观点","一切在经济和技术部门中服务的党员,必须向非党的和党内的专门家学习"。③ 另外,"1943 年 3 月,边区政府统一制定了对各类技术人员优待标准的办法,规定按技术干部的学历、实际能力、现任职务、服务年限分为甲、乙、丙、丁四类,规定了每类的待遇标准。当时延安的干部实行的是津贴制,干部一般每月拿一至五元,而技术干部则可以拿到二十元。总体说来,当时技术干部的待遇远远超过了一般干部的待遇。"④

抗战胜利后,在进军东北的过程中,1946 年 2 月中共中央发出《关于为培养党的技术干部抽调知识青年去东北的指示》,指出:"我们在东北所占有之长春路两侧广大地区内,有许多铁路和轻重工业须要大批培养自己的

① 《中央军委关于军队中吸收和对待专门家政策的指示》(1941 年 4 月 23 日),出自中共中央文献研究室、中央档案馆编:《建党以来重要文献选编(1921—1949)》(第十八册),北京:中央文献出版社 2011 年版,第 223 页。

② 同上,第 223—224 页。

③ 《中共中央书记处关于党员参加经济和技术工作的决定》(1941 年 4 月 23 日),出自中共中央文献研究室、中央档案馆编:《建党以来重要文献选编(1921—1949)》(第十八册),北京:中央文献出版社 2011 年版,第 245 页。

④ 贺亚维:《延安时期中国共产党代表先进生产力发展要求的理论与实践》,出自郭必选主编,中共党史与延安学研究中心、延安大学延安学研究院编《延安学研究》(第三辑),北京:中共党史出版社 2009 年版,第 118 页。

技术干部(工程师、技师等),才能掌握和发展这些企业,同时中苏合办的长春路及其附属企业及举办之技术干部学校也可能打入许多人进去(这很重要),为着应付上述需要,更重要的为着培养大批党的技术干部(这方面我们很弱),以适合于建设新中国的需要,中央决定华北华中抽调一千个知识青年派送东北。"①这一文件明确表示中国共产党及解放区在发展过程中对理工类技术人才的迫切需求。在解放战争末期,中国共产党曾动员许多包括高校学生在内的知识青年参加南下接管工作。那些被发动参加南下接管工作的高校学生,许多当时并未毕业。但是,对于高校中的理工科学生,党组织一般采取保护政策,原则上不做动员。例如,《关于吸收平津学生参军办法》中就规定,"对理工科与医科则一般不去动员他们南下"②。在南下接管急需干部的情况下,仍然原则上不动员高校理工科及医科学生,反映出中国共产党对这些人才更加重视,保证他们能够完成学业,以便更好地参加经济建设工作。

二、统制与分配:官方处理高校学生就业时的方式倾向

20 世纪 30 年代,中国社会在一定范围内存在着"人人求事,事事求人"的现象。高校毕业生求职请愿运动的爆发,引起了社会对这种现象的重视。就当时中国的实际情况来看,一方面是许多毕业生求职无门,失业状况比比皆是;另一方面又是社会经济亟待发展,新兴行业和某些地区在发展过程中无才可用、人才缺乏。人才供求的失衡,一方面造成了毕业生的失业,另一方面也使社会发展得不到应有的助力。这种"人人求事,事事求人"的现象,催生了中国社会上下对于结构性失业问题的讨论。许多社会人士将之归结于政府之前对人才供求疏于认识,没有负起相关责任,无所作为。中国社会人才供求的矛盾现象,加之当时苏联计划经济取得的成功、美国罗斯福新政国家干预经济政策,以及德、意等国集权主义的外部影响,使得一些社会人士提出了"人才统制"的建议。持"人才统制"论者,希望通过政府合理统筹规划人才的培养和使用,以实现"人人得事,事事得人",达到解决就业问题和促进社会发展的双重目的。职业问题专家何清

---

① 《中央关于为培养党的技术干部抽调知识青年去东北的指示》(1946 年 2 月 7 日),出自中共中央组织部、中共中央党史研究室、中央档案馆编:《中国共产党组织史资料》第八卷·文献选编(上)(1921.7—1949.9),北京:中共党史出版社 2000 年版,第 640 页。

② 《关于吸收平津学生参军办法》,出自四野南下工作团团史北京文献资料征集委员会编:《中国人民解放军四野南下工作团团史文献资料汇编》(第 1 辑),北京:编者刊 1991 年版,第 3 页。

儒就指出:"谋求人才供与求的适应,达到量度上、质度上的人事适应,即是人才统制的目的。"①

国民政府方面虽然以"人才统制"命名的正式文件不多,但是站在一党专政、巩固统治的立场上,官方对"人才统制"总体上还是认同的。② 1934 年大学生职业运动期间,国民政府教育部部长王世杰就曾向大学生请愿代表表示,"关于青年职业问题,在英美各国之政府,皆有具体之统制计划,中国兴办大学教育,虽有三十余年历史,然对此异常严重之问题,似尚未注意,余自去年莅任之日,即曾想到此问题","关于未来之教育统制问题,是为教部之责任,俟相当时日,即可拟定具体计划"。③ 其后成立的全国学术工作咨询处并没有把自己定位为单纯的职业介绍机构,其首任负责人程振基在广播电台的演讲中就曾公开声称:"调剂人才,固然是咨询处目前的重要任务,但是它的最终目的,还在于人才的统制。"④该处所办的《全国学术工作咨询处月刊》杂志上不断刊登有关人才统制的文章,如《人才统制之意义》《人才统制的理论与实际》《人才统制之基本条件》《谈人才统制》《人才统制与职业开源》等。⑤ 该处不仅自己提倡人才统制,还邀请罗承烈、高迈、周水沙等学者参与对相关问题的讨论,推动对人才统制的研究。另外,全国学术工作咨询处还进行了一些人才调查、统计工作,以此来推动人才培养、使用统筹规划的实现。全面抗战时期,重庆国民政府试图通过人才的统制,满足政权、政党需要的意图更加明显。1938 年国民党临时全国代表大会通过的《战时各级教育实施方案纲要》在批评"社会乃充满人人谋事,事事找人之怪象"的基础上,提出"谋教育行政与国防及生产建设事业之沟通与合作","使各种职业之各级干部人员均有充分之供给"。⑥ 据陈立夫回忆,当时他"认为正常教育仍应维持,为建国预储人才,但为适应军事需要,应加

---

① 何清儒:《人才统制》,《教育与职业》总第 155 期,1934 年 5 月,第 258 页。

② 国民政府以"人才统制"命名的正式文件较少,但是也有,如《西康省技术人才统制办法》(参见《西康省政府公报》第 5 期,1939 年 5 月)。

③ 《大学生职业问题 平方推代表到京请愿 王世杰主张统制人材》,《大公报》(天津版)1934 年 7 月 23 日第 4 版。

④ 程振基:《全国学术工作咨询处之意义及其工作概况》,《全国学术工作咨询处月刊》第 1 卷第 2 期,1935 年 2 月,第 43 页。

⑤ 俞同奎:《人才统制之意义》,《全国学术工作咨询处月刊》第 1 卷第 2 期,1935 年 2 月;谭庶潜:《人才统制的理论与实际》,《全国学术工作咨询处月刊》第 2 卷第 1 期,1936 年 1 月;罗承烈:《人才统制之基本条件》,《全国学术工作咨询处月刊》第 2 卷第 3 期,1936 年 3 月;高迈:《谈人才统制》,《全国学术工作咨询处月刊》第 2 卷第 5 期,1936 年 5 月;周水沙:《人才统制与职业开源》,《全国学术工作咨询处月刊》第 2 卷第 6 期,1936 年 6 月。

⑥ 《战时各级教育实施方案纲要》,《教育通讯》第 4 期,1938 年 4 月 16 日,第 9—10 页。

特殊训练以备随时征召";"当时的孔院长兼财政部长(指孔祥熙,引者注)同意我的见解,认为抗战与建国应双管齐下,教育青年乃是为建国预储人才,和抗战同样重要"。①

高校毕业生属于当时中国社会的知识精英。20世纪30年代中期以后,国民政府倾向于通过人才统制来加强对高校人才培养和使用的统筹干预,在解决高校毕业生就业问题的同时,也能让高校毕业生为自己所用,为国民党政权服务。国民政府试图借人才统制,实现自己对全国高校人才培养使用的掌控,并通过这种掌控来服务国民党的利益,使国民党利益最大化。30年代中期全国学术工作咨询处、就业训导班的举办,全面抗战时期高校毕业生的选送服务、战时征调,以及同一时期高校招生结构的调整,都带有人才统制的性质。其背后也有国民党的上述考虑。在相关政策规定方面,1938年12月国民政府颁布的《非常时期专门人员服务条例》,1940年3月教育部颁行的《专科以上学校毕业生统筹分发服务办法令》,都包含有对高校毕业生就业统制的内容。例如,《非常时期专门人员服务条例》中所指的"专门人员"就包括"在国内外专科以上学校之理工医农法商或其他学科毕业者",并规定"经指定担任工作之专门人员非具有正当理由呈经原指定机关核准不得免除工作"。②再如,《专科以上学校毕业生统筹分发服务办法令》开头就称,"年来统筹分发各校毕业生服务,旨在使人才之供求得有合理之调整,俾教育成果对于建国事业克尽功能"③。至于一些特殊类别的高校毕业生,如师范、公医等,国民政府更是注意对其进行就业统制,并出台专门文件加以规定,如1943年教育部公布过专门的《师范学院学生实习及服务办法》,1941年教育部、卫生署联合颁布过《公医学生服务暂行办法》。

需要说明的是,国民政府的人才统制活动,与学界对人才统制的期许并不完全一致。目的上,学界人才统制的经济性、社会性较强,倾向于通过平衡人才供求,既满足经济社会发展的人才需要,又同时解决学生就业问题,既促进社会经济发展,又避免人才浪费;而国民政府的人才统制则政治性较强,带有一党之私,有争夺人才、控制人才的意图。手段上,学界则更希望用前瞻、规划、引导的形式来实现人才供求的平衡;而国民政府的人才

---

① 陈立夫:《成败之鉴——陈立夫回忆录》,台北:正中书局1994年版,第241、243页。
② 《非常时期专门人员服务条例》,出自经济部编:《经济法规汇编》(第四集),长沙:商务印书馆1940年版,第69—70页。
③ 《教育部颁行专科以上学校毕业生统筹分发服务办法令》,出自中国第二历史档案馆编:《中华民国史档案资料汇编》(第五辑第二编 教育 一),南京:江苏古籍出版社1997年版,第710页。

统制主要用行政命令的方式来处理。并且,双方对人才统制的理解也不完全一致。在对人才统制的理解上,学界倾向于人才培养使用的合理性、计划性,而国民政府则更多地把它理解为人才控制。

国民政府虽有统制意图及相关的统制活动,但对高校毕业生的人才统制却并未取得成功,不仅学界所期许的人才供求平衡并没有实现,甚至政府自己想要的人才分配使用的主导权也没有完全获得。在高校毕业生培养方面,国民政府在调整专业招生结构上通过限制性、约束性规定,收到了一定效果,但距离其期望仍有较大差距。如前所述,理工科毕业生人数只是在个别年份才超过文法科毕业生。在高校毕业生任用方面,国民政府也只是实现了部分高校毕业生为其所用,并未实现对高校毕业生就业去向的全面控制。全面抗战爆发前行政院专科以上学校毕业生就业训导班的举办,全面抗战时期教育部对高校毕业生选送分发、战时征调,曾使国民政府对高校毕业生就业及出路有过一定的话语权,全面抗战前期甚至一度还实现过部分主导。但是 20 世纪 40 年代中期以后,国民政府在统制高校毕业生出路方面所发挥的影响力却呈递减状态。在就业过程中,被官方选送服务的高校毕业生占毕业生总数的比例,在波动中越来越低。国民政府在统制高校毕业生就业及出路方面越来越有心无力。一些特殊类别高校毕业生的就业统制,如师范生、公医生等,国民政府也面临重重困难。由于公医学生待遇优势不再,1945 年 11 月教育部、卫生署联合通令将《公医学生服务暂行办法》废止。而师范院校毕业生,到 20 世纪 40 年代后期,教育部连统筹分发实习也变得很困难。

20 世纪 40 年代中期以后,国民政府在统制高校毕业生就业方面逐渐有心无力,其原因主要在于以下几个方面。首先,政府机关及官办企业容纳人数有限。国民政府虽有心统制高校毕业生的就业,让高校毕业生为自己所用,但其分发高校毕业生的去处主要是政府机关及官办企业。民间私营机关单位不在国民政府统制分发的范围之内。政府机关及官办企业每年对高校毕业生的吸收消纳能力有限,达到一定数量便会出现边际递减效应。1948 年,教育部主管人士就表示"本年暑假专科以上学校毕业生就业事宜,曾分函各机关调查所需人才,除交通部等少数机关尚未覆到外,大多数机关均以奉令减裁,无法延用新人"①。其次,高校毕业生人数不断增加。如前所述,国民政府之所以在全面抗战前期能够一定程度上统制高校毕业

---

① 《关于毕业生就业 教部主管人谈辅导情形 调查需才各处都难安插》,《大公报》(天津版)
1948 年 6 月 19 日第 2 版。

生的就业与服务,一方面是因为全面抗战前期大后方因发展而人才需求较大;另一方面也是因为当时高校毕业生人数较少,政府想要实现统制目的之难度较小。抗战后期以来,高校毕业生人数增加相对较快。面对人数越来越多的高校毕业生,国民政府想要统制的难度自然是越来越大。最后,国民政府缺乏统制高校毕业生就业及出路的社会基础。国民政府是国民党控制下一党专政的政府。国民党有心想让一党专政继续下去,或者至少维持自己的主导地位,但政治上受到共产党及其他一些党派的挑战。20 世纪 30、40 年代,国民党也曾有心要搞经济统制、教育统制,但民间私营工商业、私立学校仍是相当大的势力,并具有一定的相对独立性。没有必要的社会政治、经济以及文化基础,国民政府想要统制高校毕业生就业,其难度是很大的。

20 世纪 30、40 年代,在中国共产党局部执政的地区——根据地及解放区,高校学生就业则形成了以上级分配安排为主的格局。根据地、解放区许多高校在文件中一般规定,学生毕业后既可以由学校分配工作,也可以自谋职业。例如,1938 年抗日军政大学规定,"毕业后之工作——由学校分配前线工作;自己能觅得工作者,学校不加限制"[1]。再如,1946 年华北联合大学规定,"毕业后学生得自谋职业,或由学校介绍工作"[2]。不过,在具体实践中,中国共产党还是希望包括高校学生在内的知识分子能够服从统一的工作分配,以满足根据地及解放区党、政、军、群的人才需求。1942 年 9 月《总政治部关于部队中知识分子干部问题的指示》中要求,"在分配知识分子工作时,对知识分子本人,应当强调服从组织分配、个人服从组织"[3]。

在事实上,根据地及解放区高校毕业生或肄业生走上工作岗位,以上级组织分配介绍为主。"在抗日根据地和解放区,各高等院校培养了大量毕业生。这些毕业生除极少数自谋职业外,绝大多数毕业分配参加革命工作。华北联合大学 6 年中共培养近 1 万人,分配到华北地区各部门工作。"[4]以抗战时期的鲁迅文艺学院为例,该校于 1938 年创办,1943 年并入延安大学,截至 1944 年 6 月已毕业 4 期学生,毕业生 502 人。在鲁迅文艺

---

[1] 《抗日军政大学招生简章》,《解放》第 47 期,1938 年 8 月 1 日,第 24 页。

[2] 《华北联合大学招生简章》,《大公报》(天津版)1946 年 3 月 26 日第 4 版。

[3] 《总政治部关于部队中知识分子干部问题的指示》(1942 年 9 月 17 日),出自中共中央文献研究室中央档案馆编:《建党以来重要文献选编(1921—1949)》(第十九册),北京:中央文献出版社 2011 年版,第 459 页。

[4] 河北省地方志编纂委员会编:《河北省志》(第 76 卷 教育志),北京:中华书局 1995 年版,第 410 页。

学院前 4 期毕业生中,分发八路军新四军工作者、分发各抗日根据地工作者及留校研究或工作者,属于上级组织的工作分配,共 419 人,占总数的 83.5%;去友军、友区工作及转学他校者共 83 人,仅占总数的 16.5%(见表 5-2),当然即使是后面这部分人,也不能完全视为是自谋出路,受组织派遣而赴友军、友区(主要指国民党军队及国统区)工作者应该还不乏其人。

表 5-2　鲁迅文艺学院前 4 期毕业生出路情况

出　路	人　数	出　路	人　数
分发八路军、新四军工作者	116 人	去友军、友区工作	55 人
分发各抗日根据地工作者	146 人	转学他校者	28 人
留校研究或工作者	157 人		

【资料来源】《延安大学概况》,出自中央教育科学研究所编《老解放区教育资料(二)·抗日战争时期》(上),教育科学出版社 1986 年版,第 391—392 页。

再以解放战争时期北方大学为例,该校行政学院"1947 年抽调大批干部南下时,绝大多数学生集体参军或离校工作",该校工学院"第一班于 1947 年初毕业,大部分配到军工部各工厂工作"。[①]

全面抗战及解放战争时期,中国共产党局部执政的根据地及解放区之所以能做到高校学生大多数集中统一分配工作,其原因主要在于以下几个方面。客观方面,首先,根据地及解放区需要统筹分配人才以发挥效益。1927 年以后中国共产党走的是农村包围城市的道路。根据地及解放区在较长一段时间内交通位置相对偏僻、经济文化相对落后,高端人才本身就比较缺乏。加之中共在根据地及解放区发展军事、政治、经济、文化等各种事业又需要大量人才,根据地及解放区人才的缺口一直很大。在这种情况下,高校学生只有统筹分配才能实现效益最大化。其次,当时的根据地党政军群一体化程度较高,而私营工商企业及文化事业发展水平较低,高校毕业肄业生想要在根据地内部自主就业事实上可能性较小。最后,由于国共两党长期对立,国统区对中共根据地高校学历不认同,限制了根据地高校学生在根据地外面就业。这也是一个隐性影响因素。主观方面,首先,当时根据地及解放区的高校学生,要么是受革命事业的感召、对中国共产党认同的知识青年,要么本身就是革命队伍的成员,就其政治信仰来说,他们大多数也愿意由上级组织分配工作,以此投身到革命事业中。其次,根

①　高翔、赵子真:《解放区第一所综合大学》,出自韩辛茹主编:《回忆北方大学》,北方大学校友会、长治市地方志办公室刊 1991 年版,第 20—21 页。

据地及解放区高校非常注意集体主义、服从组织的宣传教育,形成了较强的舆论导向。根据地及解放区高校一般重视政治学习和思想教育,在政治学习和思想教育中又重视批判个人主义、宣传集体主义,强调服从大局。这在高校学生中形成了服从组织分配的舆论氛围。最后,根据地及解放区的领导也重视高校学生的分配任用。毛泽东就曾多次为抗大学生工作安排事宜致电一些地方负责人。例如,1938 年 7 月 5 日毛泽东和滕代远、谭政,曾致电朱德、彭德怀及各师、聂荣臻军区:"抗大本月底约有千人以上学生毕业,全为外来学生,大部受过六个月军训。拟将其中大部派往新发展区域,一部分补充主力部队,请各就自己需要量及需何种人才即电告。"①1938 年 8 月 23 日毛泽东又和滕代远电告林伯渠、伍云甫并告周恩来、叶剑英:"抗大第三队外地招来学生即将毕业,其中数十名可由西安、武汉派往友军工作,一部可派新四军,不日动身,望准备接收。"②次日,毛再电林、周:"这批学生大多为好学生,请妥为处理,勿使失望。"③中国共产党领导人开始就重视根据地高校学生从上到下的分配任用,并亲自关照。

20 世纪 40 年代末,中国共产党在夺取全国胜利的过程中、在由农村转入城市的过程中,也逐渐直面城市里原国统区高校毕业生的就业问题。这一时期,中国共产党主要是大量吸收原国统区高校学生加入南下工作团、西南服务团、南下服务团等组织,随解放军南下,参加对中南、西南、东南等省份的接管,统一分配到这些地方相应的工作岗位上。中国共产党很大程度上沿用了原根据地及解放区统一分配工作的做法。

1949 年之前对高校学生统一分配工作的做法,为中国共产党之后在大陆地区全面执政积累了早期的经验,对新中国一段时间内计划经济背景下统包统配就业政策有着一定的先验式影响。

三、可靠与忠诚:官方任用高校毕业生时的内在考虑

国民政府统治时期,国民党出于一党专政的考虑,注意对高校学生的思想监管与控制。出于国民党的一党之私,国民政府除了在高校里强制开设党义课程(后改称三民主义课程)外,在政府机构及官办企事业单位考录高校毕业生时,也注意他们政治思想的可靠性。这在公务员考试、就业训

---

① 中国人民解放军军事科学院毛泽东军事思想研究所年谱组编:《毛泽东军事年谱(1927—1958)》,南宁:广西人民出版社 1994 年版,第 251 页。

②③ 同上,第 258 页。

导班及抗战后收复区学生的甄审中,表现得都很明显。

在公务员考录过程中,国民政府注重参与考试者的政治思想。国民政府在 1933 年的《典试委员会阅卷规则》和 1935 年的《阅卷规则》中,均把"反动思想"作为阅卷时应注意的异常事项。例如,1933 年 10 月考试院公布的《典试委员会阅卷规则》的第十一条规定"评阅试卷,发现有左列情事时,应报告典试委员会",其第一项就是"文字内容,确有反动思想者"。[①] 再如,1935 年 9 月考试院公布的《阅卷规则》的第八条也规定"评阅试卷,发现有左列情事时,应报告典试委员会",其第一项也是"文字内容确有反动思想者"。[②] 而这所谓的"反动思想",是相对于国民党秉承的意识形态而言的,只是为了确保录取公务员对国民党的一党专政不持异议。1936 年国民政府行政院举办的专科以上学校毕业生就业训导班,也注意对录取受训的高校毕业生灌输国民党的政治思想。在专科以上学校毕业生就业训导班中,党义课居所有课程之首,由中央政治学校给学员每周讲两小时的党义课,时间另外计算。这种党义课程的开设,实际上就是对就业训导班学员灌输国民党的意识形态,试图让这些高校毕业生在分发任用后能够效忠于国民党,维护国民党的一党专政地位。抗战胜利后,国民政府对收复区学生进行了大规模的甄审,其中也包括高校学生。本来清除日伪奴化教育遗毒及汉奸思想也无可厚非,可是国民党当局却乘机对学生灌输自己政党的意识形态。教育部在 1945 年 11 月公布的《收复区专科以上学校毕业生甄审办法》里规定:"收复区敌伪专科以上学校毕业生,经准予登记后,应将国父遗教(包括三民主义、建国方略、建国大纲)及主席所著《中国之命运》研究完竣,并在书册内加以标点,批注读后心得,再另做报告一份,连同有关所习专门科目之论文一篇(报告及论文字数均应在两万以上)",呈送各区教职员甄审委员会审查后,转报教育部核定。[③] 其实这种甄审的主要目的还在于建立对国民党的忠诚。如前所述,教育部还把收复区高校学生甄审合格作为任用他们的前提条件。

此外,20 世纪 40 年代后期,学生运动迭起。国民党当局为了对参加学生运动的高校学生进行惩罚,经常暗中开列名单,阻挠用人单位录用名单

---

① 《典试委员会阅卷规则》(1933 年 10 月 2 日考试院公布),出自杨学为、朱仇美、张海鹏主编:《中国考试制度史资料选编》,合肥:黄山书社 1992 年版,第 829 页。

② 《阅卷规则》(1935 年 9 月 12 日院令公布),出自杨学为、朱仇美、张海鹏主编:《中国考试制度史资料选编》,合肥:黄山书社 1992 年版,第 829 页。

③ 《收复区专科以上学校毕业生甄审办法》(三十四年十一月二十七日教育部公布),出自阮华国编:《教育法规》(第二版),上海:大东书局 1947 年版,第 278 页。

中的毕业生。1947年7月,有人自杭州投书媒体指出:"本来政府录选人员,究查其人之言论思想,早非新鲜事";"不过据说除去明文规定外,今年各级政府和所属事业教育机关,不谋而合的暗中对大学毕业生,又拉起一道坚固的防线,大约除非能拿出充分的身份证明,否则录用的机会是微乎其微的。这种作法,能说是对大学生罢课反内战的事后惩处,意思是'看你们以后还敢胡闹不敢!'"①1947年8月,又有人自北平投书进一步揭示道:"北京大学农学院植物病理系本届毕业生某君因成绩优良,经由系方介绍,至中农所(前华北农事试验场)任职,已由该所应允录用。讵料该所近忽据某方通知,并附名单一纸,凡名列单上之毕业生均不准任用。该生不幸列名其中,遂至被迫破约。"②

不过,国民党当局在控制高校学生思想方面做得并不成功。全面抗战时期担任教育部部长的陈立夫后来在回忆中也承认:"战时培育人才惜大部未能为我(指国民党方,引者注)用。"③国民党当局坚持的一党专政理论得不到高校学生的精神共鸣和思想认同,强制性的规定反而引起学生的反感。国民政府在公务员考试中关于应考者政治思想方面成文或不成文的限制性规定,遭到了高校学生及教育界人士的反对。20世纪40年代后期,有教育界人士对国民党当局以政治思想为由阻挠高校毕业生录用的行为批评道:"高压流血政策之外,这一着是政府对学生更高明的手段。高压政策、流血政策已令我们从事教育的人寒了半截心,这个封锁政策尤令我们从事教育的人灰尽了心。政府化(花)在大学生身上的钱不能算少,然而既成全他们毕了业,不设法用他们,反堵死他们的出路,诚不知居心何在,既然怕学生滋事,何如把大学一齐关门,既省钱,又省事,岂不大好。"④另有人批评道:"大学生之'毕业即失业'问题,在去年暑假中已成为严重之社会问题。政府如索性不问不闻,虽足显示其无能,然大家既然都已经晓得这个政府原来就是这样的一个政府,则亦即不再说什么。但如更进一步的以特殊手段限制就业,则其心地之褊窄险恶,手法之卑劣毒辣,已非吾人所能容忍。"⑤国民党甄审合格任用的规定,也遭到了收复区高校毕业生的公开反对。北平土木工程专科学校校友会反对国民政府的甄审办法及"雇员试用"规定,有些同学一针见血地指出:"思想甄审是表示出继续党化教育的

　　①④　严仁赓:《读者投书:政府封锁大学毕业生的出路》,《观察》第2卷第21期,1947年7月19日,第12页。

　　②⑤　沈茂坊:《读者投书:政府限制大学生就业又一例》,《观察》第3卷第1期,1947年8月30日,第2页。

　　③　陈立夫:《成败之鉴——陈立夫回忆录》,台北:正中书局1994年版,第310页。

政策。"①该校校友会决议与北大及北平师大校友会联合起来,共同反对当局不合理的措施,要求教育部、铨叙部立即收回成命。关于收复区高校反甄审运动的其他相关内容前文已述,这里不再赘述。

20世纪30、40年代,出于革命事业的需要,中国共产党在其局部执政地区给高校学生分配工作时,也注意他们的思想觉悟,确保他们对革命事业忠诚,能为革命事业奋斗。全面抗战初期,许多知识青年奔赴陕甘宁边区。1939年毛泽东曾提醒全党:"在这种大量吸收政策之下,毫无疑义应该充分注意拒绝敌人和资产阶级政党派遣进来的分子,拒绝不忠实的分子。对于这类分子的拒绝,应取严肃的态度。这类分子已经混进我们的党、我们的军队和政府者,则应依靠真凭实据,坚决地有分别地洗刷出去。但不要因此而怀疑那些比较忠实的知识分子;要严防反革命分子陷害好人。"②全面抗战时期,对于奔赴根据地的知识青年,中国共产党一般是将他们编入抗大、陕北公学、华北联大以及后来的延安大学等校学习,然后加以分配工作。根据地的高校一般把思想政治教育放在第一位,注重思想教育,注重政治学习。抗战时期根据地对包括高校学生在内知识分子、知识青年采取"容、化、用"的政策,争取和吸收知识分子到根据地来,通过思想教育使其革命化、无产阶级化,再分配他们工作、任用他们。这种把思想政治的可靠性作为用人前提,在第二次国共合作既团结又斗争的大背景下,是完全必要的。解放战争时期,中国共产党仍然重视解放区高校学生的思想素质,把政治思想作为工作分配的前提。1948年中共中原局曾发出指示指出,"自我军进驻中原之后,已有成千的知识分子,特别是大中学生和教师们,都相继来解放区就学、执教或从事其他革命工作";"要使他们在政治上认识中国革命的形势,前途和中国共产党的主张,确定为人民服务的革命立场"。③

与国民党当局不同,中国共产党在其局部执政地区重视高校学生的政治思想,把政治思想素质作为任用前提,总体上是成功的。根据地高校学生在参加工作的时候,一般有牺牲精神、献身精神,愿意服务组织上的工作分配。笔者认为,中国共产党局部执政地区在人才培养及任用上的政治思想要求之所以成功,主要原因有三个方面。首先,投奔根据地、加入根据地

---

① 《北平工专校校友反对当局无理甄审》,《解放日报》1946年4月2日第3版。

② 毛泽东:《大量吸收知识分子》(1939年12月1日),出自中共中央文献研究室、中央档案馆编:《建党以来重要文献选编(1921—1949)》(第十六册),北京:中央文献出版社2011年版,第763页。

③ 《中原局发布争取团结改造培养知识分子的指示》(1948年9月29日),出自中央教育科学研究所编:《老解放区教育资料(三)解放战争时期》,北京:教育科学出版社1991年版,第140、141页。

高校学习的知识青年本身大多具有进步思想。20世纪30、40年代,中国共产党走的是农村包围城市的道路,根据地位于农村且位置相对偏僻,物质条件一般比较艰苦。在此背景下仍愿意投奔根据地的知识青年,绝大多数本身是革命的、进步的青年,有着一定的革命热情、革命理想。其次,根据地高校思想教育有较好的成效。根据地高校的政治思想教育,不仅仅是重视理论学习,更重视体验式、讨论式的认知。华北联大、延安大学、北方大学等校,经常组织学生参加生产劳动、参加群众工作,让学生与农民打成一片,更直接地让学生获得革命体验。根据地高校还经常组织学生开展学习讨论,也让学生在讨论中能够相互提高、思想升华。前述根据地高校思想政治教育的独特方式固然有受师资缺乏的影响,但却收获了比国民党统治区高校单纯重视党义灌输更成功的效果。最后,根据地的社会风气让学生有言行一致的认同感。总体而言,根据地、解放区社会相对平等,政府及官员的廉洁程度很高。相比于抗战后期及全面内战时期丑闻不断的国统区,根据地的社会风气明显要好,让人感觉也更有朝气。知识青年在根据地感觉到思想政治教育的言行是基本一致的,政治思想认识也容易保持。而国统区不断被媒体曝光的丑闻,则会让国统区高校学生感觉到官方党义教育的虚伪。

第二节　高校学生就业问题应对的历史启示

就业问题是一个社会问题。历史上的就业问题,当代社会也存在。高校毕业生就业问题亦是如此。研究20世纪30、40年代高校学生就业问题及其认识与应对,就其现实作用来说,可以为当代社会提供经验教训的借鉴。

一、影响因素的多重性与问题应对的大格局

国民政府时期影响高校毕业生就业的因素是多方面的,总结起来,有供求沟通渠道、机关用人制度、青年就业心态以及社会就业机会等。

供求沟通渠道方面,在高校学生求职请愿运动爆发前,国民政府时期曾一度缺乏专门的职业介绍组织,无法有效地为高校毕业生和用人单位提供专门的沟通平台。这种专门的职业介绍组织,国家层面没有;社会层面,传统的荐头店、中人行原本就不是为高校学生服务的,只有部分城市里由

社团或地方创办的公共性就业服务机构,才可以为高校学生所利用,但也不是专门为高校学生服务的;而学校层面,除少数有远见的高校外,多数高校也没有相应的毕业生就业服务组织。职业介绍组织或就业服务机构,是高校毕业生与用人单位沟通的重要渠道。虽然有些报纸或杂志上可以刊登招聘启事或求职启事,但涉及版面收费的问题,这样的用人单位或高校毕业生终属少数。专门的职业介绍组织或就业服务机构缺乏,导致了高校毕业生与用人单位的沟通渠道不畅,使高校毕业生在就业过程中面临信息不对称的情况。没有专门的沟通平台或渠道,逼着高校毕业生去找私人关系。多数高校毕业生接触面窄、私人关系有限。虽然少数毕业生家里门路广、后台硬,能找到私人关系就业,但这又助长了社会徇私情的风气。

社会用人制度方面,20世纪30、40年代国统区从政府到企业,私人介绍推荐工作的风气仍然非常盛行。当时社会公开招考录用的用人形式虽然已经出现,但尚未占据主导地位。高校毕业生在此背景下,就业也受到很大困扰。导致当时社会用人制度前一特征的原因很多,如传统上中国还是一个人情社会,讲情面、讲私谊有社会风气基础;如前述高端人才供求的沟通渠道一度缺乏,使得高校毕业生也只能求助于私人关系;如许多社会用人单位人事部门缺乏或者不健全,对外招聘也只能依靠私人推荐;等等。

青年就业心态方面,部分高校毕业生就业期望值过高,导致其"高不成低不就"而失业。高校毕业生的就业期望包括职位、待遇等方面。20世纪30年代,傅斯年就曾批评道:"现在的大学毕业生,得到四五十元的月薪便不屑为,得到百元左右的职业,便恒常不平,得到百五十元的事做,也还要以为过渡。"[1]这种就业期望值较高的原因比较复杂,不能完全赖在高校学生身上。首先,当时高等教育有着精英化社会定位,大学生在当时的中国社会还属于非常稀少的高端人才,1933年,中国每万人中,仅有大学生1名。[2] 大学生确实是社会精英,至少是社会的知识精英。其次,高校学生读书至毕业,一路花费不菲。有人统计:"受高级小学教育一年,至少须用费银五十圆。受中学教育一年,至少须用费银百六十圆至二百圆。受大学教育一年,至少须二百圆至三百圆。"[3]从投入产出的效益来看,似乎期望值低了,不足以弥补家庭所付出的教育费用。另外,高校毕业生创业意愿低,

---

① 傅孟真:《青年失业问题》,《大公报》(天津版)1934年9月30日第2版。

② 教育部统计室编:《二十二年度全国高等教育统计》,上海:商务印书馆1936年版,第2—3页,表1"中国与世界各国之高等教育"。

③ 周谷城:《中国教育之历史的使命》,《教育杂志》第21卷第2号,1929年2月,第5页。

在就业过程中有"等、靠、要"的心理,也是不少国统区高校毕业生就业心态的特征。相对于自己创业,许多高校毕业生更热衷于争取政府的安置。在1936 年高校毕业生第二次求职请愿运动爆发后,国民政府一方面让行政院举办了专科以上学校毕业生就业训导班,招考部分高校毕业生进行短期培训,然后分发实习,并由实习机关酌情加以任用;另一方面让全国学术工作咨询处联合金城银行,推出了扶助小工业贷款计划,对高校毕业生创业进行资助。结果,前后报考就业训导班的高校毕业生有 4400 多人①,而申请小工业贷款的只有 100 多件②。两者之间数字对比的悬殊,反映了许多高校毕业生保守的就业心态。③

社会就业机会方面,整体有限的情况下分布还不均衡,一方面社会事业发展水平较低,所能提供的高端就业机会有限;另一方面,有些行业或部门有某种人才需求,却无合适的人才可聘。当时有人将国统区的这种现象归结为"人人求事,事事求人",虽然有些夸张,但也在一定程度上反映了问题所在。这种现象背后的原因在于社会经济文化的整体落后,并且教育发展与社会发展脱节。

针对高校毕业生就业问题,国民政府时期官方和社会也采取了一些应对处理措施。就国民政府方面来看,总体上,这一时期其对高校毕业生就业问题的认识与应对,既有可取的经验,也有不足的教训。

在供求沟通渠道方面,国民政府先是在 1934 年创办了全国学术工作咨询处、通令全国高校设立职业介绍组织,在高校毕业生与用人单位之间居中介绍,以此推广高校毕业生的出路;再是在 1938 年 5 月成立中央建教合作委员会,让人才培养方——教育部与人才需求方——内政部、军政部、财政部、经济部、交通部及航空委员会等部门,有交流沟通的组织和平台。其中,中央建教合作委员会在抗战时期还发挥了较大的作用,既让一部分高校毕业生可以被选送就业,又满足了许多政府部门、机关的用人需求。让人遗憾的是,抗战胜利前夕中央建教合作委员会却被裁撤了。这大大降低了教育部与各用人部门沟通的便利性。

在社会用人制度上,国民政府也试图通过推行文官考试制度、公务员淘汰制度来从政府层面改善用人制度,以示范社会,但成效并不明显。文

---

① 《本处关于就业训导班学员证件之整理及统计工作报告》,《全国学术工作咨询处月刊》第2 卷第 9 期,1936 年 9 月,第 18 页。

② 《与国民党政府教育部合作办理小工业贷款》,出自中国人民银行上海市分行金融研究室编:《金城银行史料》,上海:上海人民出版社 1983 年版,第 473 页。

③ 当然,当时大学生不愿意创业,除了有"等、靠、要"的心理外,还有社会环境因素的影响。

官考试制度、公务员淘汰制度执行得好,本来不仅可以解决部分高校毕业生就业问题,而且也有利于提高国民政府公务员队伍素质、澄清吏治。虽然高校毕业生可以参加高等文官考试,但通过考试并不等于就能被任用。国民党内一些派系及地方割据势力在公务员任用方面为了私利经常自行其是。有学者就指出,"实践表明,国民政府时期颁布的各种公务员任用法规法令在实际操作中极尽扭曲和背离,制度已立而未切实执行,几乎成为普遍现象"①。至于国民政府要员多次表示决心要厉行的公务员淘汰制度,因为涉及太多既得利益者,也未能大范围执行,"光打雷不下雨"。

在青年就业观念上,国民政府始终没有足够重视。培养恰当的就业观念,可以缓解高校毕业生就业时的困扰,比如说先就业后择业的观念,再比如说勇于创业的观念等。职业指导可以为青少年提供择业、就业、改业等职业问题的指点、建议和咨询。民国时期在上海、广州、无锡等地还有为公众服务的职业指导所。本来国民政府可以通过职业指导的方式来引导大学生调整就业心态,但是国民政府教育部1933年颁布的《各省市县教育行政机关暨中小学施行升学及职业指导办法大纲》和1935年颁布的《各省市教育行政机关设置职业指导组暂行办法》两个文件,都没把高等学校包含在职业指导的实施范围之内。在对"职业指导"的认识上,国民政府教育部主政者始终认为它属于职业教育的范畴,在很长时间内又一直把职业教育限制在中小学尤其是中学的层次。除少数高校自发为学生提供职业指导服务外,国民政府教育部没有明令让高等学校为学生提供职业指导服务。国民政府的党义教育或三民主义教育即便涉及就业问题,也只是片面地从一党专政的角度,强调高校毕业生要效忠党国,而不是从学生实际考虑他们的就业心态。

在就业机会方面,国民政府针对人才结构性失衡的问题,在高校招生结构方面做了一些调整,一定程度上改变了文理比例悬殊的情况。但是20世纪40年代后期理工科毕业生也曝出不少失业案例,又说明当时社会整体上就业机会有限。而当时社会失业严重、就业机会变少的主要原因,则和国民政府施政失当而导致的阶段性政治经济状况恶化有很大关系。抗战胜利之初,本来国民党威望很高,但由于判断失误、施政失当,到了20世纪40年代末期,国民党对国内军事、政治、经济状况越来越束手无策,社会动荡不安,就业机会焉能增加。20世纪40年代后期,国民党当局为了报复参加学生运动的高校毕业生,还曾开列黑名单,阻挠用人单位对高校毕业

---

① 房列曙:《中国近现代文官制度》(下),北京:商务印书馆2016年版,第664页。

生的录用。这种干扰学生就业机会的行为，进一步刺激了当时高校毕业生及教育界人士对国民党当局的怨恨。

从 20 世纪 30、40 年代高校毕业生就业问题的影响因素来看，是多重的、复杂的，有些因素之间还相互影响。从当时国民政府对高校毕业生就业问题的认识应对来看，既有经验，也有教训。历史照进现实。因为高校毕业生就业影响因素的多重性，所以认识分析高校毕业生就业问题需要有大格局，应对处理高校毕业生就业问题需要从多个角度入手。

首先，应对处理高校毕业生就业问题要从多重入手。在解决高校毕业生就业问题的过程中，开辟人才供求沟通渠道、健全人事制度、加强就业指导以及繁荣社会经济、增加就业机会等都是必要的。沟通渠道方面，不仅要有服务层面毕业生与用人单位的中介组织，还要有部门层面人才供求信息的交流平台；不仅要有供求对应的沟通，还应有供求不十分对应时的过渡性措施，如通过就业培训的手段加强高校毕业生技能性训练，在毕业生与用人单位之间架设对接性桥梁；健全人事制度方面，加强用人单位招考录用的规章及程序建设是必要的，但还要注意规章程序制定过程中排除私心，避免因人设岗的"萝卜招聘"，避免以程序公平掩盖实质上的不公平，要为高校毕业生创造一个真正公平的就业环境；培养正确的就业观念方面，引导在大城市就业困难的高校毕业生，往中小城市、农村地区、西部地区等需要人才的地方去，加强择业指导、就业指导是非常必要的，但也不能光喊口号，而要有相应的就业保障；增加就业机会方面，政府层面繁荣经济社会从根本上抓起当然是必要的，政府与社会还要鼓励高校毕业生创业、加强创业扶助，以创业来带动就业，以创业来制造新的就业机会。

其次，高校毕业生就业问题的解决需要多方配合。教育行政部门要加强对高校毕业生实际就业率的核查，避免毕业生就业率造假引起形势的误判。政府要调动社会力量参与高校毕业生就业问题解决的积极性，鼓励社会团体创办公益型就业服务机构，参与高校毕业生就业问题的解决。高等学校应重视校友会及杰出校友在毕业生就业促进过程中的作用。工商管理部门及劳动管理部门，应规范营利性职业中介组织及人才招聘市场的秩序，打击虚假招聘信息及诈骗中介。解决高校毕业生就业问题，维护高校毕业生就业权益，政府、社会、高校应各尽所能，共同发挥作用。

最后，应对处理高校毕业生就业问题要有大格局。高校毕业生就业问题要在社会发展的过程中解决。审视高校毕业生就业问题应具有大视野，解决高校毕业生就业问题也需要有大格局。高等教育发展需要与社会经济发展相适应，但这种适应不是让社会经济去适应高等教育发展，而是应该让高等教育发展去适应社会经济发展;这种适应不是让高等教育做到与社会经济发展的完全同步,这不仅不可能,而且没必要,而是让高等教育要根据人才培养周期与社会经济发展趋势具有一定的前瞻性,适当地超前布局。高校毕业生是社会重要人才,解决他们的就业问题非常重要,但如果为了实现高校毕业生的完全就业,以牺牲劳动效率为代价而人为地强行将高校学生安插到一些部门亦不可取。

二、问题演变的动态化与应对处理的长期性

以下是 20 世纪 30、40 年代国民党统治区两则不同时期关于高校毕业生就业问题的新闻报道:

[南京通信]自北平各大学毕业生职业大同盟宣言到京后,此间中央大学及金陵大学本届毕业生均同有此感。中央大学为国立最高学府,学校教授率多为国府及各机关要人,安插毕业生职业位置,本无困难,惟以本届毕业生有四百余人之多,其中文法学院毕业生约占二百余人,除少数富豪子弟可于暑后赴欧美深造,及少数素日善于活动者,已觅得工作外,大多数均在失业彷徨之列。据该校某君语记者,本届毕业生似以工学院土木工程系出路最佳,大多均已有职位。至金陵大学为教会学校,仅创办文、理、农三学院,本届毕业生仅六十八人,出路以农学院为最佳,各方函托约聘,实有求过于供之势,原因乃因中国学校办农学院者甚少,近来农村破产,深入内地之呼声甚高,学业学识于是成时髦学问;至其他文、理学院出路亦感困难,惟以毕业人数较少,尚不难觅得内地中学教席位置,但大多皆学无致用,读化学、生物者,每多教英文,因该校为教会学校,英文颇为内地所信仰,然此种学无致用之职业,实令学生感到烦闷⋯⋯(六日)①

本学期各地公立大学相继放假后,⋯⋯除一小部份工科或电机科毕业生因需才孔亟而能谋得相当职业外,其大部份毕业生,如文理法商各院毕业学生,若非有相当之私人关系,实难谋得一

---

① 《南京大学毕业生响应北平职业运动 将作同样组织宣传促政府社会之注意》,《大公报》(天津版)1934 年 7 月 11 日第 9 版。

枝之栖;尤以文法两科,据切实统计,能毕业即得业者,百不得一。此种现象已引起各地严重之社会问题。日前平津两地,曾有毕业学生二百余联名向教部呼吁,文内有称:"单以平市一隅讲,女性毕业生全部被机关拒用,北平师院毕业生能就任教职者,不足十分之一;北大毕业生四五一人,清华二六九人,皆三分之二以上无业可谋;此种现象,如不亟早筹谋决策,甚将引起一部分严重之社会不宁。"此种情形,国立大学如此,私校当更不堪设想。①

以上两则新闻报道,一则是 20 世纪 30 年代的,另一则是 20 世纪 40 年代的;一则是全面抗战前的,另一则是抗战胜利后的。如果孤立地看这两则报道,给人的感觉是 20 世纪 30、40 年代高校毕业生就业问题没有变化、一直突出,国统区官方及社会好像也无动于衷、毫无作为。但是其实不然,如前所述,这期间官方及社会也采取了一定的措施。20 世纪 30、40 年代报刊媒体在不同时期仍有高校毕业生失业的报道,一方面说明这期间国民政府及相关社会组织采取的就业促进措施还不够得力;另一方面也说明,高校毕业生就业是一个长期的问题。并且,高校毕业生就业问题不仅具有长期性,而且在不同阶段呈现的特征也有所不同。

作为社会问题,高校毕业生就业问题具有一定的长期性。在近现代社会,层级化的学校教育系统将会长期存在。高等教育在不断发展,一代一代的高校毕业生被不断培养出来。一代一代的高校毕业生绝大多数需要通过就业来谋生和实现人生价值。而高校学生是在一个社会大系统里实现就业的,在这个社会大系统中,影响高校毕业生就业的因素是多方面,如沟通渠道、人事制度、就业心态、就业机会等。在这些就业的直接影响因素背后,还有着政治、经济、教育、文化等社会状况更深层次的影响。在社会发展过程中和社会系统运行过程中,某些环节出现了问题或不协调的状况,就会影响高校毕业生的就业。所以,高校学生就业问题的存在具有长期性,有些阶段还可能会比较突出。

同时,就业问题在不同时期不同环境下,其表征又并不相同。不同时期不同环境下,高校学生就业问题既有相同点,也有不同点。首先,20 世纪 30、40 年代,就国统区来看,不同阶段高校学生就业问题的轻重缓急程度就不一样。1937 年之前发生的两次高校毕业生求职请愿运动,显示出当时学

---

① 《最近教育动态:员生生活与大学生出路问题》,《中华教育界》复刊第 1 卷第 9 期,1947 年 9 月,第 49 页。

生就业问题比较突出,随后国民政府采取一定措施后,就业问题又趋于平缓;1937年全面抗战爆发后,尤其是全面抗战的前期,因后方战时建设需求量较大,高校学生在大后方的就业问题总体上相对缓和,而高校学生在战区及沦陷区就业则一度陷入困境;抗战胜利以后,随着全面内战中经济、社会形势的恶化以及毕业生人数增加,国统区高校毕业生就业问题逐渐抬头,并在1948年以后变得更加突出。其次,不同阶段国统区高校学生就业问题的表现形式也不完全一样。全面抗战前,高校毕业生结构性失业表现得比较突出,"人人求事,事事求人"的批评声音较高;全面抗战时期,不少高校毕业生就业受官方统制政策影响较大,出于抗战需要,有些专业的毕业生被官方征调,并且沦陷区流亡学生就业问题亦引人注意;抗战胜利以后,收复区高校毕业生就业受到甄审运动的制度性限制较大,而官方机构容量不足、内战中经济状况恶化,对高校毕业生整体就业也产生了较大影响。最后,由于国民政府时期特殊的政治状况,当时中国即使是同一时段的不同地区,高校学生的就业问题表征亦不一样。20世纪30、40年代,国统区高校毕业生就业问题主要表现在能否就业、就什么业的方面;而中国共产党局部执政的地区,高校学生的就业因根据地或解放区的发展,则大部分时间表现出供不应求的特点。

历史告诉我们,社会在发展,高等教育在发展,高校学生就业问题也不会消失。受一些因素影响,高校学生就业问题有时还会阶段性地变得突出,并且其表征也会有所不同。认识高校学生就业问题,应有长远的、发展的、整体的眼光。对于高校毕业生就业问题,既要抓住具体阶段的具体症结,有针对性地加以解决;又要着眼长远,保持前瞻性,对问题认识应对有长久规划。对于高校毕业生就业问题,应根据社会发展及就业形势变化的特点,抓住不同时期的主要问题加以解决,相关措施要与时俱进。

当然,解决高校毕业生就业问题不是社会发展的全部,而是服务于社会发展的需要。所以,也有必要跳出高校毕业生就业问题来看高校毕业生就业问题。就整体而言,高校毕业生历史上曾是社会的知识精英,现今也仍然是社会重要的人才资源。解决好高校毕业生就业问题,不仅仅帮助毕业生们获得了谋生门路,同时也盘活了社会人才资源存量。解决好高校毕业生就业问题,可以让这些青年人才更好地为社会服务,把社会建设得更好!

附　录

北平各大学职业运动大同盟宣言[①]

职业运动,在今日为新鲜之名词,为全国之创举。社会人士对之,恐尚不明其真谊也。同人等为时势之需要,为自身职业之企求,不能不有大同盟之组织,以公开之方式,求职业问题之解决。较之上书权要、乞怜私室,意有别矣。三十年来,政府及社会人士,但知广设学校,造就人才,而如何安插统计,则无人过问,任其自为问题,而不加以解决,则情势日益严重,国家日益纷乱。留此运动于他人,而不自为肩负,则非真实敢任之态度。故同人等不惜冒社会之骇怪,群力以赴,使社会人士咸觉此问题之严重性,企求所以解决也。

今之谋职业者,大都偏重个人活动。其略知连系者,又复自为派系,排斥异己。不惟长乱,抑且失德。同人等但以服务为目的,不以夺取为目的;但求以最大之劳力,得最小之报酬;但愿作大事,不愿作大官,耿耿此心,无敢或渝。

说者以各方有才难之叹,如系真才,人争罗致,何至于失业。同人等应忍气吞声,含辛枵腹,以待政治之清明。失业问题之解决,则恐俟河之清,终不得遂。略计全国大学、专科毕业生,每年不下六、七千,而留学归来或中学毕业,不再升学者,尚不知若干。同人等固不屑为个人谋出路者,纵一人得第,亦不欲使多数士子,长抱落寞之感。

民二三北平各大学毕业生职业运动大同盟盟员崔蔚云等四百九十人谨启。

---

① 《全国各大学毕业生职业问题严重　平市职业同盟招待记者说明组织宣言运动大纲》,《大公报》(天津版)1934年7月2日第4版。本标题为作者加,该宣言是《大公报》报道时节录的大意。

全国学术工作咨询处规程①

（1934 年 10 月 1 日　全国经济委员会、教育部同时公布）

第一条　全国经济委员会、教育部为使全国学术人才供需方面得有适当联络起见，合组全国学术工作咨询处（以下简称咨询处）。

第二条　咨询处掌管事务如左：

一、关于全国机关团体需要学术人才状况之调查与登记事项。

二、关于全国学术人才求业、就业状况之调查与登记事项。

三、关于已登记学术人才适当就业之介绍与指导事项。

四、关于研究专门学术人员之调查与指导事项。

前项第一、二、三款之学术人才暂以国内外专科以上学校毕业生为限。

第三条　咨询处设主任、副主任各一人，秘书一人，由全国经济委员会会同教育部遴员派充之。

第四条　咨询处设干事若干人办理处中事务，并得酌用书记。

第五条　咨询处于必要时得呈准设置各种委员会并延用顾问。

第六条　咨询处得呈准设置国外专员或分处，并得与国际知识合作委员会、国际劳工局等机关取得联络。

第七条　本规程自公布日施行。

专科以上学校毕业生就业训导班简章②

（1936 年 7 月 21 日　行政院会议通过）

第一条，行政院为尽量利用专科以上学校毕业生，以辅助行政及经济建设起见，特设专科以上学校毕业生就业训导班。

第二条，本班由行政院设立专科以上学校毕业生就业训导班筹备委员会，办理就业训导事项。

第三条，本班附设于中央政治学校。

第四条，本班设主任一人，由中央政治学校教育长兼筹备委员会常务

---

① 《全国学术工作咨询处规程》，《全国学术工作咨询处月刊》第 1 卷第 1 期，1935 年，第 8 页。

② 《专科以上学校毕业生就业训导班简章》，《行政院公报》第 1 卷第 1 期，1936 年，第 34 页。

委员担任,负训练之责。

第五条,本班学员由各专科以上学校就最近三年度(即二十二、二十三、二十四年度)现未就业之毕业生保送,经审查委员会审查及检查体格合格后,入班受训。

第六条,本班学员额定一千名,一次招收,分别科目,两期训练,每期训练四个月,实习三个月至四个月。

第七条,本班学员在训练期间,每人月给津贴三十元(包括膳宿零用),实习期间每人得酌津贴四十元(包括膳宿)。

第八条,本班学员须绝对遵守一切命令及规则。

第九条,训练及实习期满,考核合格,给予证明书,并按照成绩支配工作。

第十条,本简章由筹备委员会常务委员议决施行,并呈报行政院备案。

教育部颁行专科以上学校毕业生
统筹分发服务办法令①

(1940 年 3 月 9 日)

查本部年来统筹分发各校毕业生服务,旨在使人才之供求得有合理之调整,俾教育成果对于建国事业克尽功能。惟查本案办理以来,各校选送服务学生,对于需用人才机关得有适当之供应者固多,而因公文辗转逾时或条件不合,未能获得优良结果者亦复不少。兹以二十八年度第二学期毕业生将于本年暑期毕业,关于各该生就业问题,亟应先事妥筹,俾能补救已往之缺陷,而宏今后之事功。兹经本部决定,自本届起,本部处理各校毕业生就业事,即照后列办法办理:

(一)本部办理各校毕业生就业事宜,订于每年二月开始统筹。各校应于本月份内先将本期应届毕业生约数分别科系列表呈报。该项表格,除填明暑期毕业生人数外,如寒假有毕业学生,并应将寒假期间毕业生人数另表填列,以便统计。

(二)此后各校呈报应届毕业生,务须切实遵照本部规定于毕业试验前三个月呈报(即在每年三月及十月间),表册格式,除照原订填列姓名、性

① 《教育部颁行专科以上学校毕业生统筹分发服务办法令》,出自中国第二历史档案馆编《中华民国史档案资料汇编》(第五辑第二编 教育一),南京:江苏古籍出版社 1997 年版,第 710—711 页。

别、年龄、籍贯、肄业院系、入学年月暨经部核定文号,及已往七学期学业成绩平均分数,暨操行,体育成绩等各项外,并应增列各生"服务志愿"(此项应具体填明志愿工作项目及希望工作地点),"希望待遇"及"毕业前后详细通讯处"三项。又如各生以事实困难不克担任某种工作,或不克发往某地工作,亦应于备注栏内注明,以为本部分发服务时之参考。

(三)各校应届毕业各生,如已由校介绍工作或已准备自行就业者,亦应于前项册报之志愿服务栏内分别填明,以示区别。

(四)此后本部分发学生服务,即就各校应届毕业生册报甄选介绍。各生由部选定后,除由部函达需用人才机关外,即行由部通知各校转饬各生前往服务机关报到,不再先行征询,或由校保送,以资简捷。

(五)各校于接得本部通知书后,应将该项通知书之第二联加贴选介学生相片,加盖钢印,连同该生历年各科详细成绩表一并交付被介绍学生,以为发往报到机关服务之凭证(通知书式样随文附发)。

(六)各校对本部选介各生,如因事实困难不克转饬各生遵照,或对需用人才机关所订条件(如报到限期等)有疑义时,应于文到三日内申述理由,或提具意见呈部复核。

除分令外,合行令仰遵照于文到一星期内将本年度应届毕业生约数列表呈报,并于两星期内将详细名册造报备核为要。此令

附发本部选送大学毕业生服务通知书式样一份[略]

教育部公布师范学院学生实习及服务办法①

(1943 年 8 月 17 日)

第一条 师范学院学生应于最后一年级第三个月后,在本校附属中学或附近中等学校实习两个月,参加学科毕业试验及格后得充任中等学校实习教师,或实习工作人员(限于社会教育科系学生),半年期满正式分发服务。

第二条 师范学院学生之实习,包括参观见习、教学实习及行政实习等项。

前项参观见习应包括社会教育机关。

---

① 《教育部公布师范学院学生实习及服务办法》(1943 年 8 月 17 日),中国第二历史档案馆编:《中华民国史档案资料汇编》(第五辑第二编 教育一),北京:档案出版社 1997 年版,第 734—738 页。

第三条　前条各项实习时间之支配，教学实习应占全部时间三分之二，参观见习及行政实习合占三分之一，教学实习之时数并不得少于六十小时。

第四条　师范学院学生之实习，应由师范学院院长、各系科主任及主要教授组织实习指导委员会负责指导之。

第五条　师范学院学生之实习程序、范围、时间支配及实习成绩考查等项，应由实习指导委员会于实习开始前三个月订定详细计划，呈报教育部核定施行。

第六条　师范学院学生于每次实习完毕后，均须提出书面报告并举行实习讨论会。

第七条　师范学院学生于实习两个月后举行学科毕业试验，但实习成绩不及格者，不得参加学科毕业试验。

第八条　师范学院学生在附属中学或附近中等学校实习满两个月后，由教育部根据各省市及国立中等学校师资需要情形，分发为实习教师担任教学工作（社会教育科系学生得分发社教机关充任实习工作人员）。师范学院应届实习学生名册，由教育部于分发前三个月令知各国立中等学校及各省市教育行政机关。

前项实习教师亦得由本人接洽任教学校，但须呈报教育部核准，必要时并得由教育部酌予调迁。

第九条　各省市教育行政机关于奉到教育部分发之师范学院实习生名册后，应即依照下列各项办理：

一、分配时应根据各校之师资需要情形，尽先分配予缺乏师资之学校；

二、各省市新增中等学校及新增班级时，应尽先分发师范学院实习生前往任教；

三、各省市教育行政机关审核中等学校教职员资历时，遇有不合格人员应尽先以师范学院实习生补充。

第十条　各省市及国立中等学校于部派实习教师到校时，应即依其所习之学科分配教学科目或相当职务。

第十一条　实习教师之待遇，在国立中学及师范学校应照国立中学师范职教员支薪标准之规定，支高中专任教员第五级俸（一四〇元）。在国立职业学校及各省市中等学校或社教机关，应比照此项级俸标准办理，其他补助津贴与一般教师同。

第十二条　实习教师于分发任教后不得呈请改分，在校任教并应遵守分发学校有关教职员服务之规定（在社教机关任实习工作人员者，应遵其所在机关之服务规定)。

第十三条 实习教师任教满半年后,应即提出详细实习教学工作报告,经原肄业学校审核转呈教育部复核无异者,准予毕业,发给毕业证书及教师资格证明书。

前项实习教学工作报告,须由任教学校校长考核,并加具详细考语。

第十四条 实习教师任教满半年后,得由教育部根据省市及各国立中等学校之师资需要及社教机关工作人员之需要情形,酌予重新分配(师范学院需要助教时,得于呈准后酌调本校毕业生数人返校服务),但以尽先分配实习任教之学校或机关为原则。

前项分配服务之地点核定后,不得请求改分。

第十五条 各省市对于部派师范学院毕业生应即分配适当学校担任专任教员或学校其他适当工作(如公民训育系毕业生应任学校训导工作),教育学系及社会教育科系之毕业生得担任教育行政工作或社教工作。

第十六条 各省市保送之师范学院学生毕业后,以分配于各该省市服务为原则,但他省市师资缺乏时亦得斟酌情形由部分配其他省市服务。

第十七条 为优遇师范学院毕业生起见,分发服务后之待遇,得照国立中学师范职教员支薪标准之规定,自高中专任教员第三级俸(一六〇元)起支,其分发国立职业学校及各省市中等学校或教育行政与社教机关服务者,应比照此项级俸标准办理,其他补助津贴与服务学校或机关一般规定同。

第十八条 师范学院毕业生应服务年限各系毕业均为五年,初级部及专修科毕业生各为三年,第二部及职业师资科毕业生各为二年,在规定服务期内不得从事教育以外之工作。

第十九条 师范学院毕业生服务期满成绩优良者,得由教育部定期考选,公费派赴国外考察或研究,其考选办法另定之。

第二十条 师范学院毕业生在服务期间未遵令服务或服务未满规定期限改就他业者,应向其家庭或监护人追缴在学期间之全部学膳费及补助费。

第二十一条 师范学院毕业生在服务期间之服务状况,教育部得随时调查之,各该生并应于每学期终了时,呈报教育部一次,如有第二十二条规定情势时,服务学校或机关有变动者,并应随时呈报。

各省市教育行政机关应调查所属学校机关内师范学院毕业生服务状况,每年汇报教育部一次。

第二十二条 师范学院毕业生在服务期间,如工作不力,或因其他事故，服务学校或机关未能继续聘用者，应由原分发机关酌予调迁或转呈教育部核办。

第二十三条　师范学院毕业生非因重大疾病经教育部指定之医师验明属实者，不得以任何理由请求展缓服务。

第二十四条　师范学院毕业生服务期满者，由教育部发给服务期满证明书。

第二十五条　师范学院第二部、初级部、专修科及职业师资科学生，均应于毕业前分别予以实习，实习教学时间第二部及职业师资科学生不得少于二十小时，初级部不得少于四十小时。

第二十六条　师范学院第二部、初级部、专修科及职业部师资科毕业生由教育部分发服务，第二部及职业师资科毕业生之支薪标准与师范学院各系毕业生同，初级部及专修科毕业生照国立中学师范职教员支薪标准，自初中专任教员第三级（一四〇元）起支，其分发国立职业学校及各省市中等学校或教育行政机关与社教机关服务者，应比照以上两项标准办理，其他补助津贴与服务学校或机关一般规定同。

第二十七条　本办法第二条至第六条、第十五条、第十六条及第二十条至第二十四条，师范学院第二部、职业师资科、初级部及专修科毕业生准用之。

第二十八条　受师范学院学生待遇之各科学生应比照本办法办理。

第二十九条　本办法自公布之日施行。

大量吸收知识分子[①]

（1939 年 12 月 1 日　毛泽东）

一、在长期的和残酷的民族解放战争中，在建立新中国的伟大斗争中，共产党必须善于吸收知识分子，才能组织伟大的抗战力量，组织千百万农民群众，发展革命的文化运动和发展革命的统一战线。没有知识分子的参加，革命的胜利是不可能的。

二、三年以来，我党我军在吸收知识分子方面，已经尽了相当的努力，

---

① 毛泽东：《大量吸收知识分子》，出自中共中央宣传部办公厅、中央档案馆编研部编《中国共产党宣传工作文献选编：1937—1949》，北京：学习出版社 1996 年版，第 91—93 页。这是毛泽东为中共中央起草的决定。

吸收了大批革命知识分子参加党,参加军队,参加政府工作,进行文化运动和民众运动,发展了统一战线,这是一个大的成绩。但许多军队中的干部,还没有注意到知识分子的重要性,还存着恐惧知识分子甚至排斥知识分子的心理。许多我们办的学校,还不敢放手地大量地招收青年学生。许多地方党部,还不愿意吸收知识分子入党。这种现象的发生,是由于不懂得知识分子对于革命事业的重要性,不懂得殖民地半殖民地国家的知识分子和资本主义国家的知识分子的区别,不懂得为地主资产阶级服务的知识分子和为工农阶级服务的知识分子的区别,不懂得资产阶级政党正在拼命地同我们争夺知识分子,日本帝国主义也在利用各种方法收买和麻醉中国知识分子的严重性,尤其不懂得我们的党和军队已经造成了中坚骨干,有了掌握知识分子的能力这种有利的条件。

三、因此,今后应该注意:(1)一切战区的党和一切党的军队,应该大量吸收知识分子加入我们的军队,加入我们的学校,加入政府工作。只要是愿意抗日的比较忠实的比较能吃苦耐劳的知识分子,都应该多方吸收,加以教育,使他们在战争中在工作中去磨练,使他们为军队、为政府、为群众服务,并按照具体情况将具备了入党条件的一部分知识分子吸收入党。对于不能入党或不愿入党的一部分知识分子,也应该同他们建立良好的共同工作关系,带领他们一道工作。(2)在这种大量吸收政策之下,毫无疑义应该充分注意拒绝敌人和资产阶级政党派遣进来的分子,拒绝不忠实的分子。对于这类分子的拒绝,应取严肃的态度。这类分子已经混进我们的党、我们的军队和政府者,则应依靠真凭实据,坚决地有分别地洗刷出去。但不要因此而怀疑那些比较忠实的知识分子;要严防反革命分子陷害好人。(3)对于一切多少有用的比较忠实的知识分子,应该分配适当的工作,应该好好地教育他们,带领他们,在长期斗争中逐渐克服他们的弱点,使他们革命化和群众化,使他们同老党员老干部融洽起来,使他们同工农党员融洽起来。(4)对于一部分反对知识分子参加工作的干部,尤其是主力部队中的某些干部,则应该切实地说服他们,使他们懂得吸收知识分子参加工作的必要。同时切实地鼓励工农干部加紧学习,提高他们的文化水平,使工农干部的知识分子化和知识分子的工农群众化,同时实现起来。(5)在国民党统治区和日寇占领区,基本上适用上述原则,但吸收知识分子入党时,应更多注意其忠实的程度,以保证党的组织更加严密。对于广大的同情我们的党外知识分子,则应该同他们建立适当的联系,把他们组织到抗日和民主的伟大斗争中去,组织到文化运动中去,组织到统一战线的工作中去。

四、全党同志必须认识，对于知识分子的正确的政策，是革命胜利的重要条件之一。我们党在土地革命时期，许多地方许多军队对于知识分子的不正确态度，今后决不应重复；而无产阶级自己的知识分子的造成，也决不能离开利用社会原有知识分子的帮助。中央盼望各级党委和全党同志，严重地注意这个问题。

参考文献

一、资料

(一)报刊

[1]《申报》

[2]《大公报》

[3]《中央日报》

[4]《解放日报》

[5]《教育杂志》

[6]《中华教育界》

[7]《教育通讯》

[8]《教育与职业》

[9]《行政院公报》

[10]《考试院公报》

[11]《立法院公报》

[12]《教育部公报》

[13]《社会部公报》

[14]《冀察政务委员会公报》

[15]《上海市政府公报》

[16]《北平市政府公报》

[17]《江苏省政府公报》

[18]《四川省政府公报》

[19]《广东省政府公报》

[20]《江西省政府公报》

[21]《安徽政治》

[22]《陕政》

[23]《浙江教育行政周刊》

[24]《安徽教育行政周刊》

[25]《全国学术工作咨询处月刊》

[26]《法令周刊》

[27]《清华周刊》

[28]《北京大学日刊》

[29]《国立同济大学旬刊》

[30]《国立浙江大学校刊》

[31]《国立四川大学周刊》

[32]《广西大学周刊》

[33]《中央政治学校校刊》

[34]《南大周刊》

[35]《厦大周刊》

[36]《厦大通讯》

[37]《铁路学院月刊》

[38]《国立西北医学院院刊》

[39]《国立中正医学院院刊》

[40]《浙江省立医药专科学校校刊》

[41]《中央周报》

[42]《中华周刊》

［43］《光华大学半月刊》　　　　　　　　［44］《大夏周报》

［45］《之大通讯》　　　　　　　　　　　［46］《金陵大学校刊》

［47］《友讯》　　　　　　　　　　　　　［48］《老少年》

［49］《襄勤大学师范学院季刊》　　　　　［50］《台湾省立师范学院院刊》

［51］《社会建设》　　　　　　　　　　　［52］《社会工作通讯》

［53］《青年进步》　　　　　　　　　　　［54］《青年生活》

［55］《上海青年》　　　　　　　　　　　［56］《同工》

［57］《国际劳工通讯》　　　　　　　　　［58］《职业介绍》

［59］《西南医学杂志》　　　　　　　　　［60］《公医》

［61］《独立评论》　　　　　　　　　　　［62］《国闻周报》

（二）报告、年鉴及年报

［1］教育部.第一次中国教育年鉴［M］.上海:开明书店,1934.

［2］教育部教育年鉴编纂委员会.第二次中国教育年鉴［M］.上海:商务印书馆,1948.

［3］教育年鉴编纂委员会.第三次中国教育年鉴［M］.台北:正中书局,1957.

［4］王清彬,王树勋,林颂河,等.第一次中国劳动年鉴［M］.陶孟和,校订.北平:北平社会调查部,1928.

［5］邢必信,吴铎,林颂河,等.第二次中国劳动年鉴［M］.陶孟和,校订.北平:社会调查所,大北印书局,1932.

［6］中华职业教育社,上海职业指导所.上海职业指导所要览［M］.上海:中华职业教育社,上海职业指导所,1931.

［7］中华民国大学院.全国教育会议报告［R］.上海:商务印书馆,1928.

［8］缪仞言.第二次全国教育会议始末记［M］.上海:江东书局,1930.

［9］教育部统计室.二十二年度全国高等教育统计［M］.上海:商务印书馆,1936.

［10］湖南省政府秘书处.湖南省政府行政报告［R］.1935.

（三）档案

［1］国立暨南大学毕业学生职业指导委员会规程,上海档案馆,档号:Q240-1-629-73。

［2］复旦大学同学录,上海市档案馆,档号:Y8-1-162。

［3］复旦大学同学会会员录,上海市档案馆,档号:Y8-1-156。

[4]上海商业储蓄银行关于行政院调派"专科以上学校毕业生就业训导班"学员来行实习专卷,上海市档案馆,档号:Q275-1-1308。

[5]中国实业银行关于专科以上学校毕业生就业训导班关于介绍实习生等事项与该班往来函件,上海市档案馆,档号:Q276-1-683。

[6]专科以上学校毕业生就业训导班第一期同学纪念册,上海市档案馆,档号:Y8-1-445。

[7]关于为教育部举办专科以上学校毕业生就业训导班的通告,福建省档案馆,档号:0002-002-000671-0001。

[8]关于检发专科以上学校毕业生就业训导班各项章则表格的训令,福建省档案馆,档号:0002-002-000671-0004。

[9]关于专科以上学校毕业生就业训导班学员实习规则和实习名单,南京市档案馆,档号:1001-001-0117(00)-0013。

[10]关于分派南京市政府及各局实习学员名单和专科以上学校毕业生就业训导班学员实习规则,南京市档案馆,档号:1001-001-0117(00)-0002。

[11]关于专科以上学校毕业生就业训导班学员分派各局处实习给秘书处社会局财政局的训令,南京市档案馆,档号:1001-001-0117(00)-0014。

[12]关于专科以上学校毕业生就业训导班附送学员实习费函请社会局财政局查收,南京市档案馆,档号:1001-001-0117(00)-0011。

[13]关于专科以上学校毕业生就业训导班实习学员谭瑞基报到日期呈报市长,南京市档案馆,档号:1001-001-0117(00)-0022。

[14]关于专科以上学校毕业生就业训导班学员分派各局处实习令秘书处遵照办理,南京市档案馆,档号:1001-001-0117(00)-0020。

[15]关于专科以上学校毕业生就业训导班实习学员付竞雄报到日期和实习事项给市长的呈文,南京市档案馆,档号:1001-001-0117(00)-0007。

[16]关于第二期就业训导班学员张汉臣等派往各机关实习及报到日期函复专科学校毕业生训导班委员会,南京市档案馆,档号:1001-001-0117(00)-0024。

[17]制定江西省各级行政候用人员分发实习办法通饬施行并将前二十四年四月之江西省县政人员分发服务办法及二十四年七月之江西省内外专科以上学校赣籍毕业生分发服务暂行办法均予以废止由,江西省档案馆,档号:J023-1-00252-0001。

[18]为检发选拔全国专科以上学校毕业生服务办法及调查表式的训令(附办法表),南京市档案馆,档号:1005-003-0037(00)-0031。

[19]北平市政府关于准三民主义青年团中央干事会为专科以上学校毕业生最优困员优先任用一案抄发原表令饬遇缺参酌选用给社会局的训令,北京市档案馆,档号:J002-001-00512-0214。

[20]奉令检发专科以上学校毕业生选送服务办法等饬尽量选用等因兹经遵饬填表呈请鉴核汇转由,江西省档案馆,档号:J023-1-00938-0013。

[21]准教育部电送需用本年暑期专科以上学校毕业生人数科别表嘱查核见复等由令仰知照由,江西省档案馆,档号:J023-1-00950-0001。

[22]奉经济部令发专科以上学校学生分发经济交通军政部所属工厂实习办法饬转知等因仰参酌办理,江西省档案馆,档号:J023-1-00715-0001。

[23]奉令以准教育部电送需用本年暑期专科以上学校毕业生人数科别表请查复一案饬查复凭转等因呈请鉴核,江西省档案馆,档号:J023-1-00950-0006。

[24]为收复区专科以上学校毕业生就业试用办法等的训令,山东省档案馆,档号:J101-09-1002-019。

[25]为专科以上学校及中等学校在伪组织期间毕业生应参加教育部或省市教育厅局甄审合格后方得任用给省立各社教机关的训令和省人事处公函,山东省档案馆,档号:J101-15-0218-004。

[26]为收复区专科以上学校毕业生就业收审附缴伪校毕业证书时应先试用薪俸不得超过80元给省民教馆的训令,山东省档案馆,档号:J101-15-0208-008。

[27]为收复区专科以上学校毕业生就业送审附交伪校毕业证书时应先试用薪俸不得超过八十元给省图书馆的训令,山东省档案馆,档号:J101-15-0277-010。

[28]专科以上学校理工科系学生分发经济交通军政各部所属工厂实习办法,宁波市档案馆,档号:J002-001-151-002。

[29]奉经济部令为准教育部函请对专科以上学校学生实习尽量予以便利令仰知照并转饬遵照等因仰转饬遵照由,宁波市档案馆,档号:J002-001-151-001。

[30]为电悉教部为奖励高等师范教育改善各省师范专科以上学校学生待遇标准给边理庭的函电,山东省档案馆,档号:J101-09-0695-027。

[31]为中央大学本年度毕业生黄志达等二名任用案与有关单位的来往文件,山东省档案馆,档号:J101-09-0958-038。

[32]为录用中央大学学生尹兆璞等与有关单位的来往文件,山东省档案馆,档号:J101-09-0958-042。

[33]为省立师专第一期全体毕业生呈请毕业后就业办法的批示,山东省档案馆,档号:J101-09-0764-030。

（四）史料汇编

[1]教育部参事处.教育法令汇编:第一辑[M].上海:商务印书馆,1936.

[2]教育部参事处.教育法令汇编:第四辑[M].重庆:正中书局,1939.

[3]经济部.经济法规汇编:第四集[M].长沙:商务印书馆,1940.

[4]阮华国.教育法规[M].2版.上海:大东书局,1947.

[5]中国第二历史档案馆.中华民国史档案资料汇编:第三辑 教育[M].南京:江苏古籍出版社,1991.

[6]中国第二历史档案馆.中华民国史档案资料汇编:第五辑第一编 教育[M].南京:江苏古籍出版社,1994.

[7]中国第二历史档案馆.中华民国史档案资料汇编:第五辑第二编 教育[M].南京:江苏古籍出版社,1997.

[8]中国第二历史档案馆.中华民国史档案资料汇编:第五辑第三编 教育[M].南京:江苏古籍出版社,2000.

[9]民国时期文献保护中心,中国社会科学院近代史研究所.民国文献类编:教育卷[M].北京:国家图书馆出版社,2015.

[10]章咸,张援.中国近现代艺术教育法规汇编[M].北京:教育科学出版社,1997.

[11]宋恩荣,章咸.中华民国教育法规选编[M].南京:江苏教育出版社,2005.

[12]璩鑫圭,唐良炎.中国近代教育史资料汇编·学制演变[M].上海:上海教育出版社,2007.

[13]潘懋元,刘海峰.中国近代教育史资料汇编·高等教育[M].上海:上海教育出版社,2007.

[14]璩鑫圭,童富勇,张守智.中国近代教育史资料汇编·实业教育 师范教育[M].上海:上海教育出版社,2007.

[15]李景文,马小泉.民国教育史料丛刊:高等教育 高等教育史[M].郑州:大象出版社,2015.

[16]王学珍,张万仓.北京高等教育文献资料选编(1861—1948)[M].北京:首都师范大学出版社,2004.

[17]辽宁省教育志编纂委员会.辽宁教育史志资料:第四集[M].沈阳:辽宁大学出版社,1990.

[18] 中央教育科学研究所.老解放区教育资料(二):抗日战争时期(上册)[M].北京:教育科学出版社,1986.

[19] 中央教育科学研究所.老解放区教育资料(三):解放战争时期[M].北京:教育科学出版社,1991.

[20] 解玉田.晋绥革命根据地教育史资料选编(一)[M].山西省教育史晋绥辖区编写组,内蒙古自治区教育史志办公室,1987.

[21] 杨学为,朱仇美,张海鹏.中国考试制度史资料选编[M].合肥:黄山书社,1992.

[22] 中国会计学会会计史料编写组.中国会计史料选编:中华民国时期Ⅰ、Ⅱ、Ⅲ、Ⅳ辑[M].南京:江苏古籍出版社,1990.

[23] 中国第二历史档案馆,海峡两岸出版交流中心.中国国民党历次全国代表大会暨中央全会文献汇编:第二十六册[M].北京:九州出版社,2012.

[24] 中国第二历史档案馆.中国国民党中央执行委员会常务委员会会议录:第三十九册[M].桂林:广西师范大学出版社,2000.

[25] 中国第二历史档案馆.中国国民党中央执行委员会常务委员会会议录:第四十四册[M].桂林:广西师范大学出版社,2000.

[26] 中央档案馆.中共中央文件选集:第十二册(一九三九——一九四零年)[M].北京:中共中央党校出版社,1991.

[27] 中央档案馆.中共中央文件选集:第十八册(一九四九年一月至九月)[M].北京:中共中央党校出版社,1992.

[28] 中共中央文献研究室,中央档案馆.建党以来重要文献选编(一九二一——一九四九):第十六册[M].北京:中央文献出版社,2011.

[29] 中共中央文献研究室,中央档案馆.建党以来重要文献选编(一九二一——一九四九):第十八册[M].北京:中央文献出版社,2011.

[30] 中共中央文献研究室,中央档案馆.建党以来重要文献选编(一九二一——一九四九):第十九册.北京:中央文献出版社,2011.

[31] 中共中央文献研究室,中央档案馆.建党以来重要文献选编(一九二一——一九四九):第二十三册[M].北京:中央文献出版社,2011年.

[32] 中共中央宣传部办公厅,中央档案馆编研部.中国共产党宣传工作文献选编(1937—1949)[M].北京:学习出版社,1996.

[33] 中共中央组织部,中共中央党史研究室,中央档案馆.中国共产党组织史资料:第八卷 文献选编(上)(1921.7—1949.9)[M].北京:中共党史出版社,2000.

［34］中共中央党史资料征集委员会征集研究室.中共党史资料专题研究集・抗日战争时期(二)［M］.北京:中共党史资料出版社,1989.

［35］李庚辰.走向辉煌:中国共产党党史学习资料:第三卷［M］.成都:四川人民出版社,2002.

［36］中央档案馆,陕西省档案馆.中共陕甘宁边区党委文件汇集(1937年—1939年)［Z］.北京,西安:编者刊,1994.

［37］中央档案馆,陕西省档案馆.中共陕甘宁边区党委文件汇集(1940年—1941年)［Z］.北京,西安:编者刊,1994.

［38］关保英.陕甘宁边区行政组织法典汇编［M］.济南:山东人民出版社,2016.

［39］晋冀鲁豫边区财政经济史编辑组,山西、河北、山东、河南省档案馆.抗日战争时期晋冀鲁豫边区财政经济史资料选编:第一辑［M］.北京:中国财政经济出版社,1990.

［40］成安玉.华北解放区交通邮政史料汇编:晋察冀边区卷［M］.北京:人民邮电出版社,1991.

［41］武衡.东北区科学技术发展史资料・解放战争时期和建国初期:综合卷［M］.北京:中国学术出版社,1984.

［42］郭永泽.哈尔滨青运史资料汇编:第一辑 青春的足迹［Z］.哈尔滨:共青团哈尔滨市委员会,哈尔滨青运史研究会,1990.

［43］中国人民政治协商会议陕西省委员会文史资料研究委员会.陕西文史资料:第19辑［M］.西安:陕西人民出版社,1986.

［44］中国人民政治协商会议延安市委员会文史资料委员会.延安文史资料:第6辑［Z］.延安:编者刊,1992.

［45］常连霆.山东党史资料文库:第8卷［M］.济南:山东人民出版社,2015.

［46］常连霆.山东党史资料文库:第12卷［M］.济南:山东人民出版社,2015.

［47］中共商丘地委党史资料征集编纂委员会.中共商丘党史资料选(新民主主义革命时期):第一卷 文献(上卷)［M］.郑州:河南人民出版社,1989.

［48］商丘市政协学习文史委员会.商丘文史资料:第三辑［Z］.商丘:编者刊,2004.

［49］中国人民政治协商会议遵义市委员会文史资料委员会.遵义文史资料:第14辑［2］——纪念中华人民共和国建国四十周年［Z］.遵义:编

者刊,1989.

[50] 王政.抗战呐喊——民国珍稀史料中的抗日战争[M].北京:人民文学出版社,2016.

[51] 北平师范大学.国立北平师范大学近况(师大卅四周年纪念刊)[Z].北平:编者刊,1936.

[52] 清华大学校史研究室.清华大学史料选编:第一卷 清华学校时期(1911—1928)[M].北京:清华大学出版社,1991.

[53] 清华大学校史研究室.清华大学史料选编:第二卷(上、下)国立清华大学时期(1928—1937)[M].北京:清华大学出版社,1991.

[54] 清华大学校史研究室.清华大学史料选编:第三卷(上、下)抗日战争时期的清华大学(1937—1946)[M].北京:清华大学出版社,1994.

[55] 清华大学校史研究室.清华大学史料选编:第四卷 解放战争时期的清华大学(1946—1948)[M].北京:清华大学出版社,1994.

[56] 清华大学校史研究室.清华大学史料选编:第五卷 解放接管与院系调整时期(1948 年 12 月至 1952 年 10 月)[M].北京:清华大学出版社,2005.

[57] 西南联合大学北京校友会校史编辑委员会.国立西南联合大学校史资料[M].北京:北京大学出版社,昆明:云南人民出版社,1986.

[58] 北京大学,清华大学,南开大学,云南师范大学.国立西南联合大学史料:1 总览卷[M].昆明:云南教育出版社,1998.

[59] 北洋大学—天津大学校史编辑室.北洋大学—天津大学校史资料选编(一)[M].天津:天津大学出版社,1991.

[60] 南京大学校庆办公室校史资料编辑组,学报编辑部.南京大学校史资料选辑[Z].南京:编者刊,1982.

[61] 复旦大学档案馆,杨家润.抗战时期复旦大学校史史料选编[M].上海:复旦大学出版社,2008.

[62]《交通大学校史》撰写组.交通大学校史资料选编:第二卷 1927—1949[M].西安:西安交通大学出版社,1986.

[63] 沈云龙.近代中国史料丛刊[M].台北:文海出版社,1973.

[64] 黄宗实,郑文贞.厦大校史资料:第二辑 1937—1949[Z].厦门:厦门大学校史编委会,1988.

[65] 陈营,陈旭华.厦门大学校史资料:第五辑 组织机构沿革暨教职员工名录(1921—1987)[M].厦门:厦门大学出版社,1990.

[66] 秦侠.珍档撷英:云南师范大学校史资料选编[M].昆明:云南大学出

版社,2014.

[67] 蒲芝权,伍鹏程.贵州师范大学校史资料选集:一 雪涯肇基[M].北京:方志出版社,2011.

[68] 中国人民政治协商会议上海市委员会文史资料工作委员会.解放前上海的学校[M].上海:上海人民出版社,1988.

[69]《延安自然科学院史料》编辑委员会.延安自然科学院史料[M].北京:中共党史资料出版社,北京工业学院出版社,1986.

[70] 谷音,石振铎.东北现代音乐史料:第二辑 鲁迅文艺学院历史文献[Z].沈阳:沈阳音乐学院《东北现代音乐史》编委会,1952.

[71] 韩辛茹.回忆北方大学[Z].长治:北方大学校友会,长治市地方志办公室,1991.

[72] 中共中国人民大学委员会组织部,中国人民大学校史编写组,中国人民大学高等教育研究室.中国共产党中国人民大学组织史资料[Z].北京:编者刊,1992.

[73] 王步峥,杨滔,中国农业大学档案馆.中国农业大学史料汇编(1905—1949)[M].北京:中国农业大学出版社,2005.

二、中文著作

[1] 胡毓傑.我国创办所得税之理论与实施[Z].上海:财政建设学会,1937.

[2] 程方.中国县政概论[M].长沙:商务印书馆,1939.

[3] 伍启元,等.昆明九教授对于物价及经济问题的呼吁[M].北京:求真出版社,1945.

[4] 教育部.青年择业问题[M].上海:商务印书馆,1936.

[5] 喻兆明.职业介绍理论与实施[M].上海:中华书局,1948.

[6] 华北联大.人民的大学——华北联大介绍[M].哈尔滨:东北书店印行,1948.

[7] 周予同.中国现代教育史[M].福州:福建教育出版社,2007.

[8] 陈青之.中国教育史[M].北京:东方出版社,2008.

[9] 熊明安.中华民国教育史[M].重庆:重庆出版社,1997.

[10] 金以林.近代中国大学研究:1895—1949[M].北京:中央文献出版社,2000.

[11] 方增泉.近代中国大学(1898—1937)与社会现代化[M].北京:北京师范大学出版社,2006.

［12］董宝良.中国近现代高等教育史［M］.武汉:华中科技大学出版社,2007.

［13］刘少雪.中国大学教育史［M］.太原:山西教育出版社,2007.

［14］宋秋蓉.近代中国私立大学研究［M］.天津:天津人民出版社,2002.

［15］宋荐戈,张腾霄.简明中国革命根据地教育史［M］.北京:中国文史出版社,2016.

［16］李露.中国近代教育立法研究［M］.桂林:广西师范大学出版社,2001.

［17］李罡.教育立法与中国现代教育制度的建立与发展［M］.北京:同心出版社,2003.

［18］萧超然.北京大学校史（1898—1949）［M］.上海:上海教育出版社,1981.

［19］苏云峰.从清华学堂到清华大学（1928—1937）:近代中国高等教育研究［M］.北京:生活·读书·新知三联书店,2001.

［20］贺崇铃.清华大学九十年［M］.北京:清华大学出版社,2001.

［21］北京师范校史编写组.北京师范大学校史（1902—1982）［M］.北京:北京师范大学出版社,1982.

［22］南开大学校史编写组.南开大学校史（1919—1949）［M］.天津:南开大学出版社,1989.

［23］龚克.南开大学史话［M］.北京:时代华文书局,2016.

［24］北洋大学—天津大学校史编辑室.北洋大学－天津大学校史:第一卷1895年10月—1949年1月［M］.天津:天津大学出版社,1990.

［25］北洋大学—天津大学校史编辑室.北洋大学—天津大学校史:第二卷1949年1月—1985年12月［M］.天津:天津大学出版社,1995.

［26］国立复旦大学.国立复旦大学一览［Z］.上海:编者刊,1947.

［27］复旦大学校史编写组.复旦大学志:第一卷 1905—1949［M］.上海:复旦大学出版社,1985.

［28］《交通大学校史》编写组.交通大学校史（1896—1949年）［M］.上海:上海教育出版社,1986.

［29］暨南大学校史编写组.暨南校史（1906—1996）［M］.广州:暨南大学出版社,1996.

［30］张晓辉,夏泉.暨南大学史（1906—2016）［M］.广州:暨南大学出版社,2016.

［31］梁山,李坚,张克谟.中山大学校史（1924—1949）［M］.上海:上海教育出版社,1983.

[32] 吴贻谷.武汉大学校史(1893—1993)[M].武汉:武汉大学出版社,1993.

[33] 洪永宏.厦门大学校史:第一卷 1921—1949[M].厦门:厦门大学出版社,1990.

[34] 方延明.与世纪同行:南京大学百年老新闻(1902—2001)[M].南京:南京大学出版社,2002.

[35] 山西大学校史编纂委员会.山西大学史稿(1902—1984)[M].太原:山西人民出版社,1987.

[36] 李经洲,许绍康.河南大学百年纪事[M].开封:河南大学出版社,2012.

[37]《安徽大学简史》编写组.安徽大学简史[M].合肥:安徽大学出版社,2008.

[38] 张玮瑛,王百强,等.燕京大学史稿[M].北京:人民中国出版社,1999.

[39] 熊月之,周武.圣约翰大学史[M].上海:上海人民出版社,2007.

[40] 王振乾,丘琴,姜克夫.东北大学史稿[M].长春:东北师范大学出版社,1988.

[41] 杨佩祯,王国钧,张五昌.东北大学八十年:1923—2002[M].沈阳:东北大学出版社,2003.

[42] 抗大一分校校史研究会.中国人民抗日军政大学第一分校组织史[Z].编者刊,1989.

[43] 刘民安,钟振寰.中国医科大学校史(1931—1991)[M].沈阳:辽宁科学技术出版社,1991.

[44] 李侃,等.中国近代史[M].4版.北京:中华书局,1994.

[45] 苑书义,等.中国近代史新编(修订本):下册[M].北京:人民出版社,2007.

[46] 张静如,卞杏英.国民政府统治时期中国社会之变迁[M].北京:中国人民大学出版社,1993.

[47] 唐润明.抗战时期国民政府在渝纪实[M].重庆:重庆出版社,2012.

[48] 徐矛.中华民国政治制度史[M].上海:上海人民出版社,1992.

[49] 房列曙.中国近现代文官制度[M].北京:商务印书馆,2016.

[50] 姬丽萍.中国现代公务员考铨制度的初创(1928—1948)[M].天津:天津古籍出版社,2008.

[51] 肖如平.国民政府考试院研究[M].北京:社会科学文献出版社,2008.

[52] 史全生.中华民国经济史[M].南京:江苏人民出版社,1989.

［53］徐新吾，黄汉民．上海近代工业史［M］．上海：上海社会科学院出版社，1998．

［54］张仲礼．近代上海城市研究［M］．上海：上海人民出版社，1990．

［55］张晋藩．中国法制史［M］．2版．北京：中国政法大学出版社，2014．

［56］王申．中国近代律师制度与律师［M］．上海：上海社会科学院出版社，1994．

［57］方汉奇，陈业劭，张之华．中国新闻事业简史［M］．北京：中国人民大学出版社，1983．

［58］张静如，梁志祥，谭德山．中国共产党通志：第2卷［M］．北京：中央文献出版社，2001．

［59］沙健孙．中国共产党与抗日战争：上册［M］．北京：中央文献出版社，2005．

［60］杨圣清．新中国的雏形——抗日根据地政权［M］．桂林：广西师范大学出版社，1994．

［61］朱建华．东北解放战争史［M］．哈尔滨：黑龙江人民出版社，1987．

［62］常连霆．中共山东编年史：第五卷［M］．济南：山东人民出版社，2015．

［63］王成波．山东抗日根据地的人民检察制度［M］．北京：中国检察出版社，2014．

［64］中共南京市委党史办公室，八路军南京办事处纪念馆．抗战初期的八路军驻南京办事处［M］．南京：南京大学出版社，1987．

［65］中共西安市委党史资料征集研究办公室，西安市档案局．西安解放［Z］．西安：编者刊，1989．

［66］那启贤，孙景瑞．南下工作团团史［Z］．北京：南下工作团团史编辑委员会，1995．

［67］四野南下工作团团史北京文献资料征集委员会．中国人民解放军四野南下工作团团史文献资料汇编：第1辑［Z］．北京：编者刊，1991．

［68］四野南下工作团团史广东文献资料征集委员会编委会．战士指看南粤——四野南工团团员在广东［M］．广州：广东高等教育出版社，1993．

［69］广西区政协文史资料委员会．广西文史资料选辑：第36辑 南下工作团员在广西专辑［Z］．南宁：广西区政协文史资料编辑部，1993．

［70］中国人民解放军西南服务团重庆团史研究会，魏仲云．走向大西南：中国人民解放军西南服务团成立六十周年纪念［M］．北京：中国文史出版社，2009．

［71］周红原．西南服务团战斗在重庆［M］．北京：中国文史出版社，2009．

[72] 福建省南下服务团团史研究会.革命生涯六十年:上[M].福州:福建人民出版社,2009.

[73] 中共中央文献研究室.毛泽东年谱(1893—1949):中[M].北京:中央文献出版社,2002.

[74] 中共中央文献研究室.毛泽东年谱(1893—1949):下[M].北京:中央文献出版社,2013.

[75] 中国人民解放军军事科学院毛泽东军事思想研究所年谱组.毛泽东军事年谱(1927—1958)[M].南宁:广西人民出版社,1994.

[76] 中共中央文献研究室,新华通讯社.毛泽东新闻作品集[M].北京:新华出版社,2014.

[77] 吕芳上.蒋中正先生年谱长编[M].台北:国史馆,中正纪念堂,中正文教基金会,2014.

[78] 王世杰.王世杰日记:上、下册[M].林美莉,校订.台北:"中央研究院"近代史研究所,2012.

[79] 王世杰.王世杰日记(手稿本):第一册 民国二十二年五月—民国二十七年十二月[M].台北:"中央研究院"近代史研究所,1990.

[80] 陈立夫.成败之鉴——陈立夫回忆录[M].台北:正中书局,1994.

[81] 谢增寿,何尊沛,张广华.张澜文集:下 1946—1954[M].北京:群言出版社,2014.

[82] 竺可桢.竺可桢全集:第6卷[M].上海:上海科技教育出版社,2005.

[83] 方明.陶行知全集:第1卷[M].成都:四川教育出版社,2005.

[84] 董必武文集编辑组.董必武统一战线文集[M].北京:法律出版社,1990.

[85] 中央文献研究室.任弼时年谱[M].北京:中央文献出版社,2004.

[86] 宋任穷.宋任穷回忆录[M].2版.北京:解放军出版社,2007.

[87] 林一山.林一山回忆录[M].北京:方志出版社,2004.

[88] 崔敬伯.崔敬伯财政文丛:下[M].北京:中央编译出版社,2015.

[89] 潘懋元.潘懋元文集:卷7 昔年作品及其他[M].广州:广东高等教育出版社,2010.

[90] 曲青山,高永中.抗日战争回忆录(2)[M].北京:党建读物出版社,2015.

[91] 任文.我所亲历的延安整风:下册[M].西安:陕西师范大学出版社总社有限公司,2014.

[92] 刘一丁.红色往事——党史人物忆党史:第6册 文化卷[M].济南:济

南出版社,2012.

[93] 四川省地方志编纂委员会.四川省志·教育志[M].北京:方志出版社,2000.

[94] 河北省地方志编纂委员会.河北省志·教育志[M].北京:中华书局,1995.

[95] 河北省地方志编纂委员会,河北省志·国防科技工业志[M].北京:中国书籍出版社,1995.

[96] 金一鸣.教育社会学[M].南京:江苏教育出版社,2000.

[97] 刘克俭,顾瑜琦.职业心理学[M].北京:中国医药科技出版社,2005.

[98] 法律出版社法规中心.劳动法律手册[M].北京:法律出版社,2005.

[99] 全国人大常委会法制工作委员会行政法室.《就业促进法(草案)》参考[M].北京:中国民主法制出版社,2007.

[100] 法律出版社法规中心.中华人民共和国就业促进法:注释本[M].北京:法律出版社,2008.

[101] 张小建.中国就业的改革发展[M].北京:中国劳动社会保障出版社,2008.

[102] 赖德胜,李长安,张琪.中国就业60年:1949—2009[M].北京:中国劳动社会保障出版社,2009.

三、中文论文

(一)期刊论文

[1] 虞和平.略论民国时期的人力资源开发[J].历史研究,1998(2).

[2] 张太原.20世纪30年代的文实之争[J].近代史研究,2005(6).

[3] 陈德军.南京政府初期文科与实科比例失衡的社会政治效应[J].史学月刊,2004(6).

[4] 武增锋.二十世纪三十年代大学生就业难问题的透视[J].社会科学,2003(9).

[5] 谭玉秀,范立君.抗战前大学生失业问题探析[J].教育评论,2008(6).

[6] 储丽琴.20世纪30年代我国大学生失业问题的历史反思[J].学术交流,2009(7).

[7] 包爱芹.20世纪30年代高校毕业生就业的特点[J].山东师范大学学报(人文社会科学版),2007(2).

[8] 江沛,张丹.战时知识青年从军运动述评[J].抗日战争研究,2004(1).

[9] 孙玉芹,刘敬忠.抗战末期的"十万知识青年从军"运动述评[J].抗日战争研究,2010(3).

[10] 曲士培.抗大政治工作经验初探——抗日时期解放区高校管理经验的一个探讨[J].上海高教研究,1982(4).

[11] 贾翠玲.陕甘宁边区高校图书馆的发展历史与启示[J].大学图书馆学报,2013(6).

[12] 杨恩泽.延安时期中国共产党领导高校党建的经验与启示[J].大连大学学报,2018(4).

[13] 池子华."振兴工艺":清末"再就业"工程的一个断面[J].江苏社会科学,2003(5).

[14] 陈文彬.1927—1937年上海失业人群再就业状况述略[J].安徽史学,2004(3).

[15] 蒋美华.中国近代妇女就业初探[J].江苏社会科学,1998(4).

[16] 程郁.二十世纪初中国提倡女子就业思潮与贤妻良母主义的形成[J].史林,2005(6).

[17] 王卫平,金兵.民国时期的职业指导[J].历史研究,2010(6).

[18] 金兵.基督教青年会与民国时期的职业指导[J].世界宗教研究,2010(4).

[19] 金兵.近代职业指导运动的实践与反思——以上海职业指导所为中心的考察[J].江南大学学报(人文社会科学版),2007(6).

[20] 雷骅宇.全国首届职业生涯规划调查大学生调查报告[J].中国大学生就业,2006(9).

[21] 张翼,尉建文.当代中国城市就业体制的演进与变迁[J].河北学刊,2009(2).

[22] 罗莹.当代大学生就业能力与就业质量的关系研究[J].中国青年研究,2014(9).

(二)学位论文

[1] 陈湘蘅.职业指导之研究[D].武汉:国立武汉大学,1938.

[2] 谭玉秀.1927—1937年中国城市失业问题研究[D].杭州:浙江大学,2006.

[3] 苏志明.抗日根据地的高等教育研究(1937—1945)[D].北京:中共中央党校,2017.

[4] 章其帮.毕业即失业:民国大学生失业问题研究——以抗战爆发前的南

京国民政府时期为重点[D].南京:南京大学,2009.

四、外国著作与论文

［1］阿特丽.扬子前线[M].石梅林,译.尊闻,校.上海:慧星书社,1940.

［2］BIANCO L. *Origins of the Chinese Revolution*，1915—1949[M].
Stanford：Stanford University Press，1971.

［3］THOMAS D C. *Educational Reform in Republican China*：*The
Failure of Educators to Create a Modern Nation*[M]. New York：
The Edwin Mellen Press，2005.

［4］凯恩斯.就业、利息和货币通论[M].魏埙,译.西安:陕西人民出版社,2004.

［5］苅谷刚彦,菅山真次,石田浩.学生就业与劳动力市场——日本新毕业
生市场的制度化过程[M].李德方,主译.北京:中国劳动社会保障出版
社,2007.

后 记

本书是我主持的 2016 年度浙江省哲学社会科学规划课题"国民政府时期高校学生就业问题的认识与应对(1934—1949)"的最终成果,也是我 2018—2019 年间在香港城市大学中文及历史学系访学研究计划的成果。

十多年前,我还在读博士的时候,就写过一些关于民国时期高校毕业生就业的文章,对国民政府所设的全国学术工作咨询处也做过论述。当时关注民国时期高校毕业生就业问题,一方面是因为我博士论文做的是民国时期职业指导研究,学生就业问题是我留意的领域之一;另一方面也是出于当时我对于自身,以及同在一个大学校园里本科生未来就业问题的思考。博士毕业进入高校任教以后,我继续关注 20 世纪 30 年代高校学生就业问题,又陆续撰写并发表了有关大学生求职请愿运动、就业训导班、小工业贷款等一些论文。不过,这些论文主要是围绕着全面抗战爆发前这段时间高校学生就业问题展开论述的。虽然 20 世纪 30 年代中期求职请愿运动较大程度地引起了社会对于高校学生就业问题的关注,也刺激了国民政府许多相关就业促进措施的出台,但是我感觉到,仅考察全面抗战爆发前这一段时期始终是不充分的,给人一种意犹未尽的感觉。因为不久抗战就全面爆发,国民政府相关就业措施的后续状况及其他方面对高校学生就业问题的处理都不得而知。为了系统探讨求职请愿运动以后官方及社会对高校学生就业问题的认识应对状况,我申报了浙江省哲学社会科学规划课题,并被批准立项。

受浙江工商大学"蓝天计划"资助,我于 2018 年赴香港城市大学访学,完成省哲社规划课题同时也是我此次访学的研究计划。到了香港以后,我有了比较完整的时间从事"国民政府时期高校学生就业问题的认识与应对(1934—1949)"的相关研究。香港并非有些人想象中的"文化沙漠";相反,香港高校拥有的数据库资源及图书资料让内地许多高校无法企及。在港访学期间,我在先前内地掌握资料的基础上,利用香港城市大学及香港地区其他高校的资源,进一步丰富历史资料的占有。并且,我还在先前内地已经完成的部分章节基础上,系统地撰写出了完整的书稿。

查找资料和撰写书稿的过程,既有求索的苦恼,也有发现的开心;既有付出的艰辛,也有收获的喜悦。个中滋味,唯有自知。本书倘有可取之处,也不负我的努力。

感谢时任香港城市大学中文及历史学系系主任的李孝悌教授对我的指导,感谢陈学然博士、韩子奇教授、程美宝教授、陈佩珍女士、谭嘉宝女士对我的关照!也感谢香港中文大学中国研究服务中心的各位老师及职员,我经常到你们那里利用资源和撰写书稿,谢谢你们无私的服务!

感谢苏州大学王卫平教授、浙江大学陈红民教授、美国爱达荷大学朱平超教授一直以来对我的指导和关照。

感谢浙江工商大学马克思主义学院提供的出版资助!感谢陈华兴院长、崔杰书记、詹真荣副院长对我一直以来的关照!感谢游海华、吴忠良、钱文艳、夏凤珍、金敏、彭国运、郭墨寒等中国近现代史教研部同仁对我的支持!感谢李梦云、白亚丽、吴太贵等同事对我的支持!

感谢父母对我的支持!我在港访学期间,父亲一度住院手术。为了不让我牵挂,父母没有让我知道。我现在想起来,还觉得十分愧疚。希望父母身体永远健康,你们的健康是对我最大的支持!感谢夫人曹瑞娟博士对家庭的付出,对孩子的照顾!一路走来,你我相知。今后还要相互扶助,一直走下去!

最后,还要感谢浙江工商大学出版社,感谢该社沈明珠女士对本书出版所付出的辛勤劳动。

金　兵

己亥年夏于寓所